「WTCビル崩壊」の徹底究明
破綻した米国政府の「9・11」公式説

童子丸 開 著

社会評論社

ニューヨーク、南マンハッタン
2001年9月11日　午前9時59分
猛烈な爆破でその頭から破壊され無残に砕け散る
世界貿易センター（WTC）第2ビル

（口絵1）

2001年9月11日　午前10時28分

粉々に砕かれた破片と塵埃を放物線状に飛び散らせて破壊される世界貿易センター（WTC）第1ビル

（口絵2）

在りし日の世界貿易センター（WTC）タワーの威容

（西側ニュージャージーのハドソン川岸からの撮影）

左のTVアンテナが立っているのが**第1ビル（北タワー）**、右が**第2ビル（南タワー）**
手前にある黒っぽい3つのビルは世界金融センタービル（WFC）

北タワーは高さ417m、その上に109mのアンテナが立っていた。
南タワーは高さ413m。　両ビルとも地上110階建。

（口絵3）

公式説はウソ・イツワリ・無視の大集合！

FEMA（米国連邦緊急事態管理庁）いわく
見よ！これが《パンケーキ崩壊》じゃ！

《本書　第7章を参照のこと》
コア（中心部）の鉄骨構造が消えた？

これがコアの支柱？？　　　　　　　？？

事実なんかクソ喰らえ！

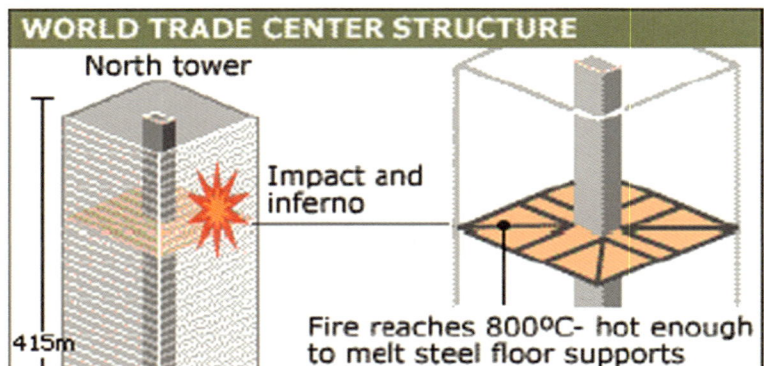

「ジェット燃料が燃え温度が800℃になり鋼鉄が熔けた！」
BBC（2001年9月13日）

鋼鉄の溶ける温度は1500℃以上！
この図、コアの部分が細すぎるんちゃうか？
《本書　第7章を参照のこと》

見るな！考えるな！信じろ！

NIST（米国国立標準技術研究所）の分析による
WTC第1ビル96階の温度分布（飛行機激突100分後＝崩壊直前）

《本書　第3章を参照のこと》

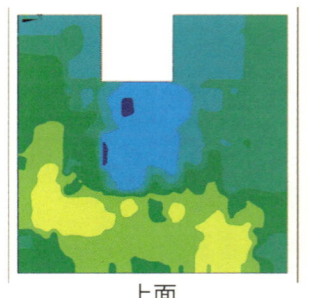
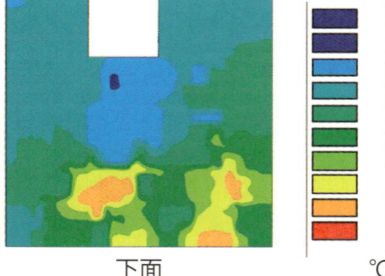

上面　　　　　下面

1000℃に達する火災によって鉄骨構造が重大な意味を持つほどに弱められ崩壊を開始したのである。
（NIST: 2006年8月）

1000℃？？　どこがやねん？　一番肝心なコアの部分なんか、冷え冷え状態やで！

（口絵4）

「何か上に乗っとるかぁ？？」
「何も見えへんなあ・・・」

下層の各階が連続して崩壊したために、落下する塊の質量は増加し下の階への負担を増加させたのだが、下の階はその運動しつつある質量を止めることができなかった。
（NIST 最終報告より）

「落下する塊？そんなもん、どこにあんねん！！横に飛んどるもんばっかりやんけ！！」
「うーん、もしかしたら透明ゴジラが上から踏んでんのちゃうか？」

《本書　第9章を参照のこと》

「うわっ、傾いとる！倒れて落ちるやんけ！」
「それが落ちひんかってん！」

「何でやねん？？」
「実はナ。このまんま、回転しながら、下の方から潰れていったんや。」
「アホ抜かせ！そんなもん、不可能や！　下から潰れたっちゅうことは、自分の重みで潰れたんやろ？　そんなら下にしっかりひっついとる、ちゅうことやんけ！　そんで回転したら、そのまんま横に転がって落ちるだけやないか！」
「そやかて、ホンマやで。ビデオ見てみい。ほんで最後は爆発して全部消えてしもたワ。」
「そんなアホな！　信じられへんけど・・・、ホンマやなぁ。で、NISTとかFEMAとかは何か言うとるんか？」
「誰もなんにも言うてへん。」
「分かった！やっぱし、透明ゴジラが潰したよったんやで！！」
「アホか！　まあ『重力による崩壊』よかよっぽどマシやけどなぁ。」

《本書　第4章を参照のこと》

（口絵5）

1万ページの論文、1枚の写真に如かず

崩壊寸前のWTC第2ビルから流れ落ちる灼熱の金属 《本書　第4章を参照のこと》

融解したアルミニウムにコンピューターやカーペットなどの有機物が混ざり、それが燃えて光っているのである。
（NIST:2006年8月）

「コンピューター？カーペット？どこに見えるんや？そんなもん！　そもそも熔けたアルミニウムって銀色やで。」
「有機物が燃えるにしては炎も煙も見えんな。アルミニウムと有機物て、混ざるんか？」
「そりゃ無理やで。有機物の方が軽いから浮かんで分離してしまいよる。」
「やっぱしビルの中で透明ゴジラが口から火ぃ吹きよったんやで！」
「ちゃうちゃう！　サーマイト反応で作られる熔けた鉄しか、あらへんがな！」

第1ビルから150m吹き飛ばされた外周の鉄柱群 《本書　第8章を参照のこと》

「えげつなー。えらいゴッツイもんが遠くまで飛ばされよってんなあ。近所のビルもええ迷惑やで。」
「ほんまや。FEMAもNISTも無視しとるけど、多分時速100kmくらいのスピードで吹き飛ばされたんちゃうやろか。」
「ものごっついスピードやんけ。」
「こんだけ背の高いもんがまとまってそのまんまの形でビルから引っぺがされて猛スピードで飛ばされた、ちゅうことや。上からの力やったら絶対こんなふうにならへんで。」
「やっぱり・・・」
「透明ゴジラちゃうで！　強烈な爆破以外にありえへん！」

（口絵6）

「WTCビル崩壊」の徹底究明
破綻した米国政府の「9・11」公式説

［目　次］

はじめに…
　　事実だけが真実を語る ……………………………………………… **11**

第1章　真(まこと)を知るための方法論をはっきりさせよう …………… **15**
　（1）　物証が破壊された以上は ……………………………………… 15
　（2）　事実から仮説、仮説から事実へ …………………………… 19
　　　　Ａ：仮説の自由　　19
　　　　Ｂ：事実とつき合わせて仮説を検証　　21
　（3）　何をもって事実とするのか ………………………………… 22
　　　　Ａ：映像資料が唯一最大の手掛かり　　22
　　　　Ｂ：「ケチのつけようの無い映像」を選ぶ　　23
　　　　Ｃ：種々の記録や文書も疑ってかかれ　　27
　　　　Ｄ：「目撃者の証言」は最も後回しに　　29
　（4）　事実から何をどう判断するのか …………………………… 30
　　　　Ａ：自然法則嘘つかない、人間嘘つく　　30
　　　　Ｂ：事実と矛盾する仮説は即刻修正または退場処分　　31

第2章　WTCビルの建築と構造に関する事実 ……………………… **33**
　（1）　ニューヨーク世界貿易センター ……………………………… 33
　　　　Ａ：世界貿易センターとその付近の地図　　33
　　　　Ｂ：第1、第2ビルはどのように建設されたのか　　35
　（2）　WTCビルの構造 ………………………………………………… 39
　　　　Ａ：内部告発者によって公開された正式図面　　39
　　　　Ｂ：縦方向と各階の基本構造　　42
　　　　Ｃ：第1、第2ビル外壁の鉄骨構造　　44
　　　　Ｄ：第7ビルの構造　　47

第3章　飛行機激突と火災に関する事実 …………………………… **49**
　（1）　激突した飛行機 ………………………………………………… 49
　　　　Ａ：AA11便とUA175便　　49
　　　　Ｂ：幽霊飛行機？ポッド？軍用機？　　51

（2）　WTC ビルの火災と熱 ··· 53
　　　　　　A：米国国立研究所 NIST による火事の分析　53
　　　　　　B：WTC の火災は不完全燃焼を起こしていた　58
　　　　　　C：飛行機激突箇所付近以外では火災は発生していなかった　60
　　　　　　D：冷たかったコア部分、火災現場ですら 300℃未満　61
　　　　　　E：NIST はなぜ「1000℃！」をやたらと強調するのか？　64
　　　　　　F：第 7 ビルの火災と被害状況　68

第 4 章　第 2 ビル（南タワー）崩壊に関する事実 ············ 69
　　　（1）　崩壊直前の事実 ··· 69
　　　　　　A：壁面を滴り落ちる灼熱の熔けた金属　69
　　　　　　B：ご立派！米国国立研究所のトンデモ迷解説　72
　　　（2）　第 2 ビルの崩壊は《「崩壊説」の崩壊！》 ······················· 76
　　　　　　A：傾いて倒れ始めた上層階　76
　　　　　　B：なぜ傾き始めたのか？　85
　　　　　　C：なぜ斜め下に転がり落ちないのか？　89
　　　　　　D：回転しながら落ち下から消えていく上層階　91
　　　　　　E：上層階の劇的な爆破　99
　　　　　　F：上層階の回転とは無関係に崩壊した下層階　102
　　　（3）　次々と正確に起こる爆風の噴出 ···································· 104
　　　　　　A：噴出の様子　104
　　　　　　B：NIST の珍説「空気ポンプ」　107

第 5 章　第 1 ビル（北タワー）崩壊に関する事実 ············ 111
　　　（1）　致命的事実：上の階は下から崩れて消滅した！ ············· 111
　　　　　　A：崩壊開始時期の事実は？　111
　　　　　　B：力が小さいほど破壊は大きい？？　114
　　　（2）　やはり次々と正確に起こる爆風の噴出 ·························· 119

第 6 章　第 7 ビル崩壊に関する事実 ······························ 121
　　　（1）　タワーとは逆に下から崩れて残骸は山と積もった ·········· 121
　　　（2）　最初にコア鉄柱群が破壊された決定的証拠 ···················· 125

第 7 章　コア・ディナイアルと事実ヘイター ··················· 127
　　　（1）　再度、「火災による高熱」の誤魔化し ···························· 127
　　　（2）　「コア鉄柱群は無視せよ！」 ·· 130
　　　　　　A：最初は「熔けた！」、嘘がばれたら「コアを無視せよ！」　130
　　　　　　B：おまけに「支柱うどん」の大合唱！　136
　　　　　　C：NIST と FEMA のちょろまかし「分析」　138
　　　　　　D：「ジェット燃料が燃えながら落ちた」の嘘デタラメ　141

　　　　（3）　タワーのコアに関する諸事実……………………………………　144
　　　　　　　　A：崩壊の最後まで残ったコア部分　　144
　　　　　　　　B：斜めに切られた形跡のあるコアの鉄柱　　148

第8章　WTCタワーの水平崩壊……………………………………　151
　　　　（1）　第1ビル、第2ビルは横に飛んだ！………………………………　151
　　　　　　　　A：150m飛んでビルに突き刺さった鋼材　　151
　　　　　　　　B：無数に飛び散る鉄骨　　154
　　　　　　　　C：爆破によって150mも吹き飛ばされた「壁」　156
　　　　　　　　D：周辺ビルの被害状況　　159
　　　　　　　　E：最初から最後まで激しく続く水平方向の運動　　163
　　　　（2）　無から生まれた？コンクリートを「雲」にしたエネルギー……　165
　　　　　　　　A：粉々に砕けて激しい「流れ」を作るコンクリート　　165
　　　　　　　　B：内部エネルギーによって膨らむ巨大な「火砕流」　　167
　　　　　　　　C：J・ホフマンによる貴重な試算
　　　　　　　　　　－「雲」発生にはWTCの位置エネルギーの25倍が必要　　170
　　　　（3）　立ったものがほとんど残らなかったグラウンド・ゼロ……　174
　　　　　　　　A：バラバラに散らばる真っ直ぐな支柱群　　174
　　　　　　　　B：地下は灼熱地獄　　177
　　　　（4）　《どこも均等に崩壊》した事実からは「逃げるが勝ち」？…　181
　　　　　　　　A：水平方向には？　　181
　　　　　　　　B：上下方向には？　　182

第9章　「公式説」の超絶ウルトラ物理学………………………　183
　　　　（1）　事実嫌悪（ヘイト）による似非科学（ジャンク・サイエンス）
　　　　　　　　－崩壊開始以後は「知ったことではない」！……………　183
　　　　（2）　WTCはニュートン力学を崩壊させた！？……………………　186
　　　　　　　　A：各ビルの崩壊にかかった時間は？　　186
　　　　　　　　B：存在しない運動量を「ある！」と叫ぶ米国国立似非科学研究所
　　　　　　　　　　－崩壊箇所の上にある質量はゼロだった！！　　189
　　　　　　　　C：ゼロ・エネルギーで鋼鉄を断ち切る夢の工学！？　　194
　　　　　　　　D：位置エネルギーが何十倍にも膨らむ！？
　　　　　　　　　　　－世界のエネルギー問題、一挙解決！？　　195
　　　　（3）　「公式説」の敗北宣言！　熱力学の全面否定　………………　198
　　　　　　　　A：猿も仰天！長風呂をすると血が沸騰する？　　198
　　　　　　　　B：S・ジョーンズによる当たり前の研究　　201
　　　　（4）　精神と知性を襲った『テロリズム』………………………　203
　　　　　　　　A：再度、「事実から仮説、仮説から事実へ」　　203
　　　　　　　　B：ガリレオやニュートンを《陰謀論者》と言うつもりか？　　207

第 10 章　結論：9・11 は知性と思考力に対するテロだった！ … 209
　　（1）　鹿を指して馬と為す「公式説」：最初から『敗北宣言』！…… 209
　　（2）　《陰謀論》による悪魔化と口封じ ……………………………… 214
　　（3）　人間の頭脳と思考を襲撃した『テロ』リスト ………………… 216
　　（4）　S・ジョーンズ博士による世界に対する呼びかけ …………… 221

あとがき　　インターネット時代の巨大犯罪 ……………… 223

9・11 事実解明のために参照をお勧めする資料 ……………… 226
　　（インターネット・アドレス）

はじめに…
事実だけが真実を語る

　2001年9月11日の驚愕は文字通り世界を変えました。もちろんその後に続く米国によるアフガニスタンやイラクでの戦争を中心としたいわゆる「対テロ戦争」となって現れた政治的な変化もあります。しかし私はこの本ではあえてこの点については語りません。もう一つの、人々によってあまり意識されることのない変化の方を取り上げてみたいと思っています。

　あの日、午前9時59分と午前10時28分に起こった世界貿易センター（WTC）・ツイン・タワーの崩壊は、TV映像を通して世界中の人間の脳裏にいやおう無しに焼き付けられました。**あの巨大な二つのビルがともにわずか十秒あまりの間に塵埃の雲と瓦礫になって崩れ落ちてしまった事実**は、それを見た人々をただただ唖然とさせ愕然とさせ、驚愕させ激怒させ、恐怖させ震撼させました。

　それは「今まで経験したことのない大変な時代が来ようとしている！」という言い知れぬ不安と恐れ、「こんな物凄い暴力が世界にあったのか！」という激しい怒りと憤り、そしてそれと同時に、「あんな頑丈そうに見えた建物があれほど簡単に崩れるのか！？」という驚きと、そしてほんの少しの疑問となって現れました。

　ところがその事実には即座に一つの「意味」が付与されたのです。 米国のTVではあの襲撃の最中にさえビン・ラディンの顔が放映され、飛行機激突とビル崩壊のシーンは何一つ明確な根拠を示されることなくイスラム・テロという「包装紙」にくるまれた形で世界中に報道されることとなりました。日本で一般的に「9・11同時多発テロ」と言われるように、**人々の意識は激しい感情の噴出を伴いながら「包みの中の事実」ではなくそれを覆う「意味」の方に集中させられていったのです。** 9・11事件がもたらした巨大な変化の一つはこのような世界の人間の意識に現れたものでした。

　こうして事実を外から覆いくるむ「**イスラム・テロという意味**」だけが一人歩きを始め、それが数多くの戦闘と殺人を正当化する根拠として使用され続けることとなります。事実は問われることなくそれに「付与された意味」だけが絶対化され、その「意味」にとって不都合な物的証拠は隠滅され破壊され破棄されました。

　包装紙よりも中身、つまり事実そのものを冷静になって見つめなおそうとする動きに対して、米国では容赦なく「テロリストの仲間！」「国賊！」という罵声が浴びせられました。その究め付けが、2001年11月にブッシュ米国大統領が国連演説で行った《陰謀論》という非難でした。

　それは米国だけでなく日本を含むいわゆる西側諸国でも同様であり、事実そのものは脇に追いやられ、それに「付与された意味」が今もなおその事実を支配し続けています。「**陰謀論者ではないこと（＝事実を問わぬこと）**」「**陰謀論を非難すること（＝事実を拒絶すること）**」が知識人・言論人の地位を保証するものとなり、わずかにでも事実を事実として見直そうとする動きに対してはありとあらゆる誹謗と中傷が投げかけられてきました。

その代わりにあの驚嘆すべき事実に対してこれまた**驚嘆すべき解説**が与えられました。それがこの数年間、TV、新聞、雑誌、インターネットを含むあらゆる媒体によって強圧的に広められ、その轟音で世界中が聾唖状態にさせられてきました。
　それは「**WTC崩壊は、飛行機激突の衝撃と激しい火災がきっかけとなり重力によって引き起こされた構造的な破壊である**」という、ガリレオ以前の天動説をも上回る迷妄、ルイセンコ学説も裸足で逃げ出す**偽科学**、としか言いようのないしろものなのです。こうして日本を含む「西側世界」の人間に、**虚構と偽科学を信じることだけが強要**され、それに疑問を持つ者には《陰謀論者》のレッテルが貼り付けられてきました。

　しかしながら、あの日まで何も知らずに過ごしてきた我々にとっての原点は、あくまでもあの**WTC崩壊という事実そのもの**、何一つ政治的な意味や文脈を付与されていない一つの純然たる物理現象としてのビル崩壊です。
　その原点に立ち返り、虚心にその事実を見つめなおすならば、そしてそれをガリレオとニュートン以来くりかえし確認され続けている**正確な科学知識と筋道**でとらえてみるならば、それが解説されているような理由によっては100％起こりえないものであることが明々白々となってきます。そしていずれ本物の科学がWTC崩壊の本当の原因を明らかにしていくことでしょう。
　事実だけが真実を語ります。事実を離れた真実など存在しません。ですから、逆に人間が事実ではないことを語り、あるいは事実を無視し、あるいは一部だけをとりあげてそれを誇張し捻じ曲げて語るなら、それは嘘、虚構と呼ばれるものになります。そしてその嘘もまた人間が作った人間的な事実に他なりません。したがってこれもまた私の観察と叙述の対象となります。
　本書の目的はWTC世界貿易センター・ビルの崩壊で起こった物理的事実と、それに対する説明として現れた大嘘と似非科学という人間的事実を、できる限り多くの人に知ってもらうことです。他意はありません。

　この本はいわゆる「陰謀論ファン」をがっかりさせるかもしれません。ここには何一つ「陰謀」も「不思議」も書かれていないのです。フリーメーソンもイルミナティもユダヤも、スカル・アンド・ボーンズもオプス・デイもイエズス会も、ロスチャイルドもロックフェラーも…、読者諸氏が心ひそかに期待しているかもしれない神（悪魔？）のごとき「全能の陰謀主体」は、本書には一切登場しません。
　また一方でこの本は、米国中心の「対テロ戦争」路線に政治的に反対する立場から9・11事件の「真相究明」を求める人たちをも失望させるのかもしれません。本書にはネオコンもPNACもCIAもモサドも登場しないからです。
　私はこの本を書きながら、この事件からありとあらゆるそのような「意味」を剥ぎ取り、原点に戻って、ただ「何が起こったのか」という物理的な事実だけを見ているのです。私が読者諸氏に示すことができるものは、『**実際に起きた事実**』、『**その事実をガリレオやニュートン以来の物理・化学的な諸法則と照らし合わせて理解すること**』です。そしてもし事実と科学法則を前にして消え去るものがあるとすれば、それがどれほど素晴らしいものと映ろうとも、それは単なる虚構、嘘に過ぎません。したがって、『**誰が何の事実を無視し、何の事実を誇張し、どんな非科学的な手段で、どんな嘘を言っているのか**』ということも本書の重要なテーマです。

WTC ビルの崩壊は **9・11 事件全体の「扇の要」**です。もしここで、9・11 事件の上に即座に覆いかぶされた米国政府およびマスコミ発表の「意味」を明確に否定する事実が判明するのなら、それはこの事件のみならず、その後に引き続いた「対テロ戦争」の意味の全体を解体することになるでしょう。**WTC は「対テロ世界戦争」にとっての『最初のドミノ』**です。

　つまりこういうことです。WTC 崩壊中に起こった諸々の事実が、「飛行機激突の衝撃と激しい火災がきっかけとなり重力によって引き起こされた構造的な破壊である」ことを否定し、**必然的にそれが人為的に引き起こされた爆破による破壊工作であることを語るのならば、そのことは必然的に「イスラム過激派によるテロ」という「意味」を全面崩壊させます。そして必然的にその破壊工作を実行可能な者達が真犯人であり、必然的にその目的がイスラム教徒に濡れ衣をかぶせて「対テロ戦争」を強引に実行することであった、ということが、次々と連鎖反応的に明らかにされていくことでしょう。事実だけが、それにふさわしい意味を、自ら必然的に形作ります。**

　私はそのようにして**必然的に形作られた意味**だけを信用します。しかし本書ではそこまで扱うことはしません。私はこの本の中で「犯人指名」はしません。もちろん疑いを抱いている人物や集団はあります。しかし未だ事実の解明が不足しています。**事実を知る人があまりにも少ない。さらにその解明に携わる人があまりにも少ない。特に科学知識とその方法論、および技術を十分に持つ人たちの参加が全く不十分です。**だから逆に、事実を正確にとらえようともせずに「真相解明」を叫んで、結局は解明への動きをぶち壊してしまう流れもまた作られてしまっているのです。

　私はこの本によって 9・11 の事実に対する世の中の関心が少しでも高まり、特に**科学技術に携わる人たち**が一人でも多く WTC 崩壊の事実とその原因追究に関心を持っていただけることにさえなれば、その目的を十分に果たしたと考えます。私は、自分がこの本で書いていることを 100％ 正しいなどとは全く考えていません。私にはまだ知らないことが多く残っており、事実誤認もあるかも知れず、いくつかの推論の過ちが含まれている可能性もあります。また膨大な事実を分析しまとめあげていくだけの知識も技能も手段も不足しています。

　ですから**私などよりもはるかに高い能力と手段を持つ人々にこの事実解明の作業を完成させてもらいたい**と願っています。私は本書がそのきっかけにさえなればそれで満足です。他の大それた望みは持っておりません。

　当然ですが、米国には私なんぞ到底足もとにもおよばない《事実の研究家》たちが大勢います。本書には、インターネットを通して知ることのできた彼らの知恵と労力を、ちょっとだけお借りしている部分もあります。

　本書では数多くの写真と共に、ぜひインターネットで接続して参考にしていただきたいビデオのアドレスを各章の各項目に添えておきます。また私が参照した資料、および読者の皆様に参照をご推薦したい資料や論文などの題名とアドレスを本文中や巻末に書いておきます。

　ただその資料や論文などは一つを除いて全て英語で書かれており、英語の苦手な方にはまことに申し訳ないのですが、何といっても最も良質な資料は英語のサイトに固まっていますため、ご了承ください。

一つだけはっきりさせておきます。私は、嘘を取り扱う場合でも事実を取り扱う場合でも、基本的に**元資料に依拠**しています。例えばある研究者が「NISTの報告によるとコレコレこのようになっている」と書いている論文があっても、私はその研究者の言葉を使用せずに直接NISTの報告を確かめ翻訳して引用し自ら分析しています。写真やビデオに関しても同様で、ある映像についての他人の分析ではなく、あくまでもその写真を掲げてそれから直接に読み取れることを土台にして書き進めています。

　場合によってはいくつかの非常に優れた研究例をご紹介することもありますが、それは例外とお考えください。本書の内容に触れる前に、こういった私の基本姿勢をご確認いただきたいと思います。

　その昔、明智光秀という戦国武将がこう言いました。
「武士の嘘を武略と言い、仏の嘘を方便と言う。土民百姓はかわゆきことなり。」
　私は「土民百姓」の一人です。しかしいつまでも嘘で操られることは「いさぎよし」とはしません。**嘘は嘘なのです。裸の王様は裸なのです。**
　私は、嘘で我々を操る「武士」や「仏」に対しては、ただ事実をぶつけて「おかしなものはおかしい」「**嘘は嘘だ**」と発言するのみです。

　最後に、この本の出版に多大のご協力をいただいた木村愛二氏、出版に際し私のわがままを快く受け入れてご尽力いただいた社会評論社社長松田健二氏、そして何よりも、インターネット掲示板「阿修羅」を通して私の9・11真相追究に対して数多くの激励とご指導・ご鞭撻、そして時として厳しいご指摘を頂戴させていただきました無数の方々に、深く感謝を捧げたいと思います。

　　　　　2007年6月
　　　　　　　　　　スペイン、バルセロナにて
　　　　　　　　　　　　　　　　　　　　　　　　　　　童子丸　開

第1章
真(まこと)を知るための方法論をはっきりさせよう

(1) 物証が破壊された以上は

　2001年9月11日に米国で起こった悲惨極まりない事件は、日本ではご存知の通り「同時多発テロ」という名で知られています。「9月11日朝に4機の民間ジェット旅客機がビン・ラディン率いるアルカイダのテロリストに乗っ取られ、2機はニューヨークの世界貿易センター（WTC）ビルに激突し、1機はワシントンの米国国防総省（ペンタゴン）に突っ込み、残る1機はペンシルヴァニア州シャンクスヴィルの草原に墜落した。その結果世界貿易センターの第1ビルと第2ビルが崩壊した。そして乗っ取り犯を含む合計3千人近い人々の命が奪われた。その後、午後5時過ぎに無人のWTC第7ビルが崩壊した。」という話になっています。

　もちろん失われた人命と建築物や施設、経済に与えた被害は膨大なものであり、史上希なる重大犯罪であることに、一点の疑いもありません。ところが、この犯罪が実行された直後から奇妙なことが起こり始めました。

　もちろん「報復」に名を借りた米国によるアフガニスタンへの侵略戦争、結局ウヤムヤにかき消された「炭素菌事件」などもあるのですが、実はその陰に隠れて、もう一つの極めて重大な出来事が起こっていました。

　この大犯罪の物的証拠が続く4ヶ月ほどで次々と姿を消し、永久にこの世から失われるという異常な事態が進行していたのです。WTCの7つのビル群を作っていた35万トンにものぼる鋼材がほとんどことごとくリサイクルにまわされ、そのうち判明しているだけでも18万トン以上がスクラップとして中国とインドに破格の値段で叩き売られました。アルミニウムなどの他の金属も米国内外の再処理業者に売り飛ばされたのです。

　そして売り物にならない瓦礫類は、ただしそのほとんどが原形の見分けもつかないほど粉々に粉砕され砂状あるいは小麦粉並みの微粒子と化していたのですが、ニューヨークの北にある埋立地に放り込まれました。おそらくその中には犠牲者の遺体の一部分も大量に含まれていたでしょう。

　またそれには「凶器」と化してビルに激突した**2機の飛行機の残骸も含まれていたはず**で、それらは何一つまともな調査も分析もされないままこの世から消えてなくなりました。しかし奇妙なことにどんな激しい墜落にも耐えることのできたはずのブラックボックスは、**FBI**によると**2機分とも**「**発見されなかった**」ということになっています。

　それは「後片付け」の名目でルドルフ・ジュリアーニ市長（当時）率いるニューヨーク市当局および米国連邦緊急事態管理庁（Federal Emergency Management Agency）通称**FEMA**（フィーマ）によって為さ

れたことなのですが、トラックの運転手に食事をとる時間さえロクに与えずに昼夜兼行で行われ、その間にNY市当局者とWTC借地権保有者のシルバーシュタイン氏らのグループが中心となって「新しいビル建設」のプランが着々と練られつつあったのです。遺族の気持ちを考えてせめて1年間くらい我慢したらどうなのか、と思うのですが、担当者達は、とにかく早くきれいサッパリと片付けて後のビル建設に手をつけたい、という以外のことは全く頭に無かったようです。

　しかしそれにしても奇妙な話ですね。
　2千数百人が犠牲となるような重大犯罪で、その大多数の命を直接に奪った出来事の物的証拠に対して、一体全体どうしてこれほどのぞんざいな扱いができたのでしょうか？　交通事故でも物的証拠に対してもう少しましな扱いをするのではないでしょうか。犠牲者の大多数がWTC第1ビルと第2ビルの崩壊の中で亡くなったのです。そこは**紛れも無い殺人現場**だったのです。遺族の心痛が生々しいうちに外国に叩き売った道義的無責任はともかく、**殺人現場の物的証拠をロクに調査もせずに廃棄し**、しかも永久に調査が不可能になるリサイクル処分とするなど、警察関係や検事局にお勤めの方ならどのようにお感じになるでしょうか。ビルの建材ばかりか、ペンタゴンやペンシルヴァニアのものも含めて、飛行機の残骸の精密な研究と調査がなされた形跡はありません。犯罪の「凶器」が何の調査もされずに全て消滅させられたのです。
　そもそも犯罪の証拠を破壊すること自体が犯罪とならないのでしょうか。米国の法律を詳しく知らないのでなんとも言えないのですが、普通に考えて、もし何かの事件の手掛かりとなるものを白昼堂々と破壊し再現不可能にしてしまうならば、必ず逮捕されるのではないでしょうか。それとも米国はそのような「証拠破壊」「証拠隠滅」が許可されている国家なのでしょうか。よく解りません。**普通に素直に考えると、「証拠破壊」「証拠隠滅」する者は犯人の一味と見なすことができると思うのですが。**
　WTCの建材にしても、事件を調査したFEMAによれば、数十万個あったはずの鋼材の中から150個が「将来の研究のために」抜き取られて保存された、ということになっていますが、それすらも一部の写真をのぞいてそのサンプルが一般の研究者に公開されたことはありませんし、未だに存在するかどうかも明らかではありません。ケネディ空港の倉庫に1350個が保管されているとも言われますが、一部の写真が公表されているだけで自由な研究はできないようです。
　確かにFEMAはその中のごくごく一部分を分析して報告書で発表しています。しかしそれがいかにいい加減でいかに真相を誤魔化すものであるのかは本書で明らかにしましょう。また**米国国立標準技術研究所（National Institute of Standards and Technology）通称NIST**は、FEMAからまわしてもらった鋼材についてこれもまた手抜きとしか言いようのないおざなりな分析と手抜きの「解説」だけを報告書に載せています。そのうえでNISTはビルが実際にどのように崩壊したのかを説明するような分析は何一つ行っていません。これもまた後の章でふれることにします。
　いずれにせよ、WTC第1ビルと第2ビル、そして第7ビルが崩壊した原因を突き止めるための**物質的な手掛かりは、ほぼ消えてなくなった**、と見て良いでしょう。
　さて、こうやって物証がほとんど失われ、わずかに残されたとされるものも事実上未公開の状態である以上、もはやこの重大犯罪について本当のことを知る手がかりがすべて失われてしまった、ということになるのでしょうか。
　しかしちょっと頭を切り替えると非常に有効な解決方法が見つかってくるかもしれません。何せ現在は情報の時代です。「重たい物」にこだわるべきではありません。

もちろんご存知の通り、WTC タワーが崩壊した原因については、いくつかの説の間で激しい論争があります。それぞれをごく簡単にご紹介しますと、まず、
《ビルの鉄骨構造が飛行機激突の衝撃と火災の熱によって弱められ、それがビルの重量を支えきれなくなったときに、重力の働きによって連続した崩壊が起こり、結果として全体が崩壊した》
というものがあります。ここには大きく分けて FEMA が唱える《火災現場での床の崩落（座屈）が次々と下の床を連続して崩落させた》いわゆる「連続パンケーキ崩壊説（トラス崩壊説 the truss failure theory）」、また《コアや外周の支柱が強度を失い連続した破壊が起こった》という「支柱崩壊説 the column failure theory」に分かれます。NIST 系統の人脈では「支柱崩壊説」が主流ですが、実際には NIST は崩壊開始以後の分析を放棄しています。どっちにしても
《地球の重力以外には崩壊に直接のエネルギーを与えたものは存在しない》
という点で一致しています。パンケーキ説にしても支柱を問題にせざるを得ず NIST にしても床の連続崩壊を言わざるを得ません。この2つは要するに「相互補完的」でしょう。共にいわゆる公式説を形作るものです。

　一方で、一部の者から「陰謀論」と呼ばれているものですが、
《3つのビルは人為的な手段で意図的に爆破解体された》
というものがあります。これもまたいくつかの種類があるのですが、代表的なものに、
《WTC タワー（第1ビルと第2ビル）のコア（中心部分）の鉄柱がサーマイト（テルミット）と呼ばれる化合物で切断され続いて爆発物で全体の構造が破壊された》
とする「爆破解体説（サーマイト説）」、そして
《地下に超小型水素爆弾が仕掛けられその爆発によってビルが破壊された》
という「地下核兵器説」があるようです。一風変わったところでは
《宇宙の人工衛星からビーム兵器が発射され、これが WTC ビルを倒壊させた》
といった「ビーム兵器説」などもあります。
　細かいバージョンの違いはありますが、おおかたこんなところで良いでしょう。もちろん「爆破解体説」や「地下核兵器説」ではその爆発物を仕掛けて爆破させた人物（グループ）の追及が必然的に進められることになります。ただ『始めに・・・』でも申しましたが、私は本書でそれには触れません。結論を急いでもしょうがないのです。結論を出すにしてはまだあまりにも「事実として何が起こったのか」が解明不足であり、おまけにほとんどの人が事実をあまりにも知らなさ過ぎるのです。

　本書をお読みの皆さんは、**この時点で頭をいったん「中立」にしてください**。物的証拠が無い状態ですから、今の時点で判断の決定要因となるものが見当たらないのです。**いちど頭の中を真っ白に戻してから、実際に何が起こったのかを一つ一つ再構成していくことが肝心でしょう。**
　こんなに様々な説が飛び交う原因を作ったのは何といっても直接的な物的証拠が破壊され消えてなくなったことなのですが、それをいまさら嘆いても仕方がありません。かくなるうえは別の手段を用いて2001年9月11日の事実を再現し、起こった現象をできる限り詳しく正確に知り、その理由を正しい筋道で判断した上で真相に近づいていくしか方法が無いでしょう。

何よりも第一に、**真相を追究するための方法論が明確にされなければなりません**。物証を手掛かりにできない以上、**それでも追究していくことのできる有効な方法論が絶対に必要**となるのです。次の項目からはこの点についてもう少し掘り下げてみましょう。やや辛気臭い話が続くでしょうが、ここが最も肝心な点ですので、どうかしばらく我慢してお付き合いください。

(2) 事実から仮説、仮説から事実へ

A：仮説の自由

　科学的方法論、などと大上段に構えるつもりはありませんが、物事を、筋道を通して誰にでも納得のいく結論を出すためには、やはり人間の歴史の中で何百年、何千年もかけて練り上げられた先人の知恵を借りるに越したことはありません。最初からお断りしておきますが、私は科学研究を専門にしている者ではありません。しかし、少なくともその最も基本的なものの見方と最も基本的な物事の取り扱い方については、多くの研究成果とその方法を見ることによって数多く確認し続けてきたつもりです。（厳密な点は科学研究を専門に行う方にチェックしていただきたいと思っています。）

　科学の出発点は「事実の観察と確認」であるはずです。ガリレオがピサの斜塔でみんなが見ている所で地球の引力についての実験をしたのは、何よりも事実へのこだわりであり、**事実を説明しない真実性など存在しない**という信念からであると同時に、**事実だけが他人を説得しうる**という確信からでもあったでしょう。

　事実の調査と観察を元にして、その事実の原因や理由を考えることが科学的な思考の第一歩なのですが、そこで考えられた理由を**仮説（hypothesis）**といいます。当然ですが、仮説は実験と観察によって確認・立証されないかぎり**論理（theory）**と呼ばれる資格はありません。この点は日本語の中でも英語の中でも随分と混乱があるように思います。これはむしろ英語圏の人々の責任でしょう。

　英語で theory というと、たとえば「conspiracy theory（陰謀論）」だとか「pancake theory（パンケーキ崩壊論）」などといった言葉が堂々とまかり通っているわけです。しかしこれらの「theory」が果たして証明された結果のものかどうかというと必ずしもそうとは限りません。どこの国でも意外と言葉が雑に使われていることが多いのです。本来の科学的な観点からではこれらは単なる仮説に過ぎず、あまり堂々と自信たっぷりに振りかざせるようなものではないのです。

　ところでその仮説なのですが、事実の観察や調査に基づいたものという条件付きでですが、自由にたてることが可能です。

　有名な話ですがドイツのウエゲナーという地質学者が大西洋両岸の海岸線が似ていることにヒントを得て「ひょっとしたら大昔に現在の世界の各大陸は引っ付いていて一つの大陸になっていたのを、何かの原因で大陸が分裂してそれぞれが移動し、お互いに位置を変えたのではないか」と考えました。実際に調査するとアフリカ、南米、インド、オーストラリア、南極の各大陸の地質や化石分布などは極めてうまく一致しているのですが、ウエゲナーは他の地質学者から気違いあつかいされたままグリーンランドで地質調査中に遭難死しました。しかし彼の死後に大洋の海底が広がりつつある事実が発見されて、ウエゲナーが唯一知りえなかった「大陸移動の原因」が明らかになりました。現在では「プレート・テクトニクス」として大陸の移動は常識とすらなっています。

　ガリレオはもちろん遺伝学のメンデルにしても生きている間にその仮説が認められることはありませんでした。しかし「大地が動くなどとんでもない」と考えられていた時代に「大地は動くかもしれない」と

考えたウエゲナーは本当の意味の自由人なのでしょう。**事実の観察に基づくものでさえあれば仮説は全く自由なのです。**

例えば9・11事件で犯人を「アラブ・テロリストだ」と仮説をたてるのも自由ですし、逆に「ブッシュだ」と仮説を立てるのも自由です。ロックフェラーだというのもイルミナティだというのも、もちろん自由です。もっと言えば「宇宙人だ」でも良いし「爬虫類人だ」でもかまいません。「透明ゴジラ」でも良いでしょうし、私でも良いし近所の魚屋のおじさんでも構わないわけです。もちろん、それは**事実に基づいて証明されなければならない**わけですが。

もう一度強調しますが、仮説は全く自由です。その**仮説に「○○だけは入れてはいけない」というのは、宗教的迷妄、あるいはその出来事に利害関係を持つ利権屋の横暴**とでも言うべきでしょう。言うまでもありませんが、事実によって証明されてもいないのに一つの仮説を絶対的真理のように押し付ける態度も同様です。この二つを併せ持っている場合は文字通り最悪でしょう。

ガリレオ以後の世界は、妄信が人間を支配することを断固として拒否する時代になっているはずです。思想的・政治的理由によって仮説に制限をつけようとするのはファシストの忌まわしい発想です。己の利害からある仮説を暴力と脅迫で封じ込めようとするのはマフィアのやり口でしょう。

もし9・11についての議論の中で、もしある特定の人物やある特定の集団を疑ってはならないと主張するような人や集団があるとしたら－あるかどうか私は知りませんが－それは**妄信者、ファシスト、マフィア**の類に間違いないでしょう。

そしてもしその主張を行う人物やグループが様々な脅迫と暴力、政治・経済的圧力を用いてある特定の仮説を葬り去ろうとするならば、逆にイの一番にその人物とグループを真犯人に連座するものとして疑うべきでしょう。やましいところがあるからこそ脅迫や暴力を用いて「安全地帯」に逃げ込もうとするのです。もう**自ら正体を明らかにしたも同然**でしょうね。

B：事実とつき合わせて仮説を検証

　通常の物理や化学では、仮説を立てたならば、次にそのテーマについての実験を考案し、仮説を元に筋の通った推論を働かせて実験結果を予想します。大切なことはその「仮説―予想―実験―確認―記録」という一連の行動を公開の場で行い衆目にさらすことです。そうすることによって始めて客観性が生まれるからです。

　もちろん生態学や天文学のように実験したくてもできない分野もあるでしょう。この場合はやはり事実の調査と観察になるでしょうが、しかし、あくまでもその理論的な根拠とされるものは実験に基づいた基本的な科学認識でなければなりません。

　もしその仮説に基づいて推論されることが実験や観察で明らかになる事実と一致しておればその仮説が正しいと客観的に明らかにされるわけですが、事実と食い違う場合には、仮説自体を見直す、予想を立てるまでの推論の過程を見直す、実験や観察の方法が適切であったかどうかを見直す、などといった作業を行う必要があります。

　もし推論の方法が正しく実験・観察の方法にも問題が無いにも関わらず事実を説明できない場合には、**その仮説そのものを修正する必要があります。もし修正で効かないほど多くの矛盾が明らかである場合には、記録だけを残して未練を残すことなく破棄**されなければなりません。当然ですが、WTCの崩壊といった事柄を扱う場合に素粒子論や相対性理論のようなものを導入することは、いくらなんでもできないでしょう。推論の方法として用いるのはあくまでも「古典力学」と呼ばれる範疇のものです。

　9・11事件のようなものを対象とする場合、WTCビルの模型を使っての実験くらいしてもよいはずですが、今の時点では望むべくもありません。しかしもしあの事件に関して「これが間違いの無い事実だ」というデータがある程度以上十分にそろっているのなら、**それを足がかりにして仮説をたてて推論を行い、再び事実に立ち返って仮説と推論の検討を行う**ことくらいなら出来るでしょう。

　したがって最も大切な態度は、誰かの言うことを「信じるか、信じないか」ではなく、「**何が事実なのか」を見極めること**ではないでしょうか。どれほど立派な経歴を持ち立派な立場にある人であっても、事実と食い違うことを言う場合には『**事実と合わない！**』の一言で否定すべきものだと考えます。我々は、事実と附合しない理屈など、言葉の上でどれほど筋が通っていようとも信用すべきではありません。

　しかしそれでは、9・11事件のようにほとんどあらゆる物的証拠が消されてしまった犯罪に関して、**一体何をもって「事実だ」とすべきなのでしょうか？**　この点がこの犯罪を扱う場合の大きな分岐点になるでしょう。

（3）何をもって「事実」とするのか？

A：映像資料が唯一最大の手掛かり

　先ほどからも繰り返しますように、残念ながらWTCの崩壊に関連する物理的な証拠はほぼ完全に破壊されました。同じ日に起こったペンタゴンへの攻撃やペンシルヴァニア州での墜落に関しても同様です。ただこれはもう嘆いても始まりません。物証や情報を破壊・隠蔽した者達が犯人一味に無関係ではありえないし、それを見て見ぬふりをして問題にしなかった者達も大なり小なり真犯人に連座するでしょう。しかし今はまだそれについて話を及ぼすべき時ではありません。

　しかし、特にWTCの3ビルの崩壊については、TV各局が撮影したビデオ映像、一般の人々によるビデオ映像や写真映像、FEMAやNISTが事件調査用に撮影した写真映像、プロとアマの写真家による写真映像が豊富に残されています。またWTC建設に関連する昔の写真や記録やビデオ・テープ、人工衛星からの精緻な写真映像、地図やWTCの図面などがあり、これらのほとんどはインターネットを通して世界中の誰にでも公開されておりいつでも確認することができます。

　大切な点は、こういった映像資料がすでに非常に数多くの人の目にさらされており、さらに多くの人々や団体によって正確にコピーされているため、誰かにとって都合が悪いからといって**今さら変造や隠蔽が不可能**なことです。これはデジタル時代、インターネット時代の非常に重要な特徴なのです。

　逆に今さら「物証」を持ち出されても、それが本当に現場にあったものなのかどうか、どんな確証があるのか、ということになります。事件以降に適当に捏造されたものではないか、という疑いを排除できなくなるからです。つまりもし今から「物証」が持ち出されたとしたら、むしろ疑わしいものとして扱うべきであり、多くの方面の様々な立場の人々によってそれが検証されよほどしっかりとした科学的な証明が為されない限り、本物と認められないものである、ということです。

　したがって、このような映像資料を中心にして事件当時に発生した事実を割り出すよりほかに手が無いでしょうし、またそれによって相当に正確な事実の再現が可能になるでしょう。この事件の場合、**ビデオや写真の映像こそ事実を知るための唯一確実な資料**といえます。

B:「ケチのつけようの無い映像」を選ぶ

ただ、映像資料といってもその信用度に様々なレベルがあります。デジタル時代の現在では写真やビデオはかなり自由に取り扱うことができ偽造がたやすくできます。**写真やビデオがあるからといって簡単に信用することはできない**のです。

さらにその被写体の信憑性が問題です。写真自体には偽造した跡が無くても、その被写体が本当に事件の現場にあったものなのか、元々無かったものを誰かが運んできて最初からあったかのように仕立てた可能性は無いのか、ということです。

こういった**疑いが少しでももたれる映像は排除しなければなりません**。「ケチをつけ出したらキリがないではないか」と言われそうですが、しかしこの選別の作業は根本的に大切です。情報化時代には情報の信用度をどのように測るのかが最も大切な作業にならざるを得ないのです。まさかとは思いますが、少しでも疑いの持たれる映像を「絶対確実な事実だ！」と強弁できる人はいないでしょう。

ここで、ある現象が事実かどうかを判断する際に、何をもって**「ケチのつけようの無い映像」**と考えればよいのか、という基準を書いておきましょう。

① 一つの画像で捕らえられているある現象が、別の場所からの別のカメラによる映像でも同一あるいは同種の現象として明らかに確認できること、

② それらに相互の矛盾が無く（ただし光の具合などによる色調の違いやカメラの性能による違いなどを除く）明らかに同一のもの、あるいは同種のもの、あるいは連続したものであると確認できること、

③ 被写体が通常の手段で輸送や移動が可能であり捏造の可能性ゼロと断言できない場合、その実物か、あるいは映像と附合した正確な分析記録が存在すること。

と、まあこういったことになるでしょうね。本書で私が「事実である」として取り上げる映像はすべてこの関門をクリヤーしたものばかりです。

たとえばここで、「ボツ候補」とみなされるいくつかの画像をお目にかけましょう。例えば次の**【画像1】【画像2】【画像3】**をご覧ください。

【画像1】　　　　　　　　【画像2】　　　　　　　　【画像3】

これらは 2001 年 9 月 11 日に WTC 跡地（グラウンド・ゼロ）周辺で撮影されたとされる映像です。もちろんそれらの被写体の実物は一度たりとも公開されておらず、また詳しい分析結果も存在しないのです。

あるのは写真と「ドコソコに落ちていて○○だと考えられる」という FEMA や NIST の報告書だけ。

【画像1】と【画像2】の被写体には別角度から撮られたいくつかの写真が存在します。だからこの物体が事件後の南マンハッタンに存在していたことには間違い無いでしょうし、写真自体が偽造された形跡はありません。

【画像1】は飛行機エンジンの一部のように見えますが、しかしなぜか大型のゴミ用ケースの中に入っているようです。不思議ですね。吹っ飛んできたエンジンがちょうどスッポリとこの中に入ってしまったのでしょうか？ それにしては、猛スピードでおそらく燃えながら飛んできたはずですが、ケースには全く何の傷も見えずスッポリと全体を覆っているようです。

また【画像2】は街角に転がっていた着陸用の車輪（ランディング・ギア）のようです。ところがこの車輪には2種類の異なる写真があるのです。場所は同じなのですが、一つはボロボロになったタイヤ、もう一つは新品同様のタイヤをつけた車輪の写真です。どちらが本物なのでしょうか？ また【画像3】はWTC 第5ビルの屋根に落ちていた「UA175便の機体の一部」とされる物体で、、WTC タワー崩壊の前の飛行機激突時に第5ビルの屋上に落ち、その後にタワーが崩壊したはずですが、タワーの瓦礫がその下に見えるようです。また付近の数多くのビルにボカ穴を開け屋根をぶち壊したタワーの残骸はこの「機体の一部」には実に幸運なことに何一つ衝突しなかったようです。まあこういった類の写真の被写体には眉毛にたっぷりとツバを刷り込んで見ておいた方が無難でしょう。運ぶことができる程度の大きさだからです。

何せあのグラウンド・ゼロは、「テロリストの無傷のパスポート」が見つかったなどというトンデモ話がある一方で飛行機2機分のブラックボックスが1個も見つからないという妖怪屋敷みたいな場所です。このような写真の被写体が「100％信用できる」という確たる根拠などどこにもありません。

もちろん私は決してこれらの写真や被写体が「偽物である」と言っているわけではありません。WTC に飛行機が激突したことに疑いようは無く、エンジンや車輪がそこに落ちているのはむしろ当然のことです。ただその実物も精密な分析記録もこの世に存在しない以上、このような確認のしようが無い映像は判断の材料とはしない、と申し上げているだけです。それがより公平で科学的な態度だと考えるからです。

次の【画像4】【画像5】はWTC のものではなく、同じ9月11日にユナイテッド航空93便の機体と乗客、貨物のほとんどが「墜落のショックで目に見えない微粒子になって消えた（！？）」と信じられている（！？）ペンシルヴァニア州のシャンクスヴィルから「見つかった（！？）」と信じられている（！？）ものです。

飛行機全体が「目に見えない微粒子」にまで分解された割には【画像4】の被写体はちゃんとまともな形を保っているようです。周囲の地面と植物も実に美しい状態ですね。よほどフワリと着地したのでしょう。

【画像4】

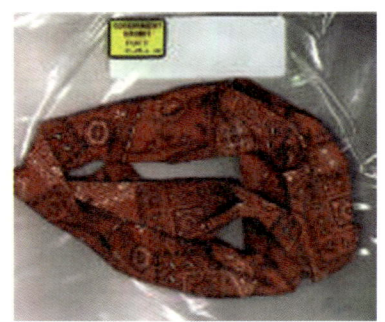

【画像5】

また【画像5】はハイジャックしたテロリストのお兄ちゃんが身に付けていたバンダナとかで、このアラブ青年の肉体は塵になって骨も残さず消えたと信じられている（！？）のですが、彼のバンダナだけは焦げ跡も傷も無しの新品同様の姿で発見されたと信じられている（！？）ようです。こんなバンダナ、どこかの街角の露店でいくらでも売っていそうですね。
　次の【画像6】【画像7】【画像8】はペンタゴンでのものです。

【画像6】

【画像7】

【画像8】

　【画像6】で小学校の運動会の借り物競争みたいに走り回っている男達は激突した飛行機の破片を集めているFBI職員とされていますが、もちろん彼らが集めた「証拠品」の公開と分析報告はありません。【画像7】はアメリカン航空77便のエンジンの一部ではないかと一部で言われているものです。しかし先ほどあったWTC付近の写真同様に、この被写体に絶対の信頼を断定できるわけではないし、第一これがペンタゴンの中にあったという確証すらありません。非常に意地の悪い見方をすれば、全く無関係な写真を、周囲が写っておらず場所の確認ができないのを良いことにペンタゴンの写真の中に混ぜておいたのではないのか、と疑うことも可能になります。
　【画像8】は有名な写真ですが、先ほどのようにFBI職員が飛行機の破片集めに走り回っていたわりにはこんな目立つものが随分長い間放りっぱなしにされていたようです。ペンタゴンでもご存知の通りジャンボ・ジェットの機体や乗客のほとんどが激突の衝撃と火災で**「目に見えない微粒子になってこの世から消えた」**と信じられている（！？）のですが、その割には随分ときれいなものです。焦げ跡一つついていませんし周辺の芝生に何の傷跡も無いようです。
　まあ、このような種類の被写体も到底「間違いの無い事実」としての証拠能力は断言しがたいでしょう。ジャンボ・ジェット機の機体のほとんどが「目に見えない微粒子になってこの世から消えた」ことが事実であると科学的に証明されない限りこれらが「その消滅を免れた物体である」と断定することは不可能です。したがって誰かによって**捏造された可能性**を「ゼロ」と断定することも不可能です。

「写真があるのだから信用する」というわけにはいきません。私はこういったわずかでも「ケチのつけようのある」映像はすべて判断の材料から外すことにします。

こうして先ほどの基準をクリヤーできる映像はやはりWTC崩壊に最も豊富に存在しています。では、次のものはどうでしょうか。

【画像9】はWTC第2ビルに突っ込む寸前のジェット機の姿ですが、この右主翼の付け根付近に奇妙な影が見えます。この影は複数の別角度からのビデオや写真で確認できますので映像の偽造ではありません。

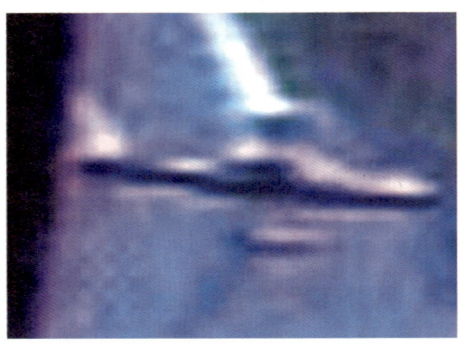
【画像9】

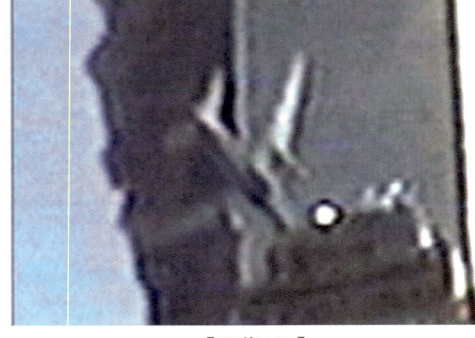
【画像10】

また被写体をでっち上げるにしては少々大きすぎますしタイミングが悪すぎます。この影が撮影されたことに間違いはありません。

そしてこれを「ミサイル、あるいはレーザー兵器を組み込んだ特殊な装置」いわゆる「ポッド」であると主張する人々がいます。そうかもしれないしそうでないかもしれません。もちろんこれを光線の具合でできた偶然の影だと主張する人もいます。そうかもしれないしそうでないかもしれません。

【画像10】は第2ビルに激突する直前か直後かに、機種のわずかに右側の部分で見られた怪光です。これもまた別角度から撮影された他の複数のビデオで明らかに確認できますので、光ったことだけは事実と言ってよいでしょう。それが「ポッド」から発射された「何か」かもしれませんしそうでないかもしれません。

残念ながら本書ではこの件についての突っ込んだ取り扱いはしません。第3章でも申しますが、あの不思議な影が何であり奇妙な閃光が何であるのか、推測は様々にできることですが、今の時点でこの映像だけでは何の立証のしようも無いからです。何せWTCの残骸からは飛行機の一部と見なされる物体がサンプルとして分析されることはありませんでした。これらはこの事件が明確な証拠から犯罪として立件され裁判を行う中から（将来それが実現したとしてですが）明らかにされるものでしょう。あるいはよほど重要で決定的な内部告発の登場を待つ以外にはありません。

ひょっとするとお読みの方の中に「この筆者は自分の理屈に都合の良い映像ばかり集めているのではないか」とお疑いの方がいらっしゃるかもしれません。もっともなことです。私にしても全部を知っているわけではありません。もし、私にとって「都合の悪い」映像をご存知の方がいらっしゃればどうかお知らせください。詳細は本書の「あとがき」で述べておりますが、私はあるインターネット掲示板にいつも出入りしておりますので。

C：種々の記録や文書も疑ってかかれ

　公的・私的な様々の機関で作られた記録や文書類の内容にしても、それが人間の手で作られるものである以上、偽造や捏造の可能性は常に付いて回ります。また逆に、破壊・抹消され隠蔽された記録があるという指摘も数多くあります。

　地図や地震計の記録などは偽造・捏造のしにくいものですから、先ほど述べたような基準で事実と見なされる映像に写っている現象の裏づけとなるものであれば、これも「事実である」と信用して良いでしょう。しかし、その他の記録や文書（公式文書を含む）はどうでしょうか。

　研究・調査資料・証言を含む、文書となって公表されたデータ類の中からは、時間的にあるいは物理的に、捏造や偽造の可能性が明確に全て取り除かれていると保証されるものだけが取り扱われるべきです。たとえ事件と同時に公表されたと確認できる記録でも、あらかじめ準備しておいて同時に流した可能性を否定できません。他の側面からの無理なこじつけではない裏づけが必要です。まして後々になって公表されたデータに対しては非常に慎重な取り扱いが要求されるでしょう。

　それが国家機関などのものであっても一般的に「権威が有る」とされる機関で作成されたものであっても、人間の作成したものである以上、常に疑いの目で見ておく必要があります。必要なデータの一部しか書かれていないこともありえますし、それが一部の事実を無視しているようなこともありえます。

　当然ですが、公式見解を批判する人々による見解や発表も同様に疑いの対象となります。本当に事実に基づいた判断をしているのかどうか、いつでも厳しくチェックをしなければなりません。意図的でないミスや意図的なデタラメは、誰にでも常に存在します。

　これにしても私が特別に人が悪いからというのではなく、**物証をほとんど破壊されたからにはこれくらいの慎重さが無いと事実をつきとめることができない**、という単純な話を申し上げているだけです。「○○の資料があるから事実だ」**という軽々しい態度**は、私は拒否します。

　WTC崩壊についていくつかの**米国政府機関が調査結果を公表**しています。これがWTC崩壊に関する米国政府の公式な見解の基本をなしていることは言うまでもありません。

　WTC崩壊に関して、私が本書で「**公式説**」と呼ぶものは、基本的に、
- ◎ NISTが作成し2005年12月に最終稿が公表された **Final Report on the Collapse of the World Trade Center Towers**（以後「**NIST報告**」）、
  ウエッブ・アドレス：http://wtc.nist.gov/NISTNCSTAR1CollapseofTowers.pdf
- ◎ 2006年8月に「よくある質問に答える」と言う形でNISTから発表された **Answers to Frequently Asked Questions**（以後「**NIST回答**」）、
  ウエッブ・アドレス：http://wtc.nist.gov/pubs/factsheets/faqs_8_2006.htm
- ◎ FEMAが作成し2005年5月に最新バージョンが公表されている **World Trade Center Building Performance Study**（以後「**FEMA研究**」と呼ぶ）
  ウエッブ・アドレス：http://www.fema.gov/rebuild/mat/wtcstudy.shtm

この三つで説明されている内容とします。

米国政府の **9-11 Commission Report** は WTC の崩壊自体について詳しいことはほとんど何も語っていませんし、それに関して FEMA や NIST の調査以上の情報はありませんので、本書のテーマのためには参考にしません。なおそのウエッブ・アドレスは

http://www.9-11commission.gov/report/911Report.pdf

　一般的に公式説と言われるものには、インターネット・サイトや雑誌、論評などで、NIST や FEMA が語っていないような「付帯事項」が貼り付けられている場合があり、誰がどの発言に責任を持つものなのかはっきりしないような場合もあります。したがって私は、発言の責任の明らかないくつかの例を除き、基本的に FEMA と NIST による上記の文書に書かれた見解のみを相手にします。

　なお、「公式説」と言っても、先に申しましたように、FEMA と NIST ではやや異なる点があります。しかし「飛行機激突の衝撃と激しい火災によって鉄骨構造が弱められ、それが何らかの形で崩壊を開始させ、**地球重力の働きのみによって WTC タワーが全面的に崩壊した**」という基本的な見地に何の違いもありません。したがって私は本書でこれを「**重力による崩壊説**」と書く場合もありますが、これは「**公式説**」を指しているとお思いください。「**公式説＝重力による崩壊説**」と書く場合もあります。

　もちろんこういった研究・調査報告はいろんな意味で非常に貴重なものでありまとめた人々の努力には敬意を払いますが、その内容はまた別です。「どう疑っても疑いようの無い事実」と比較して、明らかに矛盾があったり事実の重要な一部を無視したりということが明らかな場合には、容赦のない批判を加える必要があるでしょう。**それが世界に対して重い責任を負う大国アメリカ合衆国の国家機関によって世界に公開された見解であり、その一言一句が決して無責任に語られ無責任に受け取られるべきものでないから**です。

D：「目撃者の証言」は最も後回しに

　9・11事件だけではないのですが、目撃者の証言ほど当てにならないものはありません。日本でいわゆる冤罪事件と言われるもので、「有罪の根拠」とされたものは、間違いの無い物証ではなく「自白」か「目撃者の証言」であったケースがほとんどではなかったでしょうか。ある事件の目撃者は信用ならず、他の事件の目撃者は信用できる、というのは差別でしょう。**等しく「信用の置けないもの」として扱うべき**です。

　決して「意図的な嘘」ばかりではなく思い込みや見間違いも数多く存在する可能性があります。**同じ目撃証言が10人分あろうが100万人分あろうが一緒です。人数は関係ありません。**例えばその昔、ガリレオの以前に、世界中の何億人もの人間が、天が地球の周りを回っていることの「目撃者」だったのです。またウエゲナーの時代にも何十億人分もの「大陸は動かない」という「目撃証言」があったわけです。まあこれは人間の持つ時間や視野のスケールからいたし方の無いところですが、それ以外にも宗教や迷信に絡む大量の「目撃証言」など、どこの国にもいくらでも転がっているでしょう。

　人間は常に創造的、悪く言えば嘘つきです。悪意のある無しは関係ありません。嘘と言って悪ければ誤りと言い換えても良いでしょう。人間はいかに理性的でどれほど善意にあふれていてもある範囲で誤るものです。まして思いもよらない大事件で気が転倒しているときの人間ほどアテにならないものはありません。

　そしてもっと悪いことに、人間は利権が絡むようなことがあれば、例えば新たな利権を手に入れる願望がある、あるいは今の利権を失う恐怖感がある場合に、嘘と知りつつ平気で言うことが往々にしてあるのです。または本当のことを知っていても平然と黙っていることがよくあります。**「人を見たら嘘つきと思え」が9・11のような大規模犯罪を考える際の鉄則**と言えます。

　では目撃者の全員が誤ったことを語っているのか、というとそうでもないでしょう。問題はどの証言が信用できどれが信用できないのかの基準です。先ほど申し上げた「これは事実と見なして間違いない」「ケチのつけようが無い」という映像と照らし合わせ、それらによって確認される**物理的事実と矛盾の無い場合にのみ、その証言を取り上げるべき**です。決して、絶対に、**目撃証言から事実を判断してはならない**のです。

　基準は、その証言が間違いの無い事実と断定できる現象を補足するものであるのかどうか、ということです。そうでない証言は非情冷酷に「信頼に値しない」としてすべてお蔵入りとします。

(4) 事実から何をどう判断するのか？

A：自然法則嘘つかない、人間嘘つく

「インデアン嘘つかない。白人嘘つく。」これは白人に惨い目に遭わされたアメリカ原住民の言葉だと言われます。実際に米国の歴史を見てみるとまさにその通りなのですが、それはさておき、私はこれを少し書き換えて「**自然法則嘘つかない。人間嘘つく。**」と申し上げておきます。いや別に「人間不信」などという大げさな哲学的な話ではなく、聞こえの良い表現で言うならば「人間だけが持つ創造性」についての表現でもあります。

ナノメートル・レベルの話だとか大宇宙レベルの話ならともかく、少なくとも我々の地球上で人間が感覚できる世界はニュートン力学が厳密に当てはまる範囲でしょう。ニューヨークでだけ空間が歪んで重力加速度が5倍になったとか、ペンタゴンの中にブラックホールが発生したなどということは絶対にありえません。WTCビルの中だけで自然にエントロピーが減少したとか、アメリカン航空機にダークマターが積まれていたなど、100％不可能です。

我々が、せめて高校レベル以上の物理や化学の基本を知ってさえおれば、WTCビルとかジャンボ・ジェット機などが基本的にどのような振る舞いをするものなのか見当がつきます。**エネルギー保存則は厳密に貫かれるでしょうし運動量は必ず保存されるでしょう。エネルギーは必ず高いところから低いところに流れます。地球の重力加速度は一様です**し、地球上で物体が運動すれば必ず**大なり小なりの抵抗が生じます。作用には必ず反作用が伴います。ジェット燃料が核兵器並みのエネルギーを発揮することはありえません。酸素不足の状態では必ず不完全燃焼になり温度は下がります**。物が破壊されるためには**破壊の状態に応じたエネルギーが必要**です。エトセトラ。

その意味で、自然法則は正直です。決して裏切ることはありません。もしWTCの崩壊がニュートン力学を大規模に裏切って例外を作った、というのなら、これは従来の物理法則を根本的に塗り替える素晴らしい大発見につながるのでしょうが、まあそんなことはありえないでしょう。

もちろん私自身も人間ですから日常的に誤りも言いますし嘘もつきます。まして科学研究の専門家でもありません。ですから私にも事実誤認や推論の過ちがある可能性が十分にあります。私は決して「私を信用してほしい」などと思っていません。むしろ「この本を最後まで疑いながら読んでもらいたい」とすら考えています。**信用に足りるのは、事実、および物理・化学法則のみです**。どうか事実をご確認いただいたうえで**正確な物理・化学の法則と理論を基準にしてのご判断のみ**をお願いします。

B：事実と矛盾する仮説は即刻修正または退場処分

　そしてこれは当然のことなのですが、ある仮説が事実と断定できる現象を説明できない場合、また実際に起こった事実がその仮説で必然的に起こると推論される事柄と矛盾する場合には、その仮説は直ちにその現象が説明できるように、また矛盾が起こらないように修正を行う必要があります。あるいは技術的な対応による説明の可能性を明示する必要があるでしょう。そしてもしその仮説では事実を説明できる可能性が全く根本的に存在しない場合、その仮説はその時点で「退場処分」となります。さあ、退場処分第1号はどの仮説でしょうか？

　この扱いはあらゆる仮説に対して完全に平等でなければなりません。「○○さんが言っていることだから」とか「政府系の××研究所の見解だから」などということで特別扱いはできないのです。**何があろうとも判断基準は事実と正確な物理・化学の法則のみです。**

　このようにして最後に、ある仮説で間違いの無い事実だと思われる現象の全てを無理なく最も単純明瞭に説明でき、そしてそれ以外の仮説では説明の付かない事実が少なくとも一つ以上存在する場合に、その仮説を真とします。

　しかしながら、物証がほぼ存在しない状況の中でですから、それぞれの仮説の信憑性は「技術的な困難さ」をある程度まで認めたうえで判断せざるをえないでしょう。つまり「ある現象を説明するには部分的な修正、あるいは細部の詰めがもっと必要である」という注釈付きで「最も真に近い」と認める、ということです。

　おそらく本書では「何が真であるのか」の最終的な確定は不可能だと思います。しかし**「何が偽であるのか」の確定は簡単です。《どのように修正を加えてもある事実を説明できる可能性を原則的に持たないならばその仮説は偽である》**、ということなのです。

　こうやって「何が真か」よりもむしろ**「何が偽か」**を問い詰めて、**可能性のある仮説から「偽」を排除**していくことが、現在我々ができる最大限の努力だろうと考えます。

　私がこのように申し上げるのは、それが科学的な態度だと思っているからです。読者諸氏の中に大学や企業などの研究所にお勤めの方がおられたら、ぜひチェックをお願いしたいと思います。以上のように申し上げてきたことは科学的なのでしょうか、非科学的なのでしょうか。

　（ここで「原則的に不可能」という場合、もちろんガリレオやニュートン以来の科学の原則に照らし合わせてみて『起こりえない』こと、あるいは理論的な整合性の無い推論の仕方、ということになるでしょう。また、必要条件と十分条件をごっちゃにして読む者を混乱させたり一つの事柄を誇張して一般化させたりする手段を用いるような場合には、やはり仮説としては「偽である」といわざるを得ないでしょう。）

　さて、ここでチェック・ポイントをまとめておきましょう。
① ある仮説（あるいはその仮説から出る具体的な説明）がどの事実を元にしているのか
② その事実が正確に調査・観察されているのか
③ その説明が近代科学の正確な適用によっているものなのか

④　一つの事実に対する説明でいまだに不明瞭な点があるなら、それは原則的な不可能性を表すものなのか、それとも技術的な困難さを表すものなのか

次に「修正勧告（イエローカード）」「退場処分（レッドカード）」の判定を下すべき基準を書いておきます。
①　ある仮説が事実に基づかない説明を含む場合
②　ある説明が観察される事実を説明せず事実と明らかに矛盾する場合
③　その説明が近代科学の原則と矛盾する場合
④　その仮説が、明らかに起こった事実を無視し説明を避けている場合
⑤　理論的なあいまいさや誇張などで聞く者を混乱させる可能性が高い場合

以上のチェック・ポイントと基準を最後まで常に確認していただきたいと思います。

次の章以降で、2001年9月11日に、ニューヨークの世界貿易センタービル（WTC）で何が起こったのか、という事実を具体的に確認していくのですが、そのためには、そもそも崩壊した**WTC第1、第2ビル、および第7ビル**とはどのような建築物であったのかを確かめておかねばなりません。

第 2 章
WTC ビルの建築と構造に関する事実

(1) ニューヨーク世界貿易センター

A：世界貿易センターとその付近の地図

　次にある【画像11】は 2001 年 9 月 11 日早朝まで存在した世界貿易センターの 7 つのビルディングとその周辺の平面図です。場所はニューヨーク、マンハッタン島南部。

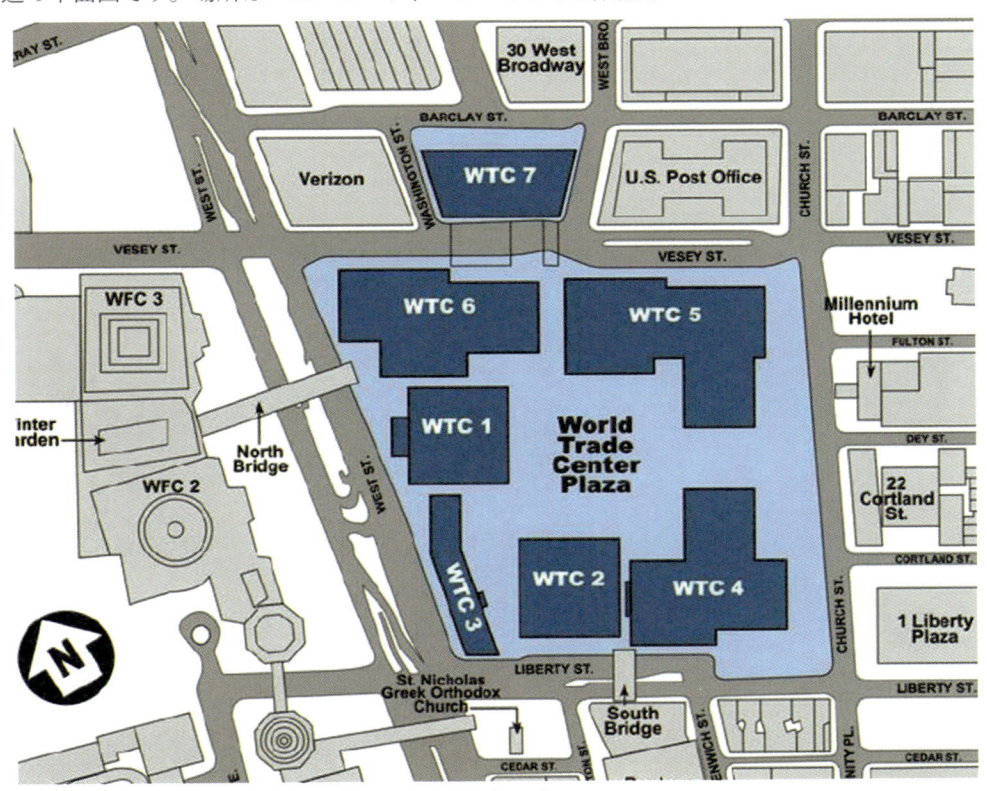

【画像11】

　この地図は本書の説明の中では各所で参照することになりますので、ここにあったことを覚えていてください。地図の中で「WTC1」「WTC2」等々とありますのは世界貿易センターの第 1 ビル（北タワー）、第 2 ビル（南タワー）などのビルを指します。

周辺のビルにも注目してください。左側に「WFC2」「WFC3」とあるのは世界金融センター（the World Financial Center）の第2ビルと第3ビルです。そしてその間にあるウインター・ガーデン（Winter Garden）には大きな温室があります。そしてWTCからここまで続く陸橋がウエスト（West）通をまたいでいました。上の方にはWTC第7ビルの左側にヴェリゾン（Verizon）ビル、右側に米国郵政省ビルがあります。

　なお左側に書いてある方角は大切です。おおよそ**地図の左上方向が北、右下方向が南、右上方向が東、そして左下方向が西**になっています。私が本書で「第2ビル東側角」「第1ビル南西面」などという表現を使って位置を示す際に、常にこの地図に戻ってどの部分のことを指しているのかをお確かめください。（NISTなど他の人が使っているWTCの壁や角の方角と言い方が異なっている場合があります。）

　またこの地図からおおよその距離を判断してください。WTC第1ビルと第2ビルの床は正方形をしていたのですが、その**1辺は約63m**です。第1ビルの北側角からWFC第3ビルの南角までが直線距離にしておおよそ140m強あります。また第1ビル北東面からヴェリゾン・ビルの南西面までがおおよそ100mです。

　また次の【画像12】は9・11事件のやや後の衛星写真です。第1ビル（WTC1）、第2ビル（WTC2）、第7ビル（WTC7）は跡形もなく消え去り、第3ビル（WTC3）、第4ビル（WTC4）、第5ビル（WTC5）、第6ビル（WTC6）は大破しています。特に第6ビルの真ん中に大きな噴火口のような穴が開いているのが見えます。またウエスト通にかかっていた陸橋は完全に失われウインター・ガーデンの温室も屋根が破れています。周辺道路などにあった大きな瓦礫類は片づけが進んでいるようですが、WTC敷地内はまだ手付かずのままのようです。

【画像12】

B：第1、第2ビルはどのように建設されたのか

　このビル群、特に第1ビルと第2ビルの両タワーがどのように建設されたのかと知ることは、WTC崩壊を考える際に極めて重要なことです。**ビルの構造を知らなければその壊れ方も分からないでしょう。**

　世界貿易センターの建設が開始されたのは1963年のことです。ニューヨークに世界経済の中心となる地区を作ることは、20世紀の米国と世界経済をリードしているロックフェラー家が第2次世界大戦前から計画していたことなのですが、これは戦争のために断念せざるを得ませんでした。そして1950年代後半からデイヴィッド・ロックフェラー氏が中心になって南マンハッタン地区再整備に意欲を燃やし、その最大の事業としてこのビル群の建設が決定しました。

　第1ビルと第2ビルの二つのタワーを設計したのは日系米国人のミノル・ヤマザキ氏です。それは具体的にどのような建設だったのでしょうか。【画像13】をご覧ください。

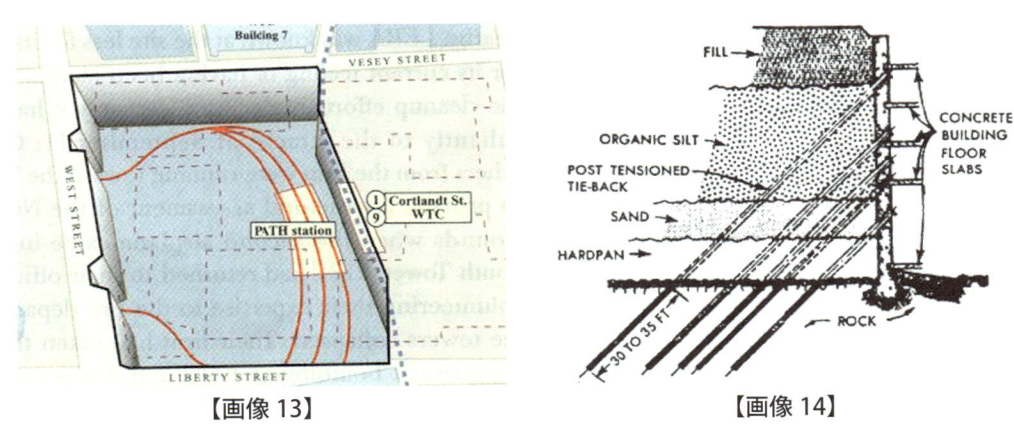

【画像13】　【画像14】

　WTC建設はまず地下を掘り下げることから始まりました。マンハッタン島の地下およそ20mには古生代に形作られた頑丈な安定した岩盤があります。その岩盤の上にあの巨大なビル群が建てられたわけです。このおおよそ平行四辺形状に掘られた場所は「バスタブ」つまり風呂桶と呼ばれました。このバスタブの周囲は、厚さ90cmの鉄筋コンクリートのSlurry-wallと呼ばれる壁がありハドソン川や海からの水の浸入を防いでいます。【画像14】はその壁の構造です。

　そしてこのバスタブの中には、ニューヨークの西にあるニュージャージー州からハドソン川の下をくぐってきたＰＡＴＨ鉄道が走り、南マンハッタンに通う人々にとって貴重な交通路となっています。【画像13】に描かれてある赤い線がそうです。

　こうしてこのバスタブの底からWTCタワーの建設が始まったのですが、次にある【画像15】をご覧ください。これは「**FEMA研究**」に載せられた第1ビル建設初期のものです。鉄骨の骨組みが見えますが、注目してもらいたいのは真ん中に突き出た大きな鉄骨構造です。ここに上から下まで**47本の鋼鉄柱**が通っていました。おおよそ**40m × 26m**の大きさですが、この部分を**コア（中心部）**といいます。

　「第2章（2）B：縦方向と各階の基本構造」にある【画像27】【画像28】をご参照いただきたいのですが、ここにはエレベーターやパイプスペース、トイレ、非常階段などのビル管理と運営に必要な施設が集中しています。しかしそれだけでなくタワーの構造を力学的に支える最も大切な部分であり、この**コアの**

鉄柱群がビルにかかる重力の **60％** を支える設計でした。

【画像15】で、そのコアの鉄骨構造がむき出している下にもう一段幅広い部分が見えますが、この部分がビルのテナントを収容したり様々な設備を備え付けたりするための床になります。そしてその周囲は網の目のような構造になっていますが、この網の目は7階より上からはもっと細かいものに変わります。これは後で見ることにしましょう。

そしてその手前にテラスのように張り出した部分が見えますが、これはタワーの地下構造を覆う天井で、ここがほぼ1階の床の高さになります。

【画像15】

【画像15】のコア部分の拡大

さてここで、このビルの構造で最も大切なコアの部分を見てみましょう。上の【画像15】のコア部分の拡大をご覧ください。非常に大きな柱がいく筋も縦に通り、それらを横向きの桟や斜めの筋交いがガッチリと支えているのが観察できるでしょう。横に通る柱は各階の床を作る部分に当たるのでしょう。また縦に走る鉄骨の配置は【画像23】で知ることができます。コア部分は長い方が40mほどもある長方形ですので、一つ一つの柱がいかに太いものかが分かると思います。また四つ角の付近にはトラス構造の柱状の構造が見られます。

【画像16】はすでに高さ100m以上に建設が進んでいる状態ですが、その右にある【画像16】のコア部分の拡大をご覧ください。ここでもやはり先ほどと同じように縦に走る太い鉄骨とそれを横につなぐ桟、そして角の部分にトラス構造の頑丈な柱状の部分が作られていることがわかります。

【画像16】

【画像16】のコア部分の拡大

　47本のコアの支柱に使われた鋼鉄材は、その多くがH型鋼ではなくボックス・コラムと呼ばれる箱状になったものです。【画像17】は大型のものですが、外形がおよそ137×56cm、鋼鉄の厚さは周辺部が約13cm、中心部16cm超です。【画像18】を見ていただくとそれがいかに巨大なものかお解りになると思います。

【画像17】

【画像18】

【画像 19】

　小型のボックス・コラムは【画像 19】に写っていますが外形が約 91 × 41cm、厚み 5cm 弱のものです。他に上層の階でＨ型鋼が使用されたようですが、この建築についての詳しい情報は建設を請け負った会社の企業秘密になっており、裁判所の命令でもない限り全容を完全につかむことは難しいでしょう。

　次にある【画像 20】はおそらく下の方の階で鋼鉄材の組み立てを行っているところなのでしょうが、外周の柱の形から少なくとも 8 階以上であることが分かります。人間の大きさと比較して、それぞれの鋼鉄材がどれほどの大きさのものなのか、ご確認ください。

【画像 20】

【参照ビデオ：WTC タワー建設の記録】
PBS World Trade Center, Center Of The World Pt.1-3
http://www.youtube.com/watch?v=z2yhWJrMIZA
http://www.youtube.com/watch?v=oUU-_toZooE
http://www.youtube.com/watch?v=FIqf-AKJMKI

(2) WTC ビルの構造

A：内部告発者によって公開された正式図面

　2007年3月になって大変なニュースが飛び込みました。WTCの崩壊を「爆発物を用いた制御解体による内部犯行」として告発し続けている元ブリガム・ヤング大学教授**スティーヴン・ジョーンズ博士**の元に261枚の図面のセットが届きました。**WTC第1ビルの元図面、本来の青写真**だったのです。

　それらの図面は、ジョーンズ博士と共に内部犯行告発を行っているソフトウエア技師ジム・ホフマン氏らが主宰するウエッブサイト 911 Research から世界中に公表されました。インターネットで次のサイトをご参照ください。

http://911research.wtc7.net/wtc/evidence/blueprints.html
http://911research.wtc7.net/wtc/evidence/plans/table.html
http://911research.wtc7.net/wtc/evidence/plans/index.html
http://911research.wtc7.net/wtc/evidence/masterplan/index.html

　ジョーンズ博士に図面のセットを送ってきた人物の指名などは公表されていません。しかし 911 Research によりますと、新しい世界貿易センターを建設するグループで働いていた人物ということで、他の状況から判断しておそらく NIST や FEMA といった米国政府機関にも近い筋と思われます。今まで WTC の設計図はその存在すら知られていなかったのですが、どうやら **5年半以上にわたって米国政府機関関係者の手によってひた隠しにされていた**ようです。

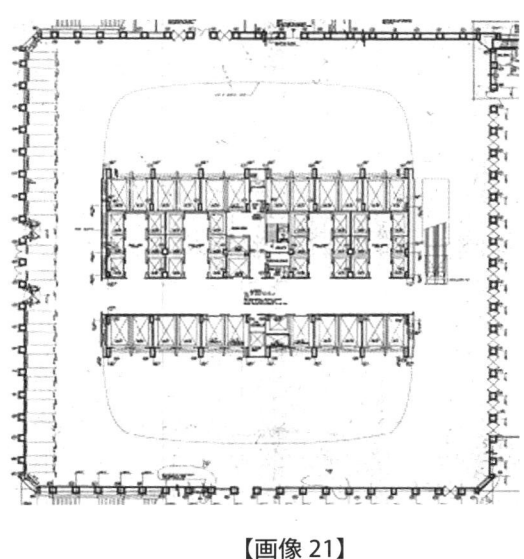

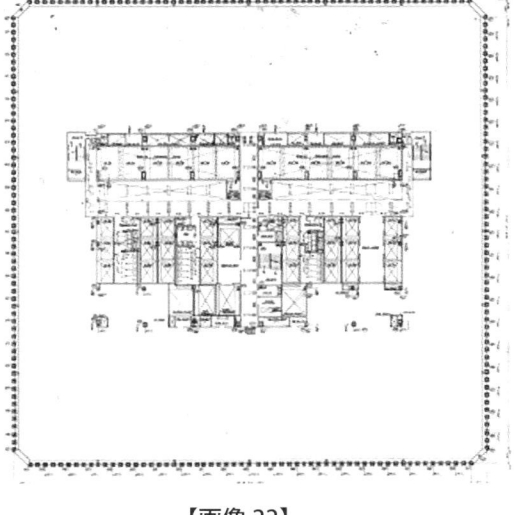

【画像21】　　　　　　　　　　　【画像22】

　ここでそのごく一部をお目にかけましょう。**【画像21】**は1階の床の図面です。**【画像22】**は80階の床です。また次の**【画像23】**は1階部分のコア、次の**【画像24】**は80階のコアです。

【画像 23】

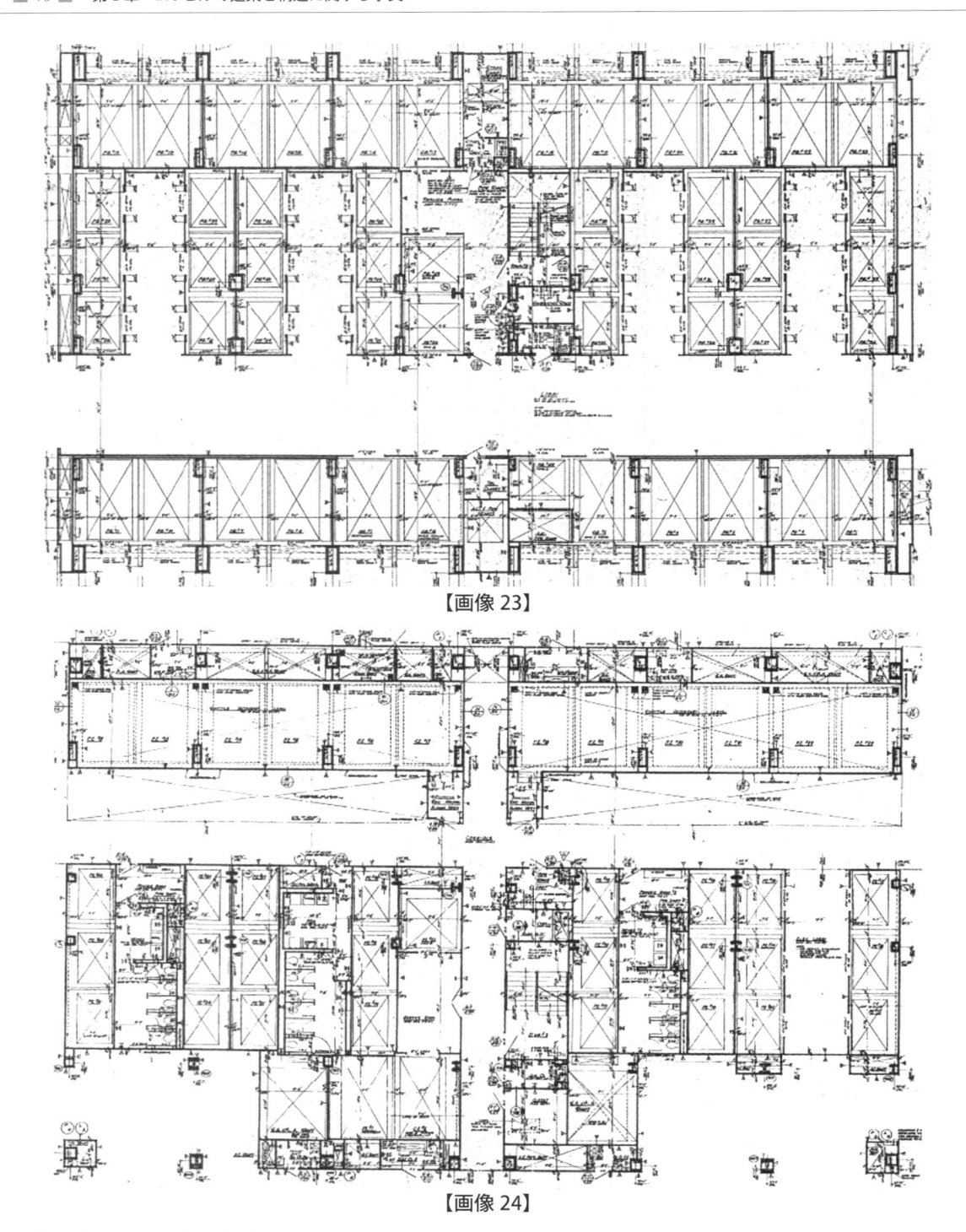

【画像 24】

　第 7 章でもまた申し上げることになりますが、この正式図面が公表されなかったために WTC タワー崩壊の原因究明が大きな障害を抱えてきました。しかしこの「内部告発者」によって公開された青写真によって、今後の究明作業は大きく進展するでしょう。特に**コア鋼鉄材**の**各階**での**太さ**と**配置**は非常に重要なものになると思われます。なぜなら、ビルにかかる力の大半を支えるコアがどうして崩壊したのかが、WTC ビル全体の崩壊を解明する鍵を握ることになるからです。

これらの図面を詳しく見ますと、途中の 45 階あたり（地上約 170m）までは 1 階とさほど変わらない柱の太さになっています。それから徐々に太い柱が少なくなり、76 階のメカニカル・フロアー（地上約 280m）を越したくらいから全体的に柱が細くなっています。もちろん重量を軽くして下部の負担を減らすためです。なお【画像 24】で正方形に見える柱の断面が描かれていますが、断面が正方形のコア支柱の写真があるのかどうか私は見ていません。おそらく H 型鋼が使われたと思われます。

　しかし何よりも重要なのは太い支柱が使われていたビルの下層〜中層階です。**【画像 15】のコア部分の拡大**や**【画像 16】のコア部分の拡大**で確認できる頑丈な構造を跡形も無くバラバラに破壊できる力を持つものが何か、これが WTC 崩壊の事実を解明する際に極めて重要なポイントになることは、誰の目にも明らかでしょう。

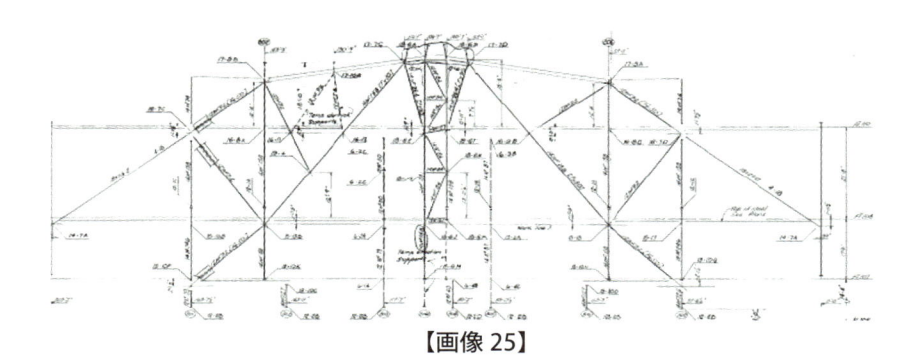

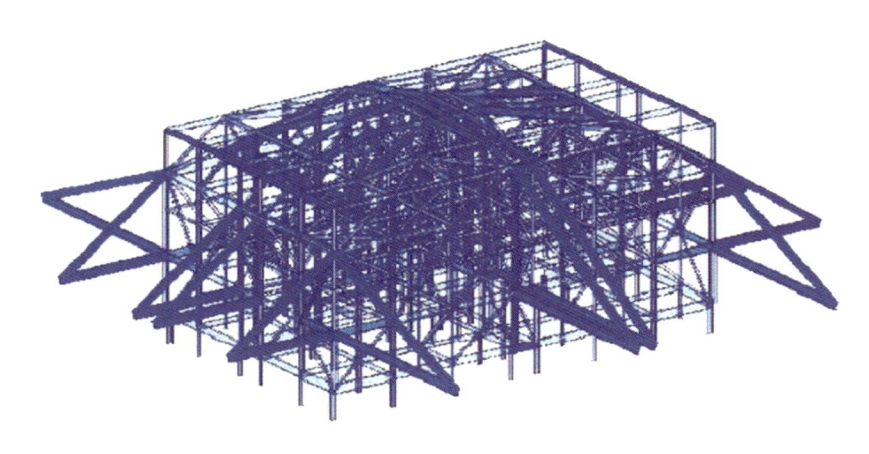

【画像 25】

【画像 26】

　【画像 25】は屋上の部分を形作るハットトラスという構造を描いた設計図の 1 部で、その下の**【画像 26】**は NIST によるそのハットトラス構造の見取り図です。これもまた特別に作られた頑丈な構造で、この巨大な塔の先端部で強い風や飛行機衝突などの衝撃を吸収しながらビル構造全体を無事に維持できる非常に優れた作りになっていたようです。

　この構造を知っておくことは、特に第 1 ビル崩壊開始直後の事実を観察する際に非常に重要になるでしょう。第 1 ビルでは屋上からの**高さ 109m の TV アンテナ**が、コア中心部にある支柱とハットトラス構造によって支えられており、それ以外のロープなどの支えを全く使わずに、どんな強風にも耐えて **30 年間以上立ち続けていました**。この事実を見ても、この天井部の構造がいかに優れていたかよく解ります。

B：縦方向と各階の基本構造

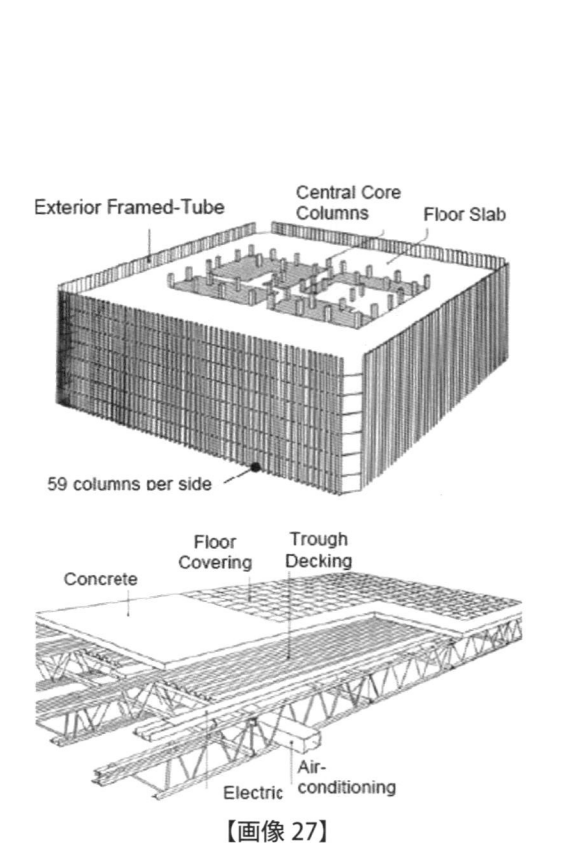

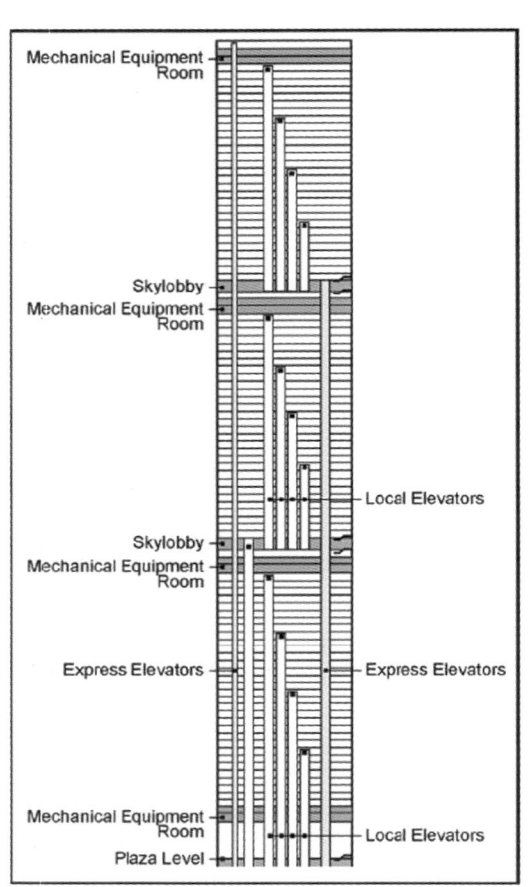

【画像27】

【画像28】

Figure 1-9. Schematic of the three-tier elevator system.

　【画像27】はWTCタワーにあった一つの階の見取り図（NISTによる）ですが、建設中の写真や先ほどの図面から、もうこれは十分に想像のつくことと思います。外周の柱群については次の項目で詳しくご説明しましょう。また床見取り図の下にあるのは床を形作る鉄骨の構造です。

　また【画像28】は縦の構造なのですが、ここでは特にコア部分のエレベーターの説明をしています。ただしこれは実際にあったエレベーターの位置や数ではなく種類を描いたものです。途中の階をすっ飛ばすエクスプレス・エレベーターもあります。上の方に行く人は途中までエクスプレス・エレベーターで行き、スカイロビーで一息ついてから目標の階に行くことになります。急激に200mも300mも上ると気圧の変化の関係で体調によっては少し休む必要があるかもしれません。1階から屋上まで一気に上るエレベーターは、他の資料を見るとテナントが入る各フロアーに行くことができませんので、おそらく作業用で一般に使用されることはなかったでしょう。

　ご注目いただきたいのは途中で色を変えて描いているMechanical Equipment Roomの部分です。これは普通メカニカル・フロアーと呼ばれており、高層ビルで各階の電気や水、エレベーターの動力などをコントロールする重要な場所で、**壁も床も普通の階よりも頑丈に作られ警備も厳重で窓もほとんどありません。**

WTCタワーでは7～8階、41～42階、74～75階、108～109階の4箇所にこれが設けられており、それぞれ2階分を使用しています。スカイロビーは44階と77階にあります。メカニカル・フロアーとスカイロビーおよびその途中の階とあわせて4階分を使っており、この部分はWTCタワーの写真で色が途中でやや変わって見える場所です。これは、見る方向や光によっても異なりますが、窓がほとんど無いことから起こる現象です。ここが他の階よりも頑丈に作られていた事実も後々で重大な意味を持つことになるでしょう。

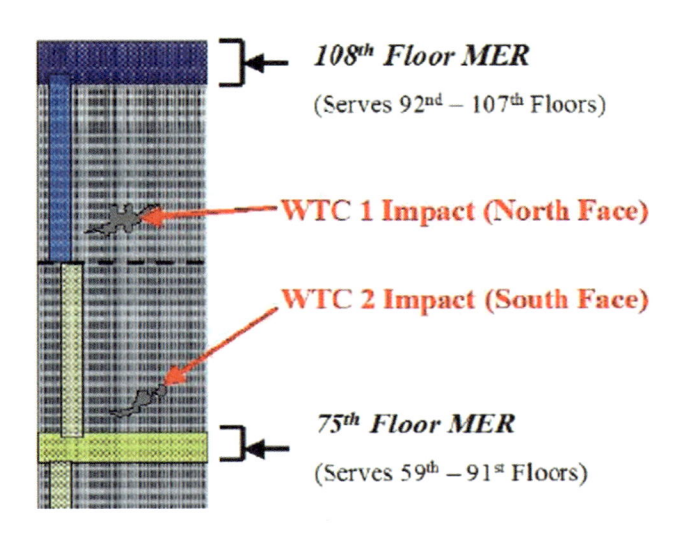

【画像29】

そして【画像29】はタワーの上の方だけの図ですが、飛行機が激突した箇所を分かりやすく示しています。ここで「MER」とあるのはメカニカル・フロアーで、赤い矢印で示された上の方が第1ビルへの飛行機激突箇所、下の方が第2ビルへの激突箇所です。

C：第1、第2ビル外壁の鉄骨構造

　8階より上のWTCタワーの外周は、一つの面が59本の支柱とそれを横向きに支えるスパンドレルと呼ばれる鋼鉄の板で作られた、網のような構造の四面からできています。次の【画像30】【画像31】をご覧ください。

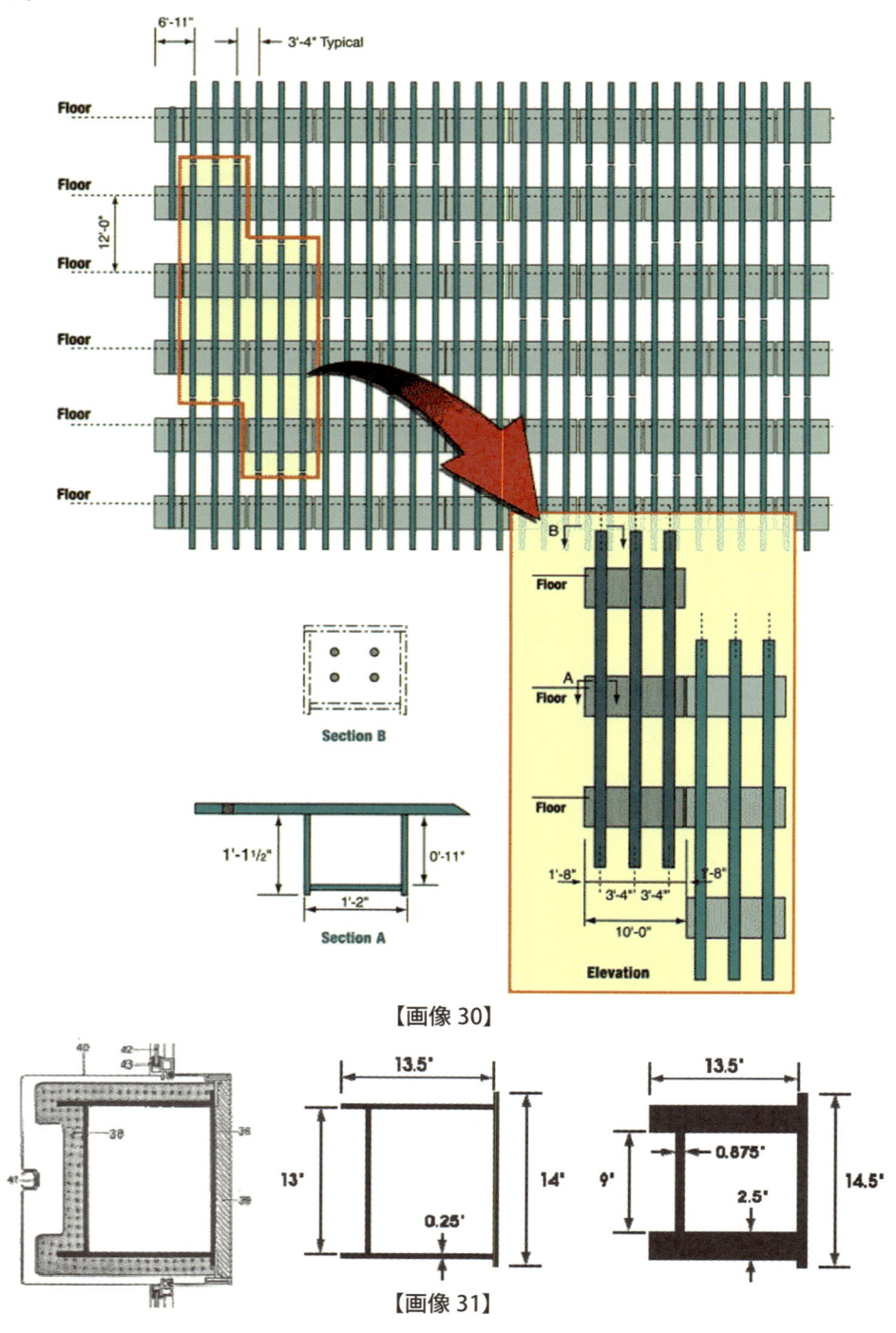

【画像30】

【画像31】

なおこの図に書かれている寸法はフィートとインチです。後にある【画像34】でお分かりになると思いますが、本の縦の柱と3枚のスパンドレルで1ユニットとなっており、柱の中心どうしの間隔は約1mで、1ユニットは長さが約11mでありビルの3階分に当たっていました。また各スパンドレルはおよそ3.7mずつに付けられており、これが各階の床同士の間隔となっています。

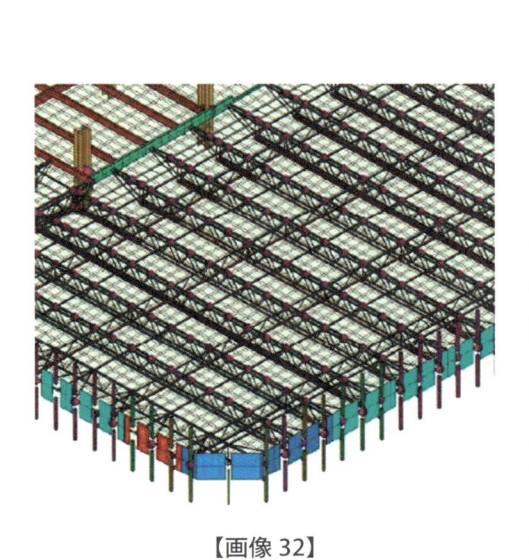

【画像32】

【画像33】

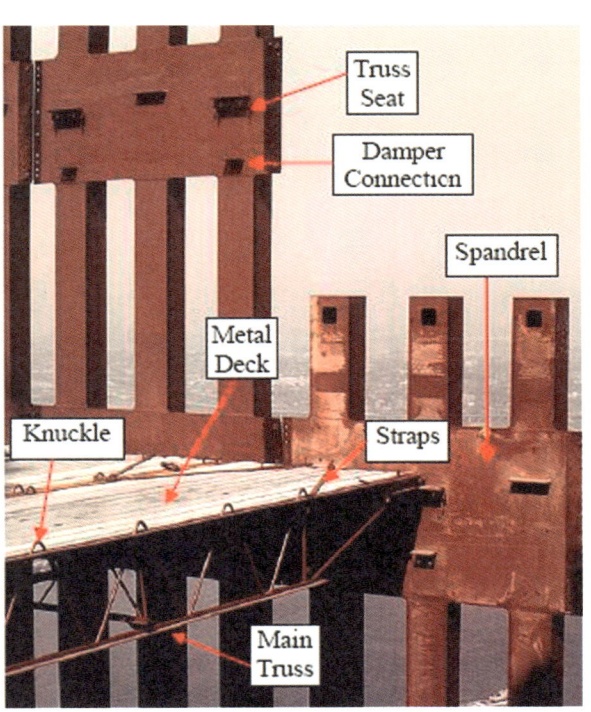

【画像34】

【画像35】

【画像31】は縦の柱の断面ですが、当然のことながら下の方の階では分厚い鋼鉄で、ビルの上の方が薄い鋼鉄板で作られています。ビル外側の面はアルミニウムで覆われており独特の輝きと色調を作り出していました。また【画像33】はユニットの取り付け作業ですが、作業員と比べてみてその大きさの見当をつけてください。

　タワー外周の網目構造の建設はこの【画像33】と次の【画像34】【画像35】でお分かりになることでしょうが、各スパンドレルには床用の鋼材をボルトでとめるための出っ張りがついています。床全体の付き方は【画像32】に描かれています。また柱とスパンドレルは溶接され、柱の上下は4個のボルトでとめられたようです。また各ユニットが互い違いに組み合わされ、少数の箇所で起きた破壊が決して全体の破壊を引き起こさないように工夫されています。一部には「建設中に手抜き工事があったのではないのか」などと言う人もいますが、何一つ根拠の無い話であり、またたとえ部分的に「手抜き」があったとしてもそれが全面的な崩壊の原因にはならないでしょう。

　こうして、全体としてちょうど**網目のような構造の外壁**が鉄の柱と板によって形作られました。これは**一部分が崩れても決して全体的な崩壊に結び付かない**ようにする非常に優れた構造と思われます。これは、たとえば金網がその一部が壊されても決してその全体を壊されることのないのと同じです。WTCが建設された当時の世界最大のジェット旅客機ボーイング707型機が突っ込んでも壊れることがないように作られた、というのは決して大げさな話ではないでしょう。事実、WTCタワーはボーイング767型機が激突しただけではびくともしませんでした。後でその映像を見ることになりますが、激突箇所とその付近以外の外壁の構造には何の変化も起こっていません。

　またコアの支柱群と外周の支柱群で、**ビル全体の重みの3倍に当たる負荷**に耐えるように設計された、といわれます。もしもこの鉄骨構造に大規模な変化が起こるとすれば、**ビル全体に全面的に働くよほど巨大な力の作用**による以外には無いでしょう。

D：第7ビルの構造

　さてここで、WTC第7ビルの作りを見ておきます。次にある【画像36】はその外側の鉄骨構造を示す図です。第7ビルは第1〜第6ビルとは異なりバスタブの上に作られたものではなく、1987年にオープンした新しいビルです。この図は「**FEMA研究**」によるものです。

　【画像37】で見るとおり変則的な台形の形をしており、【画像38】で分かるように中心部分の柱の付き方も変則的です。また台形の短い方の辺は南西方面を向いており、こちら側にWTC第1ビルがありました。しかし残念なことに、このビルに使用されていた柱の形や大きさ、地下構造の詳細などの基本的なデータは公表されていません。このビルがCIAなどの官庁によって使用されていたせいなのでしょうか。

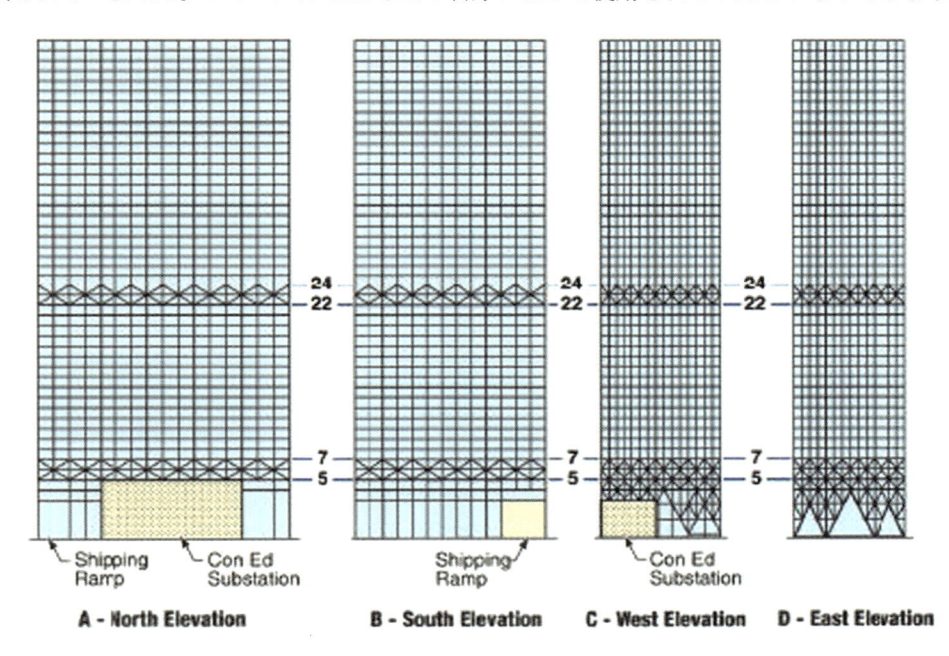

【画像36】

【画像37】 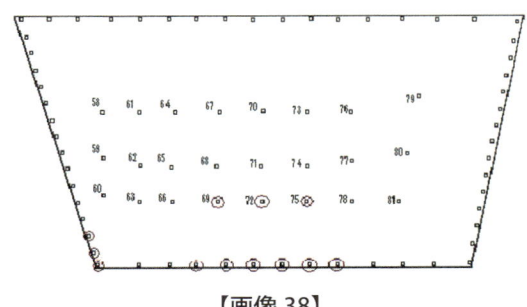　　　　　　　　【画像38】

　ところで【画像36】を見ますと、このビルもまた **2箇所**のメカニカル・フロアーを持っていたことが分かります。それぞれ2階を占領しており、この図を見る限りではやはりメカニカル・フロアーが、壁も他の箇所より頑丈に作られているようです。

このビルは 2001 年 9 月 11 日の午後 5 時 20 分に突然崩壊してしまったのですが、その様子はまた後で見ることにしましょう。

　なお現在はこの敷地にすでに新しい第 7 ビルが建設されています。その新ビルの設計を受け持った技師の一人に、NIST の the Building and Fire Research Laboratory（BFRL）の副所長で、WTC に関する「**NIST 報告**」を主要に書いたシャム・サンダー氏がいます。

第3章

飛行機激突と火災に関する事実

(1) 激突した飛行機

A：AA11便とUA175便

　この本では、ハイジャックされた可能性があるのにどうして空軍機のスクランブルが機能しなかったのか、セスナもろくに操縦できるかどうか分からないテロリストのお兄ちゃんがどうやって大型ジェット旅客機を操れたのか、死んだはずのテロリストの一部がなぜいくつかの国で生きているのが確認されたのか、等々といった問題は置いておきます。その検討は本書の目的ではありません。そういった問題は、**WTC崩壊の真相が明白になれば必然的に解決される**でしょうから。

　WTCに激突した飛行機に関してはいくつかの説があるようですが、ここでは一応公式発表の通りにアメリカン航空（AA）第11便とユナイテッド航空（UA）第175便と申し上げておきます。

　AA11便は9月11日午前7時59分に81名の乗客を乗せてボストンのロウガン空港をロスアンジェルスに向けて飛びたったのですが、コースを大きく外れてニューヨークに向かい、**8時46分にWTC第1ビルに激突しました**。

　またUA175便はやはり同じボストンのロウガン空港からロスアンジェルスに向けて56名を乗せて8時14分に離陸したのですが、これもまたコースを外れてニューヨークに行き、**9時03分に第2ビルに突っ込みました**。

【画像39】　　　　　　　　【画像40】

　さてこの2機は、FEMAによりますと共にボーイングB767-200ERのシリーズで、長さと両翼のスパンはおよそ48m、最大可能な重量は179tです。ただAA11便は158人乗りのところを81人、UA175便では166人乗りで56名と、相当に空席を抱えた状態で飛びたっていたのですからもう少し軽かったでしょう。

【画像39】は第1ビルにAA11便が激突した瞬間ですが、ここで見えている閃光についてはいくつかの議論があります。しかし本書ではこの話題には深入りしません。【画像40】は第2ビルにぶつかる寸前のUA175便の姿です。各ビルに飛行機が突っ込んだ位置については先ほどの【画像29】が参考になるでしょう。

UA175便が第2ビルに激突した際に逆の側から飛行機の一部と思われる物体が飛び出していったことはビデオでも確認できることです。またAA11便が第1ビルに突っ込んだ際にも逆の側に着陸用の車輪と思われる物体が飛び出したと言われます。第1章でご紹介した【画像1】【画像2】【画像3】がそれですが、申しましたように、実物の公開も分析結果の報告もありません。

なお下の【画像41】は「**FEMA研究**」にある図で、赤い線は飛行機から飛び出した物体の軌跡です。

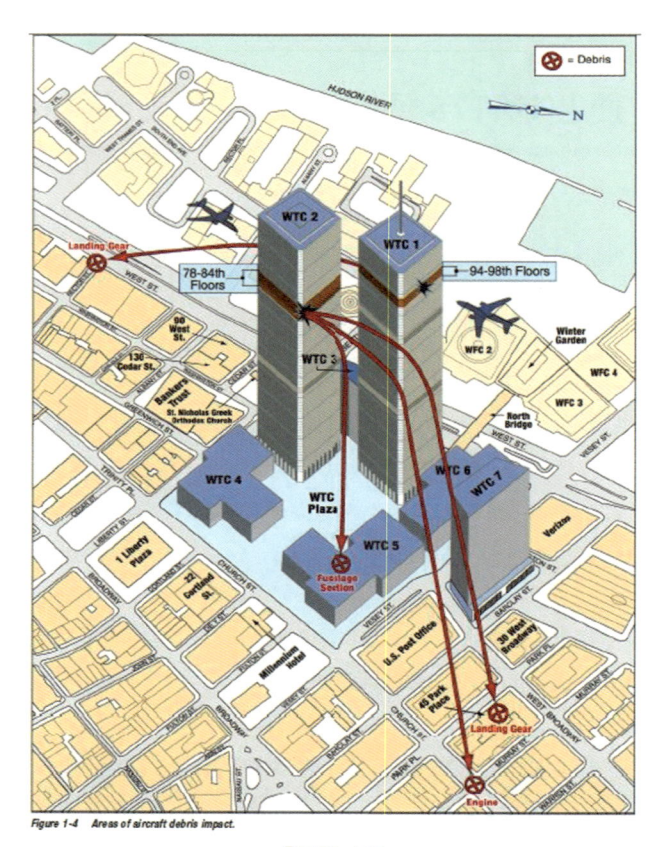

【画像41】

【**参照映像・ビデオ集**】

http://thewebfairy.com/killtown/2nd-hit.html
WTC 'Plane' Crash Videos

B：幽霊飛行機？ポッド？軍用機？

　ところで、この9・11事件での物的証拠がほとんど破壊・隠滅されてしまったためにWTCビルに突っ込んだ2機の飛行機が本当にAA11便とUA175便なのかの物証による最終確認が不可能な状態です。そこでこの飛行機の正体について多くの異なった見解が生まれてこざるを得ません。
　第1章でご紹介した【画像9】や【画像10】、先程の【画像40】に見るように、機体の下、右翼付け根の部分になにやら怪しげな物体が写っているような気もするのですが、これをミサイル発射（あるいはレーザー光線の発射）のための「ポッド」だと見る人もいますし、単に光線の具合で何かがあるように見えるだけだ、と主張する人もいます。また【画像10】や【画像39】でみえる怪光にしても、ミサイルあるいはレーザー光線による攻撃であると言う人もいれば単なる爆発、あるいは静電気によって起こった現象だと言う人もいます。さらには飛行機自体が旅客機ではなく軍用機だったと言う人もいます。確かに激突後の爆発の規模から見て、本当にジェット燃料だけがその原因なのか、飛行機自体に爆弾が詰まれていたのではないか、あるいはミサイルが用いられたのではないのか、という気もしないでもありません。
　しかしこういった写真やビデオ・クリップだけからこういったものの正体を割り出そうとするのはしょせん無理な話でしょう。そもそもボストンのロウガン空港そのものが極めて疑わしい状況にあったのですが、それも要するに「疑わしい」のレベルを超えることは無く、現在の段階で断定的なことを語るのは不可能です。
　色々な推測や想像は可能なのですが、いずれにせよその明確な根拠を持ち出すことはできません。それよりも重要なことはせっかく写真にまで撮られた機体の一部という物的証拠が抹殺されたことであり、何よりもその責任を負うFEMAとニューヨーク市当局を締め上げることが先決でしょう。

　中には飛行機が突っ込んだかに見えたものはレーザー・ホログラムによる立体映像、つまり「幽霊飛行機だ」と頑強に主張する人もいます。これはUA175便が第2ビルに突っ込むときに、ビルの壁面でほとんど抵抗を受けた形跡が見えずにまるで吸い込まれるようにビルの中に消えていった（ように見える）ことから出てきた説なのでしょうが、そのビデオを大画面のスローモーションで見ますと、翼が当たった場所にグレーの噴煙が吹き出すのを明らかに見ることができます。第2ビルの壁に何かが激しく当たったことに間違いは無く、またその後にも翼が壁面を切り取った後がくっきりと残っています。「幽霊」が鉄骨を切り取ることは不可能です。
　そこでこの「幽霊飛行機説」では飛行機激突の際の爆発を内部に仕掛けた爆弾と発火装置によるものだとするのですが、外壁の鉄骨構造は明らかに外側から内側に向かって曲がっており、飛行機の種類が何であれ、外からの攻撃であったことに間違いはありません。外周支柱の外側についていた外装のアルミニウム板が一部で外側に向かって曲がっているのですが、これは鉄骨からはがれた後でジェット燃料による爆発のために外側に曲げられたものと見るべきです。また一つ一つの支柱に飛行機の形に合わせて爆弾を取り付けたうえで、室内に巨大なケロシンのタンクと噴霧装置を仕掛けたというのは少々空想が過ぎるのではないか、と考えます。その階で犠牲になった一般の会社の人たちが全員協力したということなのでしょうか？
　さらに第2ビルでは、これはまた第4章で詳しく申し上げますが、飛行機がビルの中心を外してしまい、

そのために第2ビルは極めて奇妙な十分に人目を引く崩壊の仕方をしました。さらに、横に外れたために右主翼の燃料が相当量ビルの外で燃えてしまい、ビル内の火事が第1ビルに比べると小規模なものになりました。ところがその第2ビルの方が先に崩壊したのです。これも「公式説」に疑いを持たせる大きな原因となっています。もし私が「ホログラム飛行機」の犯人なら決してわざわざあんな横っちょにぶつけるような損なことはしません。

またこの主張の原因には「柔らかいアルミ合金が硬い鋼鉄を切るはずが無い」という思い込みもあるのでしょうが、十分な圧力とスピードさえあれば水で鉄板を切ることもできるのです。ホログラム技術そのものに注目するのは良いのですが、それをWTCと結び付けることは空想的でちょっと強引に過ぎるでしょう。

また、飛行機が激突した第1ビルで、激突箇所の上の方にある階の窓からいくつかの小さな閃光が見える現象をとって「これが爆破の証拠だ」と考える人もいるようですが、しかしそれなら飛行機激突の後ですぐにビル上層階が爆破解体されていたはずです。本書「第4章（2）A」の【画像65[2]】【画像65[3]】に見える、明らかに倒壊の開始を告げる閃光とは全く異なるものです。それらはやはり飛行機激突のショックによる電気系統の火花、あるいはなんらかの可燃物による室内の小規模な爆発と見るべきでしょう。少なくとも「爆破解体」につながるようなものではありません。

【参照ビデオ】

http://www.youtube.com/watch?v=Mksti5xcT6E
Slow motion of second plane crashing into south tower
http://www.thewebfairy.com/911/ghostplane/ghostplane-new.wmv
The Ghost Plane
http://www.youtube.com/watch?v=-PCr8CyG1Sg&mode=related&search=
Here's a good 3 min 9-11 Clip worth seeing!

（2）WTC ビルの火災と熱

A：米国国立研究所 NIST による火事の分析

第1ビル、第2ビルに飛行機が激突した直後、それぞれ次の【画像42】（第1ビル）、【画像43】（第2ビル）で見るように激しい火炎を噴き上がりました。

【画像42】　　　　　　　　　　　【画像43】

これは火球（fire ball）と呼ばれるものすが、飛行機の両側の翼に積み込んだジェット燃料（ケロシン、灯油とおおよそ同じ成分）が激突のショックで霧状になって広がり空気中の酸素と触れ激突の際に発生した熱で発火して爆発を起こしたものです。特に第2ビルの場合、先ほども申しましたが飛行機が激突した箇所がタワーの中心よりやや右（東）側に外れており、右主翼に積んでいた燃料の相当な部分がビル外での爆発に消費されたと思われます。

ここで米国国立標準技術研究所（NIST）によるジェット燃料についての分析を見てみることにします。以下にご紹介するのは「**NIST 報告**」（Final Report on the Collapse of the World Trade Center Towers）の一部です。なお【　】内は私からの注釈、下線は私が施した強調です。

[NIST 最終報告]

（24ページ：第1ビルに関して）

2.4　ジェット燃料

767-200ER の翼に対して、外周の支柱はナイフの刃のような働きをした。それらはアルミニウムの燃料タンクを切り裂き1万ガロン【約38 ㎥、30t に相当】の液体ジェット燃料を細分化して細かい粒のスプレーにした。細分化されたジェット燃料は（灯油と同様に）極めて燃え上がりやすい。そして熱を持った残骸とオフィスにあった電気・電子機器のかけらは発火装置として十分すぎるほどであった。燃え上がる燃料の大波は急速にいくつかの階を充たし、それは粉砕された壁や床材の埃と混ざり合った。その熱せられた気体によって作られた圧力は火のついた霧を突入口と破れた窓から外に押し出し、炎はタワーの東側と南側に広がった。その結果として生まれた火球は何マイルも先から見る

ことができ多くの消防署への通報を引き起こした。
　ジェット燃料の15%未満の部分がビルの中で霧状になって燃えた。相当の量がビルの外で火球となって消費されたと思われる。こうして、ジェット燃料の半分を十分に上回る部分が燃えていないままでビルディングの中に残った。【中略】
(38ページ：第2ビルに関して)

3.2　現地時間9時2分59秒

　【前略】それ【UA175便】はおよそ9100ガロン【約34㎥】（6万2千ポンド【約28トン】）のジェット燃料を運んでいたのだが、それは左右の主翼のタンクに均等に積まれていた。貨物室にはおよそ9トンの荷物、手紙、電子機器、そして食料が積まれていた。これと共に客室の可燃物と荷物をあわせて、飛行機は約14トンの固形可燃物をタワーの中にもたらした。
(42ページ：第2ビルに関して)

3.4　ジェット燃料

　およそ0.5秒で塵埃が東と北面の窓の外に流れ出した。噴霧状にされたジェット燃料による数多くの小さな火球が81階と82階の東面の窓から吹き出した。それらは一つに合体して壁面全体に広がる一つの巨大な火球へと合体した。【中略】WTC第1ビルと同様に、ジェット燃料の15%より少ない部分がビルの中で霧状になって燃えた。大まかに言って<u>10%から25%がビルの外の火球で消費された</u>。こうして半分を十分に超える燃料が最初の火球後に残ったのである。
(90ページ)

6.4.3　損傷の分析

- 　熱膨張による<u>塗料のひび割れの観察</u>。16の外周支柱パネルで170箇所以上を検査した結果、<u>わずかに3つにその鋼鉄が250℃に達したことを示す証拠があるのみ</u>だった。［第1ビル］東面98階の内側部分、92階床の内側部分、そして北面98階の床トラスとの接続部分であった。わずか2本のコア支柱見本がこの分析を行うのに十分な塗料を残していたのだが、<u>それらの温度は250℃に達していなかった</u>。NISTはこの結果が全体に当てはまるものとはしない。なぜなら調査された柱が、<u>火災の起こっていた階にあった外周の柱のわずかに3%、コア支柱の1%であるに過ぎないからである</u>。

- 　鋼鉄の微細構造の観察。火事によって起こるような高い温度のさらされる場合には、スチールの基本的な構造と力学的な性質が変化する。<u>メタログラフを用いた分析によって、NISTはあらゆるサンプルで温度が600℃以上に達した証拠は無いと断定</u>した。

(183ページ)

8.3.4　火災の復元

- 　両タワーで、火災は飛行機からのジェット燃料の一部により複数の階で同時に始まった。<u>最初のジェット燃料による火災自体が続いたのはせいぜい数分間</u>であった。

　【中略】
　WTC第1ビルの火災は<u>空気の補給が限られていた</u>。つまり火災は窓が壊れるのと同じ程度の速さでしか燃え広がらなかった。室内の可燃物が飛行機の残骸によって取り除かれていないことが明らかな場所では、<u>それはおよそ20分間で燃え尽きた可能性が高い</u>。

（「NIST報告」は Final Report on the Collapse of the World Trade Center Towers）
http://wtc.nist.gov/NISTNCSTAR1CollapseofTowers.pdf

(2) WTC ビルの火災と熱　55

　さあ、いかがでしょうか。NIST は非常に興味深いことを様々に語ってくれていますが、それは今後少しずつ採り上げながら見ていくことにしましょう。このページをしっかりとご記憶ください。

　ただ少しだけ疑問があります。第 1 ビルに突っ込んだ飛行機は壁面の真ん中に突き刺さりました。しかし第 2 ビルでは横に外れていました。ビデオでは第 2 ビルで起きた火球の方がかなり大きいように思います。UA175 便の右翼燃料タンクの燃料が大部分ビルの外で失われたのではないか、という疑いを持たざるを得ません。それでも半分以上はビルの中で爆発したか残って燃えたでしょうが、第 1 ビルに比べると第 2 ビル内に残ったジェット燃料の量はかなり少なかったのではないかという気もします。しかしこれは私の単なる推測ですのでこれ以上突っ込まないことにしましょう。

【画像 44】 　　　　　【画像 45】

　ところで飛行機によって激突された箇所では、激突後は上の【画像 44】（第 1 ビル）、【画像 45】（第 2 ビル）のような状態でした。

　飛行機が外壁の「網」を突き破って大きな穴を作っているのですが、どう見てもそれほど激しい火災になっているとは思えません。ちなみに、**火災の継続時間は先に崩壊した第 2 ビルで 56 分間、後で崩壊した第 1 ビルが 102 分間**です。

　私の記憶には他のビル火災の記録でもっと激しいものが様々にあります。中でも一番物凄いのは次の例でしょう。これは 2006 年 2 月 12 日に起こったマドリッドのウインド・ソル・ビルの火災です。このビルは WTC タワーのやや後の 1979 年に完成したものですが、【画像 46】に見るとおり 32 階建で 106m と、WTC タワーとは比較にならないほど小さなビルです。

【画像 46】 　　　　　【画像 47】

しかし【画像47】にあるように少なくともビルの上半分を覆い尽す激しい炎に包まれ、完全鎮火するまでに**20時間以上**かかりました。写真で見るような炎の最も激しい状態が夜半から明け方まで数時間も続いたのです。

【画像48】　　　　　　　　　　　【画像49】

そしてその残骸は【画像48】にあるとおりです。黒い矢印のある部分は途中の階に1箇所、1階分のスペースで作られたメカニカル・フロアーがあった場所ですが、ここでビルの床と外壁の崩壊が食い止められたことが分かります。この点は非常に注目されるべきでしょう。鉄骨構造の高層ビルでこのメカニカル・フロアーの重要性は、単にビルの機能面だけではなく、このような防災面にも言えることなのです。

さらに上層階のコアの支柱群はびくともしていません。少なくとも「高熱にさらされた」時間としては最低でもWTC両タワーの数倍はあったはずです。そして「崩壊」どころか曲がった箇所すら見えません。WTCに比べると実に貧弱なコア支柱構造なのですが、それが熱に対してこれほどの強度を持っているのです。なおこの火災については次のインターネット・サイトで詳しく分析・説明されています。

http://www.mace.manchester.ac.uk/project/research/structures/strucfire/CaseStudy/HistoricFires/BuildingFires/default.htm

Case Studies: Historical Fires: The Windsor Tower Fire, Madrid

【画像49】はロスアンジェルスにあった第1インターサンテ銀行ビルで62階建てだったのですが、市の歴史上最悪の火災によって1988年3月4日に焼けてしまいました。火災はその日の夜に始まり翌朝の午前中いっぱい続きました。そして全面的な崩壊などその気配すらもありませんでした。

もちろんどちらもWTCタワーのように飛行機に激突されてはいませんし、断熱材も健在だったでしょう。さらにWTCの映像と比べて夜闇や明け方の薄暗い光の中だからより劇的に感じるという主観的な要素は差し引いておかねばなりません。

しかし火事の継続時間や規模から考えて、ビルの鉄骨、**特にその重量の大半を支えるコアの支柱**については、わずか**1時間足らず**や**1時間半ちょっと**の火災に遭ったWTCタワーとこれらのビルと比べて、ど

ちらの鋼材の温度が高かったでしょうか？ 読者の中に防火の専門家がおられたらご意見を伺いたいと思います。

先ほどの報告にもあった通り、NISTは自ら、鋼鉄材のメタログラフ【磨いた金属の表面を顕微鏡で拡大してその特徴を調べる手法】による分析で、**600℃以上の高温にさらされた鉄骨が全く見つからなかったことを語っています**。またサンプル調査をした鋼材の中で**250℃を超える温度になっていた鉄骨の例ですらごくわずかしかなく、火災が起こっていた階の、それも外周の支柱のみです**。

ところが、その後で「（サンプル数が少なかったので）この結果が全体に当てはまるとはしない」と、受け取りようによっては「**ビルの大半の鉄骨が高温にさらされていた可能性がある**」とも聞こえそうな表現を使っていますね。この書き方は一体何でしょうか。確かに標本数が少ないことは認めますが、それで何を言いたいのでしょうか。

いずれにせよ、数多くの写真やビデオで確認する限り、少なくとも上に挙げた他のビルの火災例よりも鉄骨の温度が高くなっていたとは考えにくいように思うのですが。いかがでしょう。

B：WTCの火災は不完全燃焼を起こしていた

　WTCタワー、つまり第1ビルと第2ビル火災で最も大きな特徴はその真っ黒い煙でしょう。炎は所々で少しだけ見えるのみで、次の【画像50】【画像51】やその他数多くの写真とビデオで確認できるとおり、黒煙がやけに目立つ火事です。事実はこの通りなのですが、もし化学か防災専門の立場からご覧になって、今から私が述べることに間違いがあればご指摘ください。

【画像50】　　　　　　　　　　　　　【画像51】

　この煙は明らかに炭化水素（石油類とその製品）や他の有機物が**酸素の不足した場所で不完全燃焼を起こしていることを示します**。

　これは少しでも化学の知識のある人なら何も言わなくても解ることですが、石油ストーブなどでジェット燃料と同類である灯油を燃やす場合、いったん熱を加えて蒸気に、つまり気体にしておいてから新鮮な空気と十分に混ぜて燃やします。言ってみればガス・バーナーやガス調理器の炎と同じ状態にするわけです。これで完全燃焼が起こるのですが、その**完全燃焼の場合にのみ1000℃を超える温度が実現可能**です。ジェット機でエンジンから真っ黒い煙を吐きながら飛行しているものはまず見られないのですが、これはジェット燃料を完全燃焼させているからです。

　炭化水素類は基本的に炭素と水素から成り立っており、ある程度の熱で炭素は水素と分離し、酸素があればそれと化合します。また木や紙やプラスチックなどの有機物も基本的に炭素、酸素、水素から成り立っており、適当な熱で分解します。その際に近くに酸素分子があると酸化が急速に起こり水（水蒸気）と二酸化炭素を作ります。そしてその際に激しく熱を発します。非常に大雑把な説明なのですが、これが燃焼です。

　水素の酸化よりも炭素の酸化の方がはるかに大きなエネルギーを出すのですが、燃焼の際に酸素が不足していると一酸化炭素を作ります。それでもなお酸素不足の状態では化合する相手の無い炭素は固体のススとなって出て行かざるを得ません。またそのような火でいったん作られたススはもう二度と燃えることはないでしょう。そして酸化しつつある部分が作った熱は油の分解のために浪費されます。したがってその火が作る温度は完全燃焼のときに比べるとはるかに低い温度になってしまいます。WTCのように真っ黒い煙をモクモクと出している火なら**精々が600℃前後**でしょう。

　ここで「**NIST回答**」（Answers to Frequently Asked Questions）の一部を引用しましょう。「**真っ黒い煙は不完全燃焼を示しており火災で発生した熱は高くなかったのではないのか**」という質問に答えたものです。

【説明開始】室内で起こる大きな火災はすべて、WTCタワー内の主要な可燃物の火事もそうなのだが、多くの量の目に見える分厚く黒っぽい煙を作る。これは、実際に燃えている場所で酸素がひどく不足し可燃物が完全には無色透明の2酸化炭素と水にまで酸化されないせいである。

　煙の目に見える部分は小さなススの粒で成り立っておりその形成は酸素不足状態で燃えることによる不完全燃焼によって促進される。いったんそれが形成されたならば、タワーの火災から出されたススは素早く火災現場からビルのより温度の低い場所に押し出されたのか、あるいは壊れた窓に直接に向かいビルの外側に脱出するのである。これらの低い温度では、ススはもはや燃えてしまうことができないだろう。こうして人々は酸素不足状態で物が燃える際の特徴的な分厚く黒っぽい煙を見たのである。【説明終了】

　まあ、ありがたいことに、NISTの先生方は我々に高校生用の化学の講義をお聞かせになっておられます。しかし質問にあった「発生した熱は高くなかったのではないのか」という質問には全く答えていないようですね。テストの解答欄なら0点でしょう。なにかよっぽど「熱が高くなかった」ことに触れてはならない事情でもあるのでしょうか。客観的・科学的に答えているのなら別に気にする必要は無いと思うのですが。

　しかしこの点は今後のWTC崩壊を考えていく際に重要なポイントとなります。鋼鉄材が1000℃前後に達すると黄色っぽく輝きその強度が極端に落ちます。ですから逆に製鋼所などで鋼鉄材の熱間圧延を行う際にはおおよそこのあたりにまで温度を高めて加工するのですが、果たしてWTCの鋼材が部分的にでもそこまで熱せられたのかどうかは、少なくとも崩壊の開始に関して大切な要素となります。

　また、炎の最も熱い部分で1000℃に達していたのかどうか、それは鉄骨構造のある一部分で集中的に現れたのか、あるいは分散して現れたのか、それがどのくらいの期間続いたと思われるのか、等々といったポイントは重視されるべきでしょう。

　そこで、その外面からでは明らかに酸素不足で不完全燃焼を起こしていたと思われる火災で、本当に1000℃に達する炎が実現できたのかどうか、もしそうだとすればそれはどのような状況で起きたことだったのか、これはWTCの崩壊原因を探る上で重要な議論となるでしょう。

　ところがNISTはまるで出来の悪い高校生に語って聞かせるような「不完全燃焼についての一般的な解説」をしてくれるだけで、質問の目玉となる温度自体については触れようともしません。また後でも取り上げることですが、NIST自身が世界に向けて公開した報告書に、はっきりと「1000℃に達した」と断定して書いているわけで、「たとえ外からは不完全燃焼に見えても、実はコレコレこういう理由があって、最高温度で1000℃が実現できたと判断した」と明言するのが当然ではないでしょうか。この「**NIST回答**」は私のような素人ばかりではなく世界中の専門的な知識を持つ人も読んでいるのです。そんな人に聞かれると困る事情でもあるのですかな？

　どうも「**公式見解**」の屋台骨を支えるNISTの様子が何だか変です。大丈夫ですか。しっかりしてくださいよ、NISTさん！　あんただけが頼りなんだから！

　読者の中に、化学か防災専門の研究者がおられたらすぐにでも判断のつくことでしょう。いかがでしょうか？

（「**NIST回答**」は **Answers to Frequently Asked Questions**）

http://wtc.nist.gov/pubs/factsheets/faqs_8_2006.htm

C：飛行機激突箇所付近以外では火災は発生していなかった

先ほどの【画像50】でも次の【画像52】【画像53】でも明らかですが、火災は飛行機激突の箇所とその付近でしか起こっていません。第2ビルなど、上の方でも明らかに火災が起こっていない箇所が広く見られます。なお火災の継続時間は先に崩壊した第2ビルで56分間、後で崩壊した第1ビルが102分間です。

【画像52】 　　　　　　　　　　　　【画像53】

【画像52】では第2ビル正面の北西面に黒煙が見えますが、これはこの写真が第2ビルの崩壊に近い時に撮影されたことを示します。またこの写真でビルの壁面でやや色の変わって見える74〜77階のメカニカル・フロアーとスカイロビーよりも下の階では、火災が発生している様子は全くありませんし、そのような公式の発表もありません。また大勢の脱出者と消防署員の証言もやはり一致しています。また崩壊の後に無数の白い紙切れが舞っていたことも、大多数の階が高温から逃れていたことを示すでしょう。

したがって、もしビルの鉄骨構造が高温にさらされたとしても、それは飛行機激突箇所の付近に限られており、ビルの大部分の箇所で鉄骨は十分に低温のままだった、特に41階と42階のメカニカル・フロアーから下のビル下層階では火災の影響は全くなかった、と考えるべきでしょう。読者の中に防災の専門家がおられたらぜひお伺いしたいと思います。1時間かそこらの火事で、火災現場から百m以上離れた箇所の鉄骨構造が真っ赤に焼けることがありうるのでしょうか。少なくとも私は聞いたことがないのですが。

D：冷たかったコア部分、火災現場ですら 300℃未満

再度 NIST の分析に戻ります。【画像 54】は「**NIST 報告**」31 ページにある第 1 ビルの火災のシミュレーションで、飛行機激突から 100 分を経過したとき、つまり**崩壊寸前の時点での 96 階の温度分布**です。

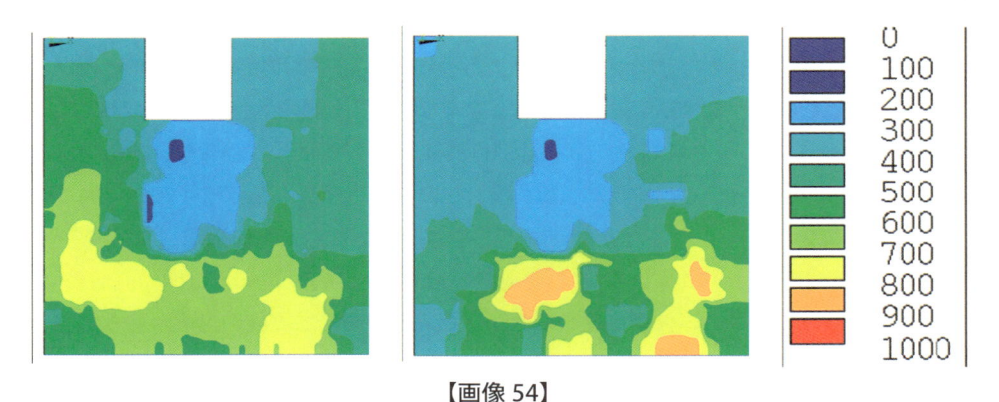

【画像 54】

左側が上面、右が下面の様子です。これは鉄骨ではなくコンクリートの温度ということですが、いくら鉄の方が比熱が小さいといっても 100 分も時間がたっておれば、コンクリートが 300℃でそのそばにある鉄骨が 800℃になっていることはありえないでしょう。それぞれの図で、上の方に開いている穴は飛行機がぶつかって壊れた北東側面の箇所です。

この NIST の分析を見ますと非常に興味深いですね。中心部、つまりコアの部分が非常に温度が低くなっています。ここは**火災の最も激しかった付近の階**だったのです。そこですらも、**コア部分の温度で 600℃を越えている箇所はほとんど見当たりません。多くが 300℃未満**です。

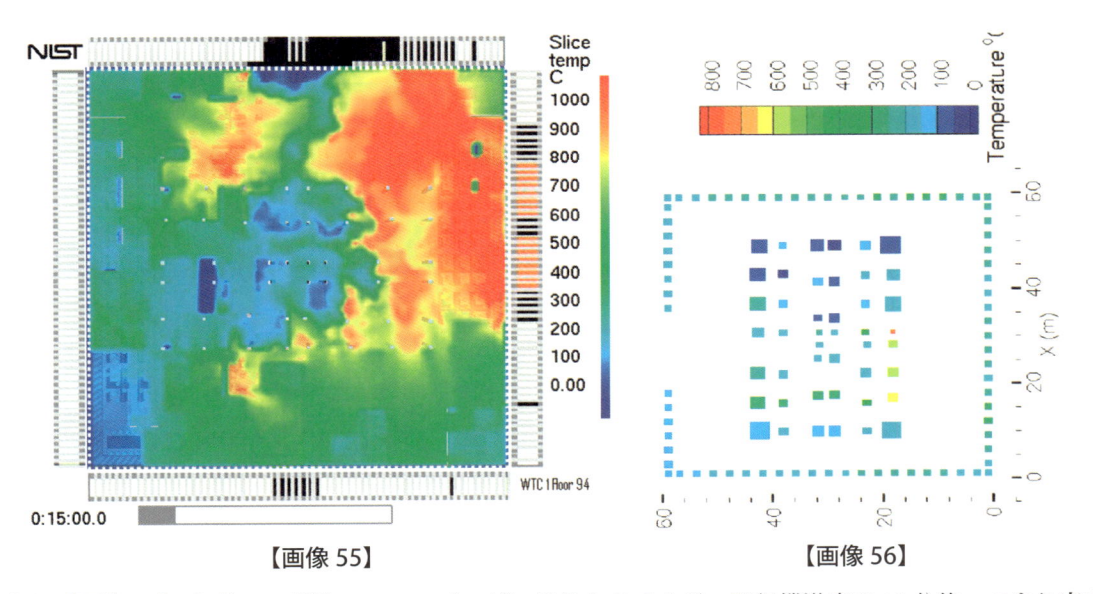

【画像 55】 　　　　　　　　　【画像 56】

また【画像 55】は「NIST 報告」の 127 ページにあるものですが、飛行機激突の 15 分後、つまり**室内での火災が最も激しかったときの第 1 ビル 94 階上部の温度分布**です。**不完全燃焼の状態でどうしてここ**

まで高温になれるのか？という疑問を持たざるを得ないのですが、一応はNISTのシミュレーションに依拠しておきましょう。図の左上側、実際には東側の部分が1000℃に達しているようです。どうやらよっぽど酸素がたっぷりと与えられて完全燃焼が起こっていたようですが、しかしそれでもやはりコア部分の多くは400℃未満です。そしてこれが、**最も火災の激しかった箇所の、最も火災の激しかったときである**ことをお忘れなく。

先ほどの「**NIST報告**」に次のようなことが書かれてありましたね。ご確認ください。『**最初のジェット燃料による火災自体が続いたのはせいぜい数分間であった**』、『**室内の可燃物が飛行機の残骸によって取り除かれていないことが明らかな場所では、それはおよそ20分間で燃え尽きた可能性が高い**』。

さらに隣の【画像56】をご覧ください。これは飛行機激突の100分後、つまり**崩壊開始直前の第1ビル96階にある支柱の温度を推定した図**で、「**NIST報告**」の140ページにあります。この図では左側が飛行機激突箇所になっています。これによると、**コア支柱のほとんどが300℃未満、600℃を越したという分析結果が出た柱はわずかに2本のみ**です。これが火災の最も激しかった階の崩壊開始直前の分析結果だ、ということを再度ご確認ください。**火災が起こらなかった大多数の階で支柱の温度がどうであったのか見当がつく**、というところですね。

もちろん誰にも火災現場の温度や破損の本当の状態は分からないのですが、NISTは他のデータや状況から第1ビルに関してAとBの2種類のケースを想定してコンピューターによるシミュレーションをしています。

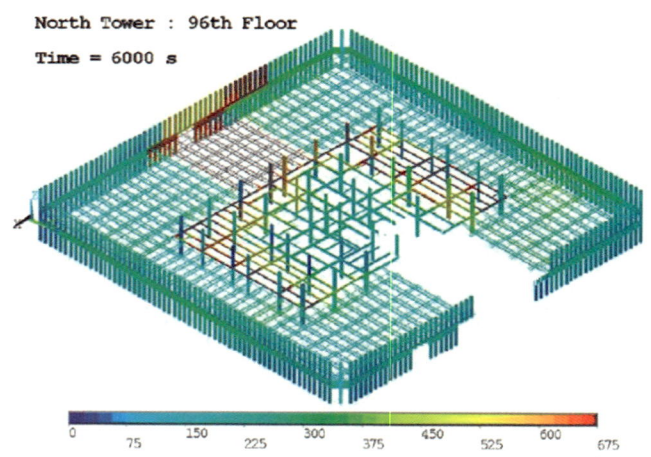

Figure 6–46. Temperatures (°C) on the columns and trusses of the 96th floor of WTC 1 at 6,000 s after aircraft impact, Case B.
【画像57】

先ほどの【画像56】はケースAによる図ですが、上の【画像57】はケースBによる図で、同じく崩壊直前の96階、飛行機激突のショックによる鉄骨の破損状況と温度を重ねたものです。**奇妙なことにこの図ではコア部分の床が600℃を超える高温になっており、200℃前後のフロアー部分との間に極端な温度差がつけられています。**

これは明らかに疑問の持たれる分析です。フロアー部分とコアとの間で鋼材が直接つながっておらず完璧な断熱材がその間に使用されていた、とでもいうのでしょうか？？ そんな奇妙な報告は見たことがありません。それともよっぽど熱伝導の悪い鋼鉄を使ったとか・・・。それは無いでしょうが、しかしそれ以

前に次の3点が指摘されます。

　第1に、ジェット燃料は両翼に積まれておりフロアー部分に比べて**コアの部分に集中して入ったとは考えにくいこと**。第2に、コア部分にはエレベーター施設やパイプスペースや洗面所設備が集中しており**可燃物が極めて少ないこと**。第3に、**コアは最も酸素が届きにくい場所**であること。これは窓から遠いというだけでなく、非常階段を除いてここが【画像28】で明らかなとおりメカニカル・フロアーで行き止まりの閉鎖的な空間になっているからです。【画像57】がそのような事実と整合性があるのかどうか、大いに疑問を持たざるを得ません。

　さらに先程の【画像54】にあった温度分布とも明らかに矛盾しています。フロアー部分にしても飛行機が突っ込んだ箇所の真裏側にだけ、**定規で区切られたような高温の部分**があります。可能なんですか、こんなこと？　どうもNISTさんの態度がおかしいですね。ただしそれでも、500℃を越している支柱はほんのわずかですが。

　また壊れた支柱の数も、いくつかの異なった推定があるようです。まあ、あのジャンボ機が突っ込んだのだから【画像57】に描かれている程度の破損があってもおかしくはありません。飛行機激突の被害について最も厳しい推定では、47本あったコア支柱で、完全破損が6本、大きな破損が3本、中くらいの破損が6本、軽い破損が5本となっており、飛行機が突っ込んだ側から中心部、そして機体の一部が通り抜けた逆側にかけて広がっています。しかしそれにしても、完全に破損したか大きな破損を受けた柱よりも、無傷の支柱の方がはるかに多いわけです。これで本当に崩壊が開始するのでしょうか？　いや、開始だけならまだしも、ビルの付け根まで崩壊が連続できるのでしょうか？

　まとめましょう。**火災現場ですら600℃以上に熱せられた支柱はほとんど無く大多数が300℃未満だった**、ということは、**火災現場から離れた支柱ははるかに低温だったと考えざるを得ない**、ということです。もう一度「第3章（2）A：米国国立研究所NISTによる火事の分析」で引用した「**NIST報告**」の内容をご確認ください。

　防災専門の方が読んでおられたら、このようなNISTの報告についてどのようにご判断をなさるのか、ぜひ知りたいと考えています。

E：NISTはなぜ「1000℃！」をやたらと強調するのか？

　ここでもう一度「**NIST回答**」からの引用です。ここで「**公式見解**」の旗頭である米国国立研究所NISTがどんな見解を世界に向けて発表しているのか、じっくりとお読みください。（質問2に対する回答の一部。下線部は私からの強調です。）

> 　NISTのおよそ85名のベテラン専門家たちと民間機関や学術会からの125名の指導的専門家達は、何万もの文書を調べ直し、1千人以上に聞き取り調査をし、7千本のビデオと7千枚の写真を調べなおし、残骸から取り出した236個の鋼鉄片を分析し、実験室での検査と<u>タワーへの飛行機突入の瞬間からタワー崩壊開始時までに起こった一連の出来事</u>に関する優れたコンピューター・シミュレーションを実行した。
> 　<u>この総合的な調査に基づいて、NISTはWTCタワー崩壊の理由について次のように結論を出した。</u>（1）飛行機による衝撃は支柱を激しく痛めつけ、床のトラスと鋼鉄の支柱の表面に貼り付けていた防火断熱材を引きはがし、そして多くの階に広くジェット燃料を撒き散らした。（2）その結果として<u>多くの階で起こったジェット燃料による異常に大きな（温度が1000℃にまで達した）火災が断熱材のはげた床材と支柱を重大な意味を持つほどに弱め</u>、ついには床が壊れて外周の支柱を内側に引き込むことにまで至った。このことが外周の支柱を内側に曲げてWTC第1ビルの南面とWTC第2ビルの東面を破損させ、それぞれのタワーの崩壊を開始させたのである。写真とビデオの両方の証拠が、崩壊に先立つ30分間のニューヨーク市警察署航空部隊からの説明と共に、それぞれのタワーに関するこの一連の出来事をサポートするものである。

　いかがでしょうか。まずNISTやその他の研究員たちが行ったことが『タワーへの飛行機突入の瞬間からタワー崩壊開始時までに起こった一連の出来事』に関するものであったことが解ります。つまり、**崩壊が開始した後のことは、知らん！** ということですね。**これがこの国家機関の公式的な態度です。**次をお読みください。

> （「**NIST報告**」82ページ）
> 　この研究の焦点は、飛行機による衝撃の瞬間からそれぞれのタワーの崩壊開始に至るまでの一連の出来事であった。この報告の短さのために、この一連の出来事は「可能性ある一連の崩壊」という形で言及されたが、<u>それは実際には、崩壊開始の条件が整い崩壊が不可避となって以後のタワーの構造的な振る舞いを含むものではない。</u>

　これが「7千本のビデオと7千枚の写真を調べ直し」た果てに作られた『最終報告（Final Report）』なのか！と、ただただ驚かされあきれ果てるばかりなのですが、しかしこの点については第9章で本格的に採り上げます。ここでは次の点にご注目ください。
　先ほどの「**NIST回答**」の次の部分、『<u>多くの階で起こったジェット燃料による異常に大きな（温度が1000℃にまで達した）火災が断熱材のはげた床材と支柱を重大な意味を持つほどに弱め</u>、ついには床が壊れて外周の支柱を内側に引き込むことにまで至った』という箇所を、もし**読解力に欠けた粗忽者**の読者なら、ひょっとして次のように受け取るかもしれません。

『とんでもない巨大な火災によってビル全体の鋼鉄材が1000℃になったために非常に弱められた』と。

もちろんNISTはそうとは書いていません。ちなみに原文は"the subsequent unusually large jet-fuel ignited **multi-floor fires（which reached temperatures as high as 1,000 degrees Celsius）** significantly weakened the floors and columns"です。

不完全燃焼で1000℃になるのか？という疑問は別にしても、先ほどの【画像55】で解る通り、これは『（あくまでも部分的、一時的に）1000℃にまで達した火事』ということです。

これはあくまでも火災現場で炎の最も温度の高い部分のことだけを述べているのであり、どこにも「鋼材が」とは書かれていません。火災現場でさえも鋼材に1000℃どころか600℃にすら達した形跡が発見されておらず、250℃すらごく一部分で発見されたに過ぎないことはNIST自身も認めています。

ところが、「**NIST回答**」の中で鉄骨構造の破壊に関連する記述に近づくと執念深くこの「1000℃」が繰り返されるのです。それはひょっとすると粗忽者の読者を「**WTCタワー全部の鋼材が1000℃に達していた**」かのような誤読に誘い込むかも知れません。誤読を誘いかねない文章を「悪文」というのですが、その点を指摘されたときには「そんなことはどこにも書いていない、そう読むほうが悪い」と主張することも可能な書き方をしているわけです。

念のために申し上げておきますが、私はこのNISTの最終報告に書かれてある火災の分析そのものが、疑問点はあっても、「間違っている」と断定しているわけではありません。私はNISTがあくまでも『火災現場のみのこと』を語っており他の場所には一言も触れていないという事実を指摘しているまでです。

「**NIST回答**」の中には次のような記述もあります。これは鋼材の温度についての質問（質問7a，b）に対する回答です。（下線は私からの強調です。）

> NISTの報告書には、WTCタワーの鋼鉄が火事のために《熔解した》などとは全く書かれていない。鋼鉄の融解点はおよそ1500℃（華氏2800度）である。普通のビル火災や炭化水素（例えばジェット燃料）での火事はおよそ<u>1100℃（華氏2000度）</u>までの温度を発生させる。NISTは、WTCタワーで<u>最高の空気層の温度を1000℃（華氏1800度）</u>と報告した。（例えばNIST報告 NCSTAR 1, Figure 6-36を見よ。）
>
> しかしながら、<u>覆われていない鋼鉄の温度が1000℃</u>に達したときには、それは軟化し常温時に比べておおよそ10％にまで強度を落とす。保護されていない（例えば断熱材がはがれてしまったならば）鋼鉄は<u>タワーの内部で火災が燃えていた期間内で空気の温度に達することが可能</u>である。このゆえに、WTCタワーに関してNISTによって断定された火災の強さと継続時間の元では、断熱材を失った鋼材（床のトラス、梁、コアと外周の支柱）が<u>軟化し変形した</u>ことが予想されたのである。

ここでNISTはまず、「炭化水素の火災では1100℃までの温度を発生させる」という**一般論**から入ります。確かに完全燃焼であればその可能性があること自体に間違いはありません。そして「火事の炎で最高の温度の部分が1000℃である」、つまり**あくまでも一時的に一部分が1000℃に達していた**、という彼らの分析を語ります。不完全燃焼の疑いが濃いのですがひょっとしたらそうかもしれません。全面否定はしません。そして次にまたしても「もし鋼材が1000℃に達すれば大幅に強度を失う」という**一般論**に話を移します。まあここまでは良いでしょう。

そのうえで次のような**極めて微妙な表現の仕方**を用います。

「保護されていない鋼鉄はタワーの内部で火災が燃えていた期間内で**空気の温度に達することが可能**

である（原文：Steel that is unprotected can reach the air temperature within the time period that the fires burned within the towers.)」。

　確かに「可能」でしょう。不可能とは申しません。ただ、先ほどからも見ているように「**NIST 報告**」の疑問の多い推定でさえ火災現場で 600℃ に達した鋼鉄はごく少数で、実際には NIST 自身が認めるとおり、鉄骨が 600℃ に達した証拠は全くどこにも存在しないのです。しかしもし読解力に欠けた粗忽者がこれを読むなら、あたかも「鋼材が実際に 1000℃ に達して実際にその強度が 10% に落ちた」かのように勘違いするかもしれません。

　そうしておいて NIST は「このゆえに（Thus）」という書き出しで次のように続けます。「断熱材を失った鋼材（床のトラス、梁、コアと外周の支柱）が軟化し変形したことが予想されたのである」。もうすでに、**鋼材が「軟化し変形」するほどの高温に達したことを前提とした話に作り上げています**。

　一応「予想された（expected；期待された？）」という表現にはしていますが、もうこれで**読解力に欠ける粗忽者達は完全にそのように思い込むことでしょうね**。しかもこれが単に火災現場でのことに過ぎないことも忘れ果てて。実に巧妙にそのような**誤読に誘い込む表現**になっているように見えます。

　もしこのような言い回しが大量に誤読を誘ってそれによって誤ったイメージを定着させるのなら、それはもう**詐欺としか言いようがない**でしょう。**必要条件と十分条件をゴチャゴチャにして読む者を混乱させる**、怪しげな契約書などによく見られる表現なのですが、米国の国家機関がどうしてこんな言い回しをしなければならないのでしょうか。これは科学的な分析の報告書なのでしょうか。それとも**政治プロパガンダなのでしょうか？**

　先ほどの【**画像 55**】があくまでも『火災が最も激しかったときの、火災が最も激しかった付近』を描いている点にご注意ください。（これすら疑問がありますが。）

　そして NIST は、**倒壊直前に最も火災の激しかった階ですらコアの支柱のほとんどが 250℃ 未満であった**と認めざるを得なかったのです。ところが「**NIST 報告**」は次のようなほとんど詐欺的としか言いようの無い言い回しを平然と行っています。

　再掲します。

（90 ページ）

6.4.4　損傷の分析

　熱膨張による塗料のひび割れの観察。16 の外周支柱パネルで 170 箇所以上を検査した結果、わずかに 3 つにその鋼鉄が 250℃ に達したことを示す証拠があるのみだった。［第 1 ビル］東面 98 階の内側部分、92 階床の内側部分、そして北面 98 階の床トラスとの接続部分であった。わずか 2 本のコア支柱見本がこの分析を行うのに十分な塗料を残していたのだが、それらの温度は 250℃ に達していなかった。NIST はこの結果が全体に当てはまるものとはしない。なぜなら調査された柱が、火災の起こっていた階にあった外周の柱のわずかに 3%、コア支柱の 1% であるに過ぎないからである。

　一体全体、何が言いたいのでしょうか？　自分達が調べたサンプルの中には 250℃ に達していた例はほとんど無かった。しかし**サンプルが少なかった。だから！！ゆえに！！したがって！！**タワーの鋼鉄製支柱は 1000℃ の高熱で強度を失いそれがビル全面崩壊の原因となった！？？・・・とでも？

　そもそも「**全体に当てはまるもの**」の「**全体**」とは、「火災現場の全体」なのかな？　それとも「ビル全体」ということかな？　しかし「ビル全体」なら《鋼材が 250℃ に達した可能性》はほとんど無視できるほど

小さなものになると思いますが・・・？　だって、火災現場はビルのほんの一部分だったのですから。

　ところが、このように言っておいてその一方では、「**NIST報告**」の中で「**1000℃**」あるいは「**1100℃**」は 8 回登場し、それよりもはるかに短い「**NIST回答**」の中では 6 回使用され、この数字がまるで催眠術でもかけるかのようにしつこく繰り返されます。NIST にとってこの「1000℃」は何かのおまじないなのでしょうかね。一体何をおっしゃりたいのでしょうか。

　三流作家の文学作品ならともかく、米国国立研究機関が一つの出来事に対する客観的・科学的な分析を報告するための研究報告なのですから、WTC 崩壊の原因について**最も重要な点に触れる際にこのような読者の誤読を誘い混乱を招きかねない言い回しはしてもらいたくない**ですね。これはもう、先ほど「**第1章（4）B**」で申しました
　⑤　理論的なあいまいさや誇張などで聞く者を混乱させる可能性が高い場合
に相当するでしょう。イエローカードを出されても文句は言えないでしょう。

　さらに言えば、これを実にたやすく誤読してしまい、また自ら進んでその誤解を広める人間がいかに多いか、という事実（これもまた事実！）には驚かざるを得ません。そんな人はたいがい「**あの物凄い火事で鉄骨構造が弱められたのだから連続崩壊が起こって当たり前だ**」というように、知ったかぶりをして絵空事を平然と語るのです。NIST は決してそのようなことは書いていません。

　温度に関する事実関係については、どう読んでも **NIST は「火災現場ですら 250℃を超えた鋼材はごく少数だった。鋼材が 600℃に達した根拠は発見できなかった」としか書いていない**のですが・・・。あとは根拠がさほど明らかとは言えない推測と、読者を誤読に誘い込みかねない「言葉遊び」ばかりです。防災や建築を専門としておられる方はこの NIST の「最終報告」を一体どのようにお読みになるのでしょうか。「**ビル全体の鋼材が均等に 600〜1000℃に達して、ビル全体が均等に極めて脆弱な状態になった**」と書いてあるようにお読みになるのでしょうか？

　昔の上方落語にこんなものがありました。細かい部分は忘れましたが、北海道旅行に行ってきた人が「北海道がいかに寒かったか」を大げさに語る話です。

　「北海道はとにかく寒かった。」「そんなに寒いか？」「ウン、何せ火を燃やしたら火が凍る。」「火が凍るか？」「ウン、それくらい寒い。だから火の氷を砕いて火種で持って歩く。」「そんなアホな！」「いや、それくらい寒い。朝起きて『おはよう』と言うと、その『おはよう』が凍る。」「声が凍るか？！」「それくらい寒い。その『おはよう』の氷が床に落ちてカケラが飛び散って、それが囲炉裏の火に近い方から溶け出して、あっちやらこっちやらで『おはよう！』『おはよう！』・・・、うるさくてしょうがない。」

　と、まあこんな馬鹿馬鹿しい話なのですが、**事実は落語より奇なり**。

　「WTC の火事は**とにかく熱かった**。」「そんなに熱いか？」「ウン、あの鋼鉄の柱がユルユルになるくらい熱かった。」「ホンマかいな？」「それくらい熱かった。何せビル全体の鉄骨がグラグラになった。」「そんなアホな！」「とにかく熱かった。熱くて熱くて、もうコアの支柱なんか上から下までグニャグニャになって、コアが無いのと同じ状態になって、ビルがバラバラにぶっ崩れた！」

　おあとがよろしいようで。

F：第7ビルの火災と被害状況

　ここでついでに第7ビルも見ておきましょう。第1、第2ビルとは事情が全く異なるのですが、第7ビルは2001年9月11日の午後5時20分、WTCタワーが崩壊して6時間後に奇妙な状況で崩壊しました。ここでも一応火災が発生していたようです。ビル内に貯蔵されていた非常時の発電用の重油が燃え出した、という話になっています。

【画像58】 　　　　　　　　　　　　　　　　【画像59】

　【画像58】は第7ビル北東側面の様子で、【画像59】は南西側の一部（倒壊した第1ビル側）が見えている写真です。何せこのビルに関しては鋼鉄材の分析も何一つ行われていませんので、火災の影響がどれほどであったのか全く不明です。NISTもFEMAも未だに何一つまともに分析した研究発表を行っていません。ただ「猛烈な火事に見舞われていた」と繰り返すだけです。ところでどこが**猛烈な火事**でしょうか？？
　先ほどのマドリッドのビル火災と比較してください。
　またどうやら北側面よりも南側面の方が煙の出方が激しいようです。こちらの方が確かに第1ビル崩壊のトバッチリをひどく受けていたでしょうし、**南側面でビルが弱っていたことは言えるでしょう。おまけにここでは火災も多少は大きい様子です。**
　それでもしビルが崩壊するとしたら、どのような崩壊の仕方をすると予想できますか？　**やっぱり弱っている南側に倒れるようにして崩れるのでは？**ということでしょう。さて、実際にどうなったのか、これは後のお楽しみとしておきます。

　なおFEMAもNISTも、第7ビルの崩壊に関してはその調査報告の中でほとんど何一つ具体的に触れていません。（2007年春にNISTの報告が出る予定だったのですが、少なくとも5月の時点では公表されていません。どうやら民間の業者に委託されたようですが。）

第4章
第2ビル（南タワー）崩壊に関する事実

（1）崩壊直前の事実

A：壁面を滴り落ちる灼熱の熔けた金属

　まことに不思議な映像があります。次の【画像60】【画像61】をご覧ください。これはビデオ映像のフレーム写真なのですが、このシーンは第2ビルが崩壊を開始する2〜3分前のもので、場所は80階から81階にかけての東側角付近です。そして第2ビルの崩壊はこの場所から始まりました。同じシーンを記録したビデオと写真は複数ありますし、被写体のすり替えも不可能でしょう。ですから事実として起こった現象であることに間違いはありません。

【画像60】　　　　　　　　　【画像61】

　どう見ても灼熱して熔けた金属であるように思えます。これはビデオで見るともっとはっきりするのですが、明らかにサラサラと流れる液体状であり、滴り落ちて何かにぶつかるとパッと明るい光を放って細かく砕けて飛び散ります。

ご参考までに、ですが、建築用の鋼材が熔ける温度は1500℃を超え、アルミニウム合金の融解点は600℃前後です。また、熱せられた物体が赤みを帯びるのは500～600℃、オレンジ色に光るのに900～1000℃、それが黄色みを帯びるのが1000～1100℃、まぶしく薄黄色に光って見えるいわゆる白熱状態となるには少なくとも1200℃以上が必要です。つまりアルミニウムが熔けるくらいでは到底明るく光ることはできません。薄暗い場所でようやく赤っぽく見えるのが精一杯なのです。

次の【画像62】は製鋼所で1500℃以上の温度で熔かされた鉄が転炉から出されたシーンです。この写真はバックが薄暗い状態ですが、**【画像60】【画像61】は明るい日中の光の中であれだけ光っているのです。**どれくらいの温度があるのかおおよその推測はできると思います。表面のやや冷えた状態では1200℃くらいになり薄黄色に輝いた柔らかい状態で凝固していても、少し内側では1500℃を越えた液体で、十分な流動性を持ったものであることが考えられます。

【画像62】 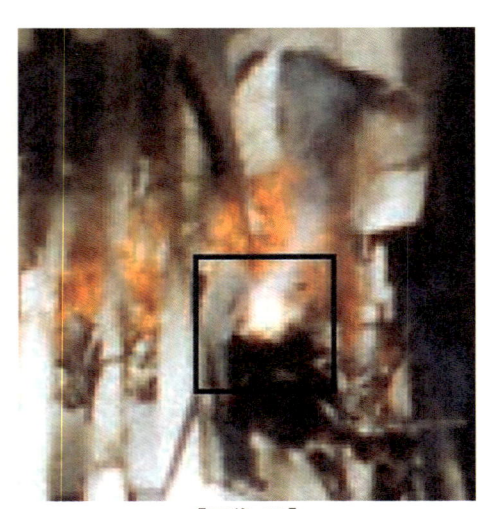　　　　　　　　【画像63】

また【画像63】には81階床の高さで見られた**奇妙な白煙**が写されています。灰色をした周辺の火事の煙とは明らかに異なり、輝くような純白です。同じような位置にあってやや上の方から出ている煙が灰色ですから、単に太陽光線の具合で白く見えるだけとは思えません。

一体何が燃えているのでしょうか。通常の可燃物は炭素と水素を含んでおり、完全燃焼すれば水蒸気と二酸化炭素が出るばかりですが、通常は燃えきれない炭素の粒や燃えない物質の粒子が高熱の空気によって押し出されいわゆる煙になるわけです。したがって、石油類はもちろん紙にしても繊維にしても家具にしても、黒から灰色までの煙を作るのが普通です。もし真っ白い煙が出るとすれば**少なくとも炭素を含まずしかも酸化物が白である物体**ということになります。何でしょうね。WTCの中にあったと予想される物でそのようなものがあるのでしょうか。

それにしても奇妙ですね。先ほど見たNISTの最終報告では火災の最も激しかったときに一部の箇所で1000℃に達していたように書かれています。しかしジェット燃料の多くは最初の数分間で、他の可燃物も20分間で燃え尽きた可能性が高いことをNIST自身が語っており、さらに火事が大部分の箇所で不完全燃焼であったという事実から、**この火災が何かの金属を融解させてしかも灼熱に輝かすことは到底不可能**です。それでは一体、この熱はどこからやってきたのでしょうか？

もうご存知の方も多いでしょうが、米国のスティーヴン・ジョーンズ博士始め、まともに WTC ビル崩壊の事実を見つめる人たちは、サーマイト（thermite、日本ではテルミットと呼ばれることが多い）反応によってコアの支柱が熔かされ破壊された証拠と見ています。これはアルミニウムの粉末と酸化鉄の混合物の反応で、2000℃を超える温度と熔けた鉄、そして酸化アルミニウムの白い煙を作り出します。このようなことがこの第 2 ビル崩壊の際に見られる事実との整合性を持っているのです。これについてはまた第 9 章でご説明しましょう。

　そしてこの現象に対して NIST が、「本当にこの人たちは科学を勉強したことがあるのか？」と疑わざるを得ない、読む方が恥ずかしくなるような物凄い解説をしてくれています。それは次の項目で見ることにしましょう。

　この項の最後に次の点を確認してください。
　《どのように修正を加えてもある事実を説明できる可能性を原則的に持たないならばその仮説は偽である》。

【参照ビデオ】
http://video.google.com/videoplay?docid=545886459853896774&q=label%3Atumbling+down
Molten Metal WTC Thermite
http://www.youtube.com/watch?v=f2I3vRbxMWo
Molten steel dripping from South WTC Tower before collapse
http://investigate911.se/raresouth.html
World Trade Center - South Tower 'Collapse'　　Amateur footage

B：ご立派！ NISTによるトンデモ迷解説

先ほどの熔解した金属と思われる液体に関して、「NIST回答」をご覧ください。これは次の質問に対してNISTが答えたものです。下線部は私からの強調です。

(質問11) いくつかの写真は第2ビルの側面を黄色の熔けた金属が流れ落ちているのを映し出している。アルミニウムが白い光を発して燃えるにもかかわらずNISTはそれが激突した飛行機のアルミニウムだったと主張している。それはなぜか。

これはNIST最終報告の1-5Aで述べたことだが、9時52分の少し前に第2ビル80階の窓の上側に輝く場所が現れた。4つの窓が北面の東側角から外れてすぐに輝く液体が流れ始めた。この流れはおよそ4秒間続いて終わった。タワー崩壊にいたるまでの7分間、この付近からのこういった液体の流れが多く観察された。第2ビルの他の場所や第1ビルのどの場所からも同様な熔けた液体が流れ出たという証拠は無い。

写真とNISTによる飛行機の衝撃についてのシミュレーションは、輝く液体がその後に現れた場所である第2ビルの80階と81階の中に大きな残骸のかたまりがあったことを示している。その残骸の多くは、飛行機自体からのものと、飛行機がビルの端からそこまで押しやったオフィスの設備からのものだった。飛行機激突の衝撃の後でこれらの残骸付近で炎が大きく上がり、タワーが崩壊するまでこの場所で燃え続けた。

NISTは、この熔解した物体が飛行機のアルミニウム合金であったと結論づけた。なぜならアルミ合金は（合金の種類によるが）475℃から640℃の間で融解することが知られているからである。それは<u>火災の付近で予想される温度（およそ1000℃）</u>よりも十分に低い。アルミニウムが通常の火の温度で燃え上がるとは予想できないし、タワーから流れ出ている物体が燃えていたことを示す現象は何も見えない。

液体になったアルミニウムの流れは銀色に見えるかもしれない。しかしながら、<u>その熔けた金属が、熱く部分的には燃えている大量の固体の有機物質（例えば家具やカーペットや間仕切りやコンピューター）と混ざっていたことは十分にありえた。それはオレンジ色の光を放つことができる。暖炉で燃える薪にずっと近いものである。</u>見えた色はまたその表面でスラグが作られることに影響されたものであったのかもしれない。

ここでもまたNISTは「火災の付近で予想される温度（およそ1000℃）」と書いて「1000℃」を強調しています。しかし先ほどの「**第2章（2）D：冷たかったコア部分、火災現場ですら300℃未満**」および「**E：「1000℃！」をやたらと強調するのはなぜか？**」でも申しましたが、当のNIST自身の分析が火災現場ですら1000℃の温度が発生したのは部分的、一時的であったことを報告しており、さらに「NIST報告」183ページの「**8.3.4　火災の復元**」には「室内の可燃物が飛行機の残骸によって取り除かれていないことが明らかな場所では、**それはおよそ20分間で燃え尽きた可能性が高い**」とも書かれています。どうやらこの「1000℃」は無視して読んだ方が無難なようです。

わざわざ「1000℃」を強調しなくてもアルミニウムが融解するのに十分な温度が作られた可能性はある

でしょう。アルミニウム合金が600℃程度で融解するからです。またアルミニウムが非常に薄い箔や細い線になり酸素が十分にあれば白熱した炎を作って燃えるのですが、飛行機のアルミ合金ではそれはありえないでしょう。「質問」に書かれてあったことは間違いです。

ただ、熔けたアルミニウムは【画像64】で分かるとおり銀色です。暗いところでなら赤っぽく光るでしょうが、明るい光の中ではこの状態で流れます。

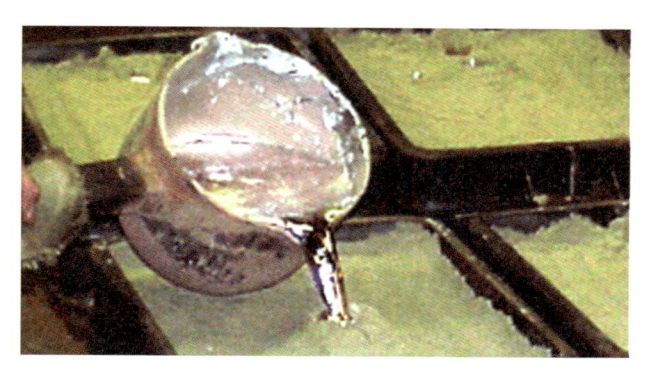

【画像64】

しかしそれにしても、**熔けたアルミニウムが家具やカーペットやコンピューターと混ざって流れたとは！！**いや、まいった、まいった！恐れ入った！

念のためにこの部分の原文を示しておきます。私も最初は何度も自分の目を疑って読み直しました。ご確認ください。" However, the molten metal was very likely mixed with large amounts of hot, partially burned, solid organic materials（e.g., furniture, carpets, partitions and computers）which can display an orange glow, much like logs burning in a fireplace.")

先ほどの【画像60】【画像61】を十分に観察してください。できたらビデオを参照してください。一体全体！どこに「家具やカーペットや間仕切りやコンピューター」が見えるのでしょうか？　ここまでくれば「ご立派」としか言いようがありません。

その昔、確かエイゼンシュタインの映画「戦艦ポチョムキン」だったと思いますが、蛆のわく肉を食べさせられることに抗議する水兵達の前で、軍医が動き回る白い虫を見ながら「これは蛆ではない！」と叫ぶシーンがあったのですが、まあ、NISTもそんな程度のものですね。ポチョムキンの反乱があってしばらくしてロシア革命が起こったのですが、米国も同様の運命にあるのかな？

NISTの研究者たちは、決して休日に自宅で幼い子供とじゃれあいながら言っているのではありません。**米国国家を代表すべき場で発言しているのです。**したがって、その一言一言が非常に重みを持ちます。一言一句、何一つ軽い気持ちで聞き逃すべきものではありません。

慌てふためいて"from"を付け忘れたのかもしれません。しかし、それらを作っている有機物質の塊が混じっていたために明るく光ったと言うのなら、**NISTの研究者達は高校卒、大学卒、大学院卒の資格を全て返上すべきでしょう。**燃焼や冶金の専門の方はこの「回答」をどのようにお読みでしょうか。私は科学研究を専門にしている者ではありませんが、この「回答」が一目見ただけでデタラメであることくらい解ります。まして世界中の大勢の専門的知識を持つ人々がこれを読んでいるのです。

有機物がオレンジ色に輝くとすればそれは蝋燭の光のように、分離した炭素の粒が、炎の表面で起こる燃焼によって熱せられ光を発している以外にはありません。NISTは暖炉の薪を持ち出していますが、薪だけでなく塊状の有機物質が空気中で燃える際には完全燃焼はきわめて難しく、水蒸気のほかに間違いなく炭素の粒（スス）が作られるため灰色〜黒の煙が出ます。蝋燭でさえもちょっと空気の流れが乱れたり炎の中に何かが入ったりするだけで黒い煙を出します。間違っているでしょうか？

　写真とビデオで、一体どこにそのような炎や煙が見えるでしょうか。まさしく「煙も見えず雲も無く」、黄金色に輝く液体がタラタラと流れ出て落下し、時々何かにぶつかってはパッと激しく砕けて飛び散っているばかりです。

　決定的なことを言いましょう。その有機物質が完全に炭化しておりちょうど木炭が燃えるように煙が出ない状態だったとします。さて、有機物から分離した木炭状かコークス状になった炭素の固形物が液体状のアルミニウムに入った場合、一体どうなるでしょうか。アルミニウム（常温）の比重が2.70です。液体では、温度によっても違うでしょうが、比重が2を下回ることは考えられないでしょう。液体と固体でそこまで大きく膨張と収縮をするのであればアルミ鋳物など不可能です。また炭素では常温の黒鉛でも比重2.20です。まして木炭状かコークス状になった炭素の塊であれば間違いなく**熔けたアルミニウムの上にプカプカと浮くことになるでしょう**。間違っているでしょうか？

　つまり**最初から分離してしまい決して混ざることはないでしょう**。熔けたアルミニウムの中で炭素が「乳化してなおかつそれが燃焼して明るく輝いた」というのであればきっと科学史上記念されるべき大発見になるでしょうね。そして世界中の中学と高校と大学の教科書を書き換える必要が出てくるでしょう。間違っているでしょうか？

　ビデオと写真で飛び散っているのは灼熱して輝く液体のみであって、**銀色の熔解したアルミニウムが飛び散っている姿はどこにも映っていない**のです。これが事実です。できましたらビデオでご自分の目でお確かめください。

　NISTの研究者たちは、上のような主張をするのなら実験で確かめてその判断の正しさを証明したうえで、世界に向けて発表しなければなりません。そうしない以上、**単なる浅はかな嘘**と言われても文句が言えないでしょう。実際にそうとしか言いようの無い状態なのです。

　もし本気で先ほどのように考えているのなら高校卒以上のあらゆる資格をすべて返上するべきでしょうし、嘘と知りながら米国国立研究所の名で世界中に知れ渡るように上のようなことを語ったのであればあの重大な犯罪に関して虚偽の情報を意図的に流した罪で法的に裁かれるべきでしょう。

　NISTの研究員と顧問を務める大学教授たちは米国の知的エリートです。一つの社会にこのような知的エリートは必要不可欠です。しかしそれだけに**エリートの社会に対する責任は重大**なのです。国民の大部分を占める非エリート達が黙って彼らを支えているのです。その非エリート達をみえみえの浅はかな嘘でたぶらかし誤魔化し詐欺にかけるような知的エリートは、**最も厳しい法的・社会的制裁**を受けるべきだと私は考えます。

　米国の知的エリート達は汗水たらして自分を支えてくれている非エリート達を、単に寄生すべき宿主、騙してむしり取るべきカモとでも考えているのでしょうか？　彼らの犯罪は決して軽いものではありません。

　以上に私が申し上げたことに対する、日本にいる科学技術研究の専門家の方々がどのようにお考えになるのか、その反応をぜひとも知りたいと考えております。

《どのように修正を加えてもある事実を説明できる可能性を原則的に持たないならばその仮説は偽である》。さてさて、どのような修正を加えたら「灼熱のアルミニウム」を説明できますかな？　まあ、いずれにしても「第1章（4）B」で申しました基準
　② ある説明が観察される事実を説明せず明らかに矛盾する場合
　③ その説明が近代科学の原則と矛盾する場合
に相当します。もはや NIST は「レッドカード、退場！」寸前のようです。

　また事実、こんなデタラメを自信たっぷりに宣伝する浅はかな人が米国には結構いるんですよね。日本人がそんな米国人の真似をするのはまさしく亡国的でしょう。
　もう一度、**事実は落語より奇なり。**

(2) 第2ビルの崩壊は《『崩壊説』の崩壊！》

A：傾いて倒れ始めた上層階

　WTC第2ビルは**飛行機の激突からわずか56分後**の午前9時59分に、まさしく粉みじんに崩壊しました。**第1ビルより46分も短い時間で崩壊**したわけです。そして実に不思議な崩壊の仕方をしました。下に並んでいる【画像65[1]】から【画像65[12]】までの12枚の連続写真は、NBCのニュース・ビデオに表れた最も有名な第2ビル崩壊シーンです。説明は後まわしにしますので、まずどのような事実が起こったのかをご確認ください。できましたらこの項の最後に書いていますウエッブサイトでビデオをご覧いただきたいと思います。

　【画像65[3]】を除く【画像65[1]】から【画像65[11]】までの各写真の左上についている番号は911Researchによるもので、ビデオのコマ数を表します。1秒間に30コマの割合で撮影されていますので数字1の差が30分の1秒を表します。例えば179番から195番までに16の番号が開いていますので、この間に30分の16秒、**およそ0.5秒の時間**があることになります。

　【画像65[3]】はスコットランド出身の工学技師G・ロスのサイトからのもので番号はついていませんが、【画像65[2]】から0.5秒以内のものと思われます。またこの連続写真の間に挟まれている【画像66】は【画像65[2]】とほぼ同じタイミングの映像と思われますが、連続写真よりやや北側の位置から撮影された他のビデオの1シーンです。

【画像65[1]】　　　　　　　　　　【画像65[2]】

(2) 第2ビルの崩壊は《『崩壊説』の崩壊！》　77

【画像 65[3]】

【画像 65[4]】

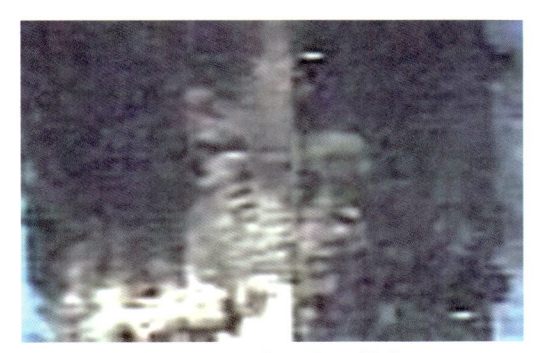

【画像 65[3]】の部分拡大

【画像 66】

【画像 65[5]】

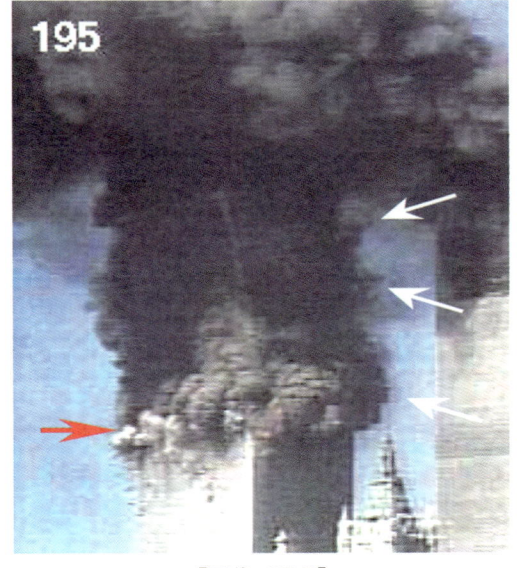

【画像 65[6]】

■ 78 ■ 第 4 章　第 2 ビル（南タワー）崩壊に関する事実

【画像 65[7]】

【画像 65[8]】

【画像 65[6]】の部分拡大

【画像 65[7]】の部分拡大

【画像 65[9]】

【画像 65[10]】

【画像 65[11]】　　　　　　　　　　　【画像 65[12]】

分析に移りましょう。

【画像 65[1]】は崩壊開始寸前の第 2 ビルの姿なのですが、黒い平行線示してある部分が、74 階から 77 階にあるメカニカル・フロアーとスカイロビーの位置です。ここから最上階の 110 階まで 120 メートル以上あります。そして【画像 65[2]】では、南東側面 79 階で**爆風の吹き出し**（赤い矢印）を確認できます。そして同じ階の北側角付近に**奇妙な閃光**（オレンジ色の矢印）が見えます。

そして少し先にある【画像 66】にご注目ください。これは【画像 65[2]】とほぼ同じタイミングと思われますが、撮影の方向が異なります。これを見ますと南東面の爆風と北東面の閃光が明らかに写っているのですが、これを拡大してみますととんでもない事実が分かります。（見やすくするためにコントラストをやや上げています。）

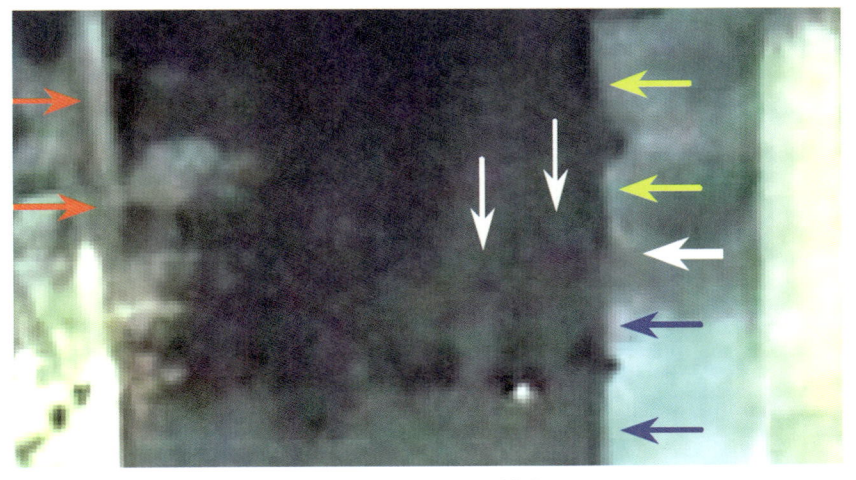

【画像 66】の部分拡大

白い矢印の先をご注目ください。北東側面にかぎ裂き状の亀裂が入り、東側稜線（オレンジ矢印）と北側稜線（黄色矢印）が既に南東側に向かって傾き始めているのが分かります。これがそして今の亀裂より下にある北側稜線（ブルー矢印）は垂直のままです。北側稜線はすでに 85 階付近で切り離され左右のズ

レが生まれているのが確認できます。（横向き白矢印）これが第2ビル崩壊の開始です。

　次のビデオ（http://www.youtube.com/watch?v=5UyxQ3nSKUA　Close up of South Tower 'collapse'）で確認しますと、【画像65[2]】の直前に、まず北東面80階付近から急にいくつかの黒い煙が列になって吹き出し始め、続いて南東面79階付近から白っぽい煙が現れたと同時に、北東面85階付近の外壁でかぎ裂き状に破壊が起こり、それより上の外壁支柱群が南東側に向かって傾き始め、上層階の転倒が開始したことが明らかに確認できます。また北東面の閃光ですが、このビデオで確認しますと亀裂が入り上層階の傾きが始まった直後に現れ、周囲はオレンジ色に見えますが中心部が白っぽく灼熱に輝いており相当の高温であるように思えます。

　そして次にある【画像65[3]】で様々に興味深いことが起こっています。

　赤い矢印が示すように79階付近の爆風は大きくなってきました。そして二つのオレンジ色の矢印で示されるように、南東面の北側角だけではなく東側角に近い上の方、92〜3階付近にももう一つの閃光が確認できます。さらに興味深いものは、ちょうど崩壊開始箇所の裏側に当たる北西面からと思われる二つの真っ黒い鋭い爆風の吹き出しです。一つは崩壊開始箇所のやや上81〜82階付近から、そしてもう一つはおそらく93〜94階付近、どちらも閃光が見えるあたりの階から飛び出してきます。その次にある拡大写真で確認してください。この爆風は閃光と前後して現れます。**倒壊の開始と同時に上層の階の内部で異常な事態が発生したことは明らかです。**

　【画像65[4]】では閃光は消え爆風の噴き出しと上層階の傾き方は大きくなっています。【画像65[5]】になると今度は裏側（北西側）面からと思われる真っ黒い吹き出しがやや上の方の100階付近にもう一つ現れてきます。それが【画像65[6]】になるとまるで鬼の角のような形で飛び出してきます。第2ビル上層階の内部で複数箇所の大きな爆発が起こり、その爆風が北西側の壁面を突き破って吹き出している様子が分かります。

　ところで飛行機激突のショックと火災で痛めつけられた南東側の79〜80階付近が潰されるように傾いていくためには、ビルの重みを支えられないほど弱った箇所がコアの中心を越して北西側にまで広がり、さらにどこかが支点になって回転運動を始める必要があります。しかしこの点に関しては次の「B：なぜ傾き始めたのか？」でじっくりと考察してみることとして、先を急ぎます。

　【画像66】にも北西側面から吹き出し始める爆風が写っていますが、この写真には81階付近からの爆風の他に、もっと上の方からの爆風が二つ見えていますが、これは【画像65[3]】では確認できません。しかし次にある南西側からの映像【画像67】【画像68】とその拡大写真では、北西面に現れる多くの爆風の噴出が観察できます。【画像67】は倒壊開始時、そして【画像68】はおそらく【画像65[6]】と同じくらいの時期でしょうが、**79〜86階の外周部全体が爆風に覆われ一瞬にしてビル上層階がその下から切り離されていきます。**

　【画像65[5]】【画像65[6]】で注目していただきたい重要なポイントがもっとあります。色が変わっているメカニカル・フロアーの位置と赤い矢印の位置に注目してください。**下の方の崩壊は未だほとんど進行していないのですが、上層の階は明らかに急速に短くなっています。つまり下から上に向かっての崩壊が急速に進んでいるのです。**この上層階の短くなり方は異常でしょう。これについてはまた後の「D：回転しながら落ち下から消えていく上層階」の項目でも触れることにしましょう。そして次の瞬間に劇的な変化が起こります。

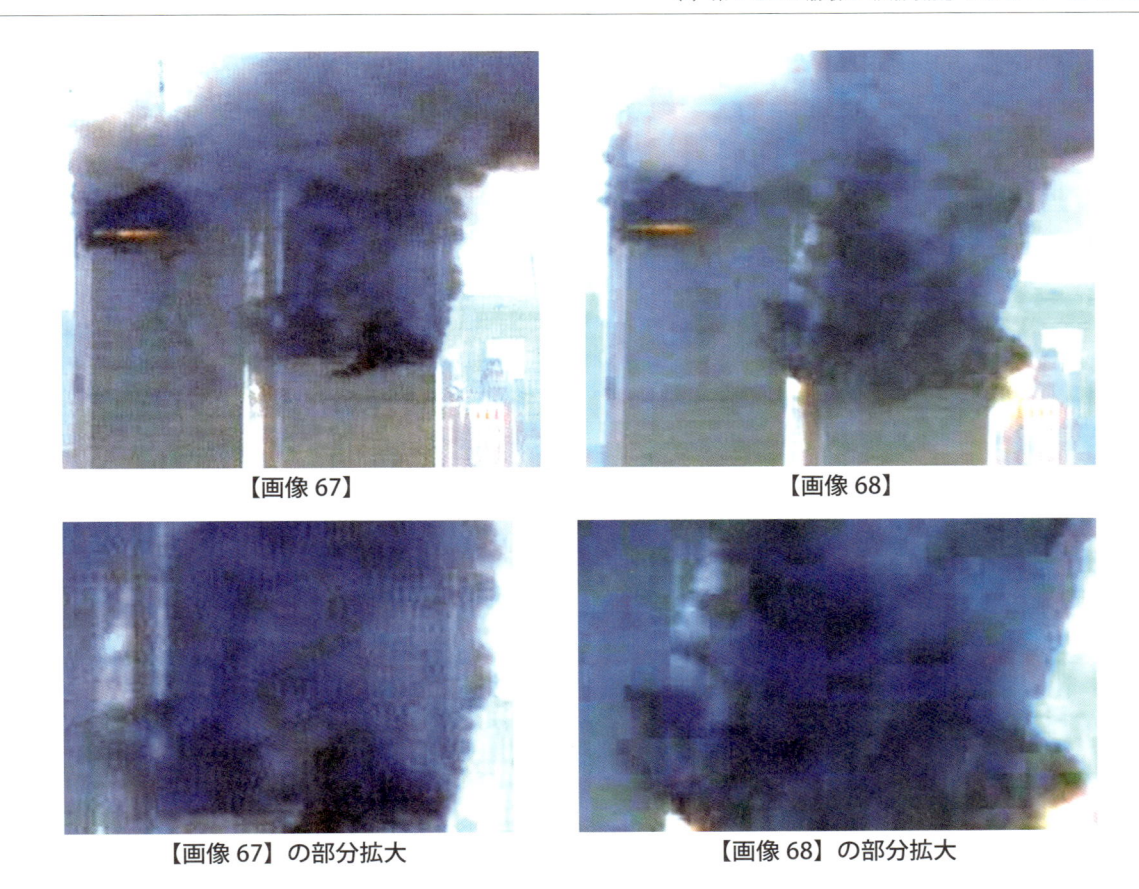

| 【画像67】 | 【画像68】 |
| 【画像67】の部分拡大 | 【画像68】の部分拡大 |

【画像65[7]】では、奥側にある北西面の吹き出しはますます大きくなってきます。ビルの横幅が約63mですからその大きさは優に30mを超えるでしょう。しかしそれ以上に、左側にある紫色の矢印をご覧ください。

75階のメカニカル・フロアー南東面から、新たに横一列の爆風が吹き出しています。崩壊が開始した79階から、78階〜76階を飛ばしていきなり75階が激しい崩壊を始めているわけです。しかもメカニカル・フロアーは他の階よりも頑丈に作られ窓ガラスもほとんど無い箇所なのです。「段飛ばし」で、しかもわざわざ一番強化された場所を選んで崩壊の第2段階目が現れました。その下に掲げた【画像65[6]】と【画像65[7]】の部分拡大をご覧ください。この様子は他の多くのビデオ映像でも確認できますが、この2回目の爆破の後ではじめて、崩壊開始箇所よりも下が急速に崩れ始めることが確認されます。これが第2ビル中層・下層階の崩落開始を告げるものです。

もし「上の階が落下してそれが次々と連続して崩壊を作った」というのであればこの現象はその説明とは明らかに矛盾するでしょう。この時点で「重力による崩壊説」(特に「パンケーキ崩壊説」)にイエローカードです。

そして続く【画像65[8]】から以後【画像65[12]】まで、上層階の崩壊の様子と同時に、ビル右側にあるオレンジ色の矢印に注目してください。これは75〜76階の東側角の部分を現します。ビルの他の部分が下に向かって崩壊していくのですが、この角の部分だけがいつまでたっても残っています。確かにこのような角の部分は平面の部分に比べて丈夫なのですが、それにしても79階よりの下の部分では崩壊のペースが随分と遅い割には、上層階の破壊のされ方が急激なようです。ただこの後のシーンを複数のビデオ

で確認しますと、上層階の姿が消えて見えなくなって以降に 76 階より下の部分が急に速度を上げて崩落していくのが分かります。これは、第 2 ビルの **76 階以下の部分が崩壊する上層階の重量とは無関係な原因で崩されていった**ことを示すのでしょう。

ここで次にある【画像 69】【画像 70】の 2 枚をご覧ください。これは崩れ落ちる第 2 ビルを東側下方から撮影したものです。

【画像 69】

【画像 70】

【画像 69】の部分拡大 [1]

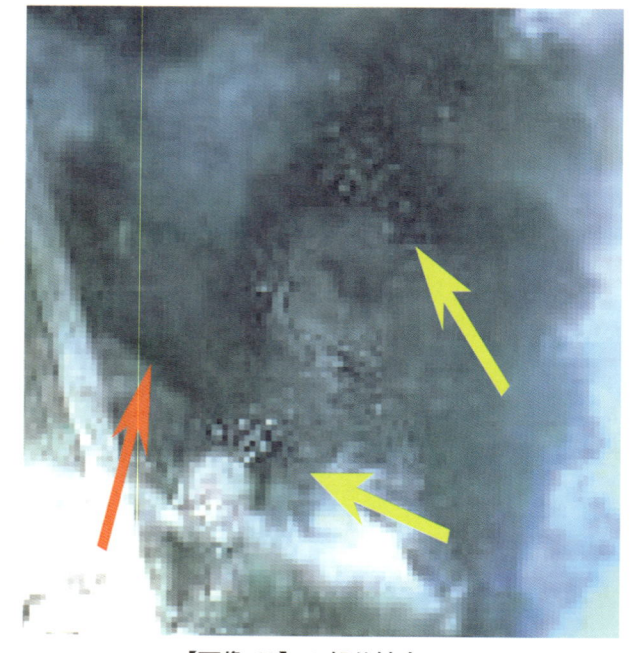

【画像 69】の部分拡大 [2]

【画像 69】では第 2 ビル上層階の 100 階付近に**奇妙な折れ曲がり**が認められます。白い矢印で示している箇所で、**【画像 69】の部分拡大 [1]** ではっきり確認できます。このような上層階の変形は他の複数の映像にも記録されています。さらに驚くべきことに、95〜105 階にかけて、オレンジ色の矢印で示される

北東側の壁面にポッカリと大きな穴が開いて煙が吹き出しています。そして、黄色の矢印で示していますが、壁面から何かが吹き飛ばされているようです。**部分拡大 [2]** でもっとはっきりするでしょう。
　外壁の鉄柱群ならもう少し連なった形になるでしょうしここまで白く光ることもないでしょう。また外装のアルミニウム板なら上下にもっと長く続いています。白く光って細かく分かれていながらもある配列を作っているところを見ると、壁面の窓ガラスがまとまって一気に外に向かって吹き飛ばされたのではないかと思われます。別角度から同じシーンを写した他の映像もあり、またこのわずかに後と思われる写真ではバラバラになったガラスと思われる小さく光った物体が数多く落ちていくことが確認できます。
　この穴は上下10階分以上（40mほど）にもわたる非常に広い面積なのですが、大きな圧力がこの広い面で一気に内部から外に向かって発生したことを示すでしょう。第2ビル上層階にいったい何が起こったのでしょうか？
　このシーンは連続写真でいえば【画像65[7]】あたりに相当すると思われます。つまり折れ曲がりの逆側にあたる北側角〜北西側面の100階付近から爆風が吹き出しそれが拡大するときに現れた変化です。**爆風を発生させると共にビルの鉄骨構造を一気に変形させ、外壁の窓を一瞬にして吹き飛ばすだけの巨大な力がビルの内部に発生した**、ということです。

　なお、【画像65[8]】から【画像65[12]】の間に起こっている現象で最も注目すべき点は、**第2ビル上層階が傾きながら同時にどんどん短くなっていくように見える**ことです。また【画像69】と【画像70】を比較してみると、屋上階の手前側の頂点がおおよそ真下に落ちているように見えます。【画像69】でビル上層階が傾いて回転して落ちるのではないかと予想される割には、この北側頂点は左側（南東側）に向かわずに落下しています。また東側稜線が作る角度もさほど大きくなっていません。つまり回転が抑えられつつ、下の方に崩れ落ちていったことになります。これだけの巨大な塊が回転を始めたのですからその回転モーメントや角運動量は膨大だったはずですが、それがどこかに消えてなくなっているようです。その点は「D：回転しながら落ち下から消えていく上層階」で詳しくご説明しましょう。
　しかしその前に「B：なぜ傾き始めたのか？」「C：なぜ斜め下に転がり落ちないのか？」というポイントがあります。当然ですが、FEMA も NIST も、このような第2ビル上層階の動きからはとにかく逃げまくっています。

　念のため「**NIST 報告**」で第2ビルの崩壊開始がどのように書かれているかご紹介します。6.4 LEARNING FROM THE RECOVERED STEEL で 87 ページの表中に書かれています。ただ私とは方角の言い方が異なりますので【　】中に本書で私が用いている方角を書いておきます。

> （9時58分59秒）最初の崩壊の兆候（ビル外周の下降運動）
> 　北東角【東角】が82階の床の周囲で反時計回りに傾いた。続いて北面【北東面】を横切る支柱の破壊が見られ、それはほぼ同時に東面【南東面】で見られた。飛行機の衝撃と火災より上の部分が東から南向きに【南南東向きに】傾き、それはビル上層部の下降運動に先立った。ビル上層部が落下を開始するときには南に向かう傾き方は増えなかったが、しかし東側【南東側】への傾きは塵埃の雲が視界を消すときまで増加した。【説明終り】

　こんな表面的なレポートなら出来の悪い中学生でもすぐに書けそうです。もうすでに、今までで十分に

NISTの話がまるで当てにならないと判りました。これは明らかに意図的な省略、意図的な手抜きですね。

NIST はその最終報告書でわざわざ「**崩壊が不可避となった状態以後の構造的な振る舞いについて含むものではない**」という断り書きを入れ、実際にタワー崩壊中の具体的な様子をほとんど何も分析していません。これは今の第2ビル崩壊の記述を見ても明らかでしょう。「**NIST報告**」に目を通せばお解りのように、崩壊開始寸前までの分析は、激突した飛行機による衝撃や火災の様子とその影響について、実に詳しく入念に行っているのですが、**崩壊開始以後の事実についてはまるで「もう見たくもない」**とでも言いたげに話をそらします。なぜでしょうか？

たぶん、この第2ビル上層階の振る舞いが「重力による崩壊説」そのものを崩壊させるかもしれないという**恐怖**でも感じたのでしょう。言えばボロを出さざるを得なくなるから黙っておこう、ということです。しかしこの点については今からの項目で様々な事実を引き続き調べていきながら、私なりに追及することにしましょう。

さてさて、「**第1章 (4) B**」で申しました①〜④のチェック・ポイントと①〜⑤の基準をお確かめください。何よりも「**公式説＝重力による崩壊説**」が正確に観察された事実に基づいた説明になっているのかどうか、起こった事実を正確に説明しているのか、無視されて説明を受けていない事実があるかどうか、読者諸氏もしっかりとチェックするようにしてください。

【参照ビデオ】

http://www.plaguepuppy.net/public_html/collapse%20update/--=Close-up%20of%20south%20tower%20collapse.mpg
South Tower Collapse from the East

http://www.plaguepuppy.net/public_html/collapse%20update/so_tower_slow-mo.mpeg
（同上：拡大、スローモーション）

http://video.google.com/videoplay?docid=-8564772103237441151&q=WTC
Wtc 1, impact site close up, tower collapse close up, long shot, people shouting

http://youtube.com/watch?v=PnHbnuBNI_M&mode=related&search=
Osama just died on the plane crash

http://www.911research.com/wtc/evidence/videos/docs/wtc2_from_south_a.mpg
WTC2: From the South

http://www.webfairy.org/demolition/close.htm
First Demolition Close

http://www.youtube.com/watch?v=Bavn4T26jcw
Rare footage of South Tower Collapse.

http://www.youtube.com/watch?v=5UyxQ3nSKUA
Close up of South Tower 'collapse'

【ビデオ・フレーム】

http://911research.wtc7.net/wtc/evidence/videos/stc_frames.html
South Tower Collapse Video Frames

http://911research.wtc7.net/wtc/evidence/videos/st_nbc1.html
South Tower From East　Video Evidence of the South Tower's Destruction

B：なぜ傾き始めたのか？

　それにしても狐につままれたような感じです。第2ビル上層階は飛行機激突のショックと火災が起こった箇所の付近からいきなり崩れて倒れ始めました。**それが、一体全体、どうしてビルから外れて斜め下の方に転がり落ちなかったのでしょうか？？**　いや、その前に、**なぜ傾き始めたのか**、という問題があります。NIST は確かに「床が壊れて外周の支柱を内側に引っ張り南東側の面が潰れ始めた」点については説明しているのですが、しかしそれが「**どのようにして 80 〜 110 階の上層部全体の傾きへとつながったのか**」という点の具体的な説明を全く行っていません。

　崩壊開始の瞬間をもう一度詳しくご説明しましょう。次の図は北東側面から見た第2ビル崩壊開始の瞬間の様子を分かりやすく模式化して描いたものです。

　縦方向（あるいは斜め方向）に描かれている線は外周支柱で、下にある横向きの細い点線は 80 階の位置、その上にある太い灰色の曲線は外周支柱が折れ曲がり始めた場所で、85 階付近に当たります。

　まず、北東側面の 80 階付近で急に真っ黒い煙がいくつも吹き出しはじめ、その直後に 79 階南東面側（図の左側）から白っぽい煙が吹き出して倒壊の開始を告げます。それと同時に、85 階付近の北西側半分（図の右側）で外周支柱の壁に**いきなりかぎ裂き状の裂け目が現れて灰色の煙を吹き出しその上の外周の支柱が一斉に傾き始めます**。ただし北東面のその付近には**火災の気配は全くありません**。

　79 〜 86 階の南東側（図の左半分）は黒煙に包まれて何が起こっているのか確認できませんが、おそらく折れ曲がりの箇所が斜めに続くのでしょう。そしてその直後に、80 階の北角近くで**明るい光が 1 秒間ほど輝きます**。最初はオレンジ色ですがすぐに白っぽく激しく光ります。

　その光が消えるくらいから、南東側面の上層階の端が右の図のように中に食い込み明らかに 80 階以上の階が下から**潰されていく**ことが確認できます。

　そしてその後は、この付近はもうもうたる煙に包まれて詳細が分からなくなりますが、はっきりしていることは、上層階がどんどんと傾きを増すにつれてこの「上下のズレ」が激しくなっていき、同時に上層階の「下から上へ」の崩壊が急激に速度を上げていくことです。この点については後の項で検討することにします。

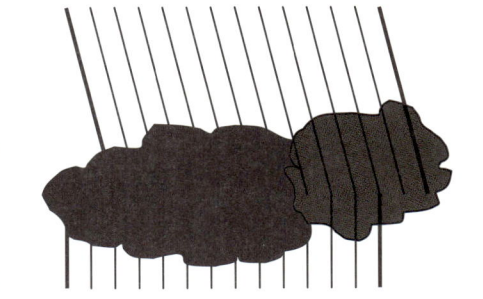

　南東側で飛行機の衝撃と火災に痛めつけられた箇所が崩れることはまだ分からないでもありませんが、**火災の気配が全く無かった箇所で壁の破壊が最初に起こったのはなぜでしょうか**。どの位置が瞬間的に支点になったのかの詳細は分からないのですがその高さは８５階より少し下のやや北西寄りではないかという感じがします。確かに【画像 52】でも確認できるように、北西側面の 85 〜 90 階付近で小規模な明らかに不完全燃焼の火災が発生していますが、よっぽどの「とにかく熱かった」教安信者の妄想ででもない

限り、この付近一帯の支柱がすべて800℃とか1000℃とかになったと確信する人はいないでしょう。

では、第2ビルの内部を確認してみます。ひょっとしたらコアの支柱群が全面ボロボロにされていたのでしょうか。

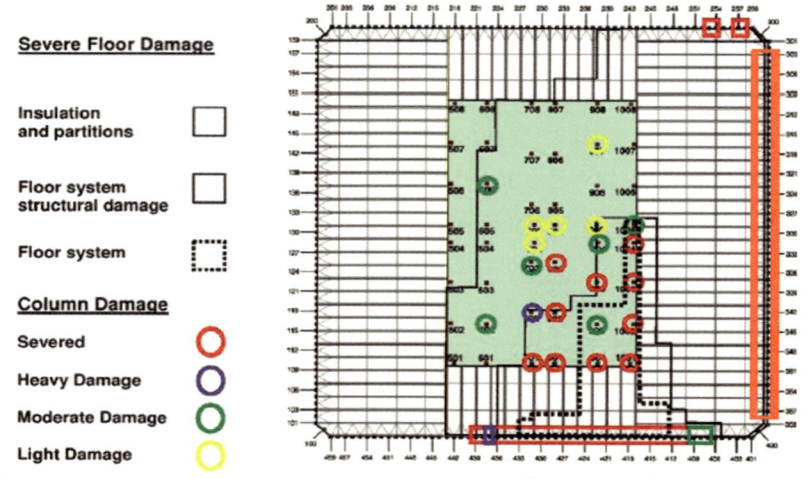

Figure 3–3. Simulation of aircraft impact damage to the 78th through 83rd floors in WTC 2
【画像71】

ここにある【画像71】は「NIST報告」の40ページにあるもので、飛行機激突による、第2ビル78～83階の支柱の被害状況を表しています。ただし右側壁面のオレンジ色の枠は私が描き加えたものです。また本当なら火災による床の被害状況と重ね合わされているのですが、私の技術的な未熟さでしょうかその色が再現できませんでした。申し訳ありませんが元資料でご確認ください。

この図で、赤で囲んだ柱は飛行機の激突で破壊された支柱、青が大きく傷ついたもの、緑が中くらいの被害、そして黄色が軽い被害を受けた支柱です。ただしあの頼りないNISTさんの推定ですからどこまで信用できるのかは保証の限りではありません。また79階のオレンジ色で囲まれた部分が【画像65[2]】で見られたように激しく爆風を吹き出して崩壊を開始した場所です。

第2ビルでは確かに79～81階の南東側の床と、図の右側にあるオレンジ色で囲まれた外壁の支柱が、飛行機の激突と火災のために相当に弱められていたと思われます。実際には79階付近でこの方角の壁がいきなり噴煙を噴出しながら潰れ始めたのですが、しかしそれが80～110階の上層階全体を傾けるためにはある条件が必要です。その条件が無い限りこの部分だけの崩壊で終わってしまったことでしょう。

それは、**上からの重力を支えることができないほどに弱った支柱の範囲が、少なくともビル上層階の重心の真下であるコアの中心を越えて広がっていなければならない**、ということです。そして**ある瞬間にどこかの支柱が支点となり、その支点の逆側にある支柱群が引っ張りの力に耐えられなくなる必要があります。**

つまり、ある瞬間に上層階の重力によって起こる回転モーメントのバランスが崩れる必要があるはずです。もしいったんそれが崩れたら斜め方向に働く力で支柱が次々と倒され、傾斜が一気に増していくでしょう。私は単純に基本レベルの物理学を元にして考えているだけなのですが、建築や構造力学などを専門にご研究の方ならどのようにお考えになるでしょうか。

しかし今の【画像71】によると飛行機の激突でさほど傷ついていないコアの支柱が十分な数あり、また逆側の外周支柱も健在です。ということは、火災の熱によって少なくとも中心部を超える範囲でコアの支柱がほとんど力を失ったのでしょうか。

【画像72】

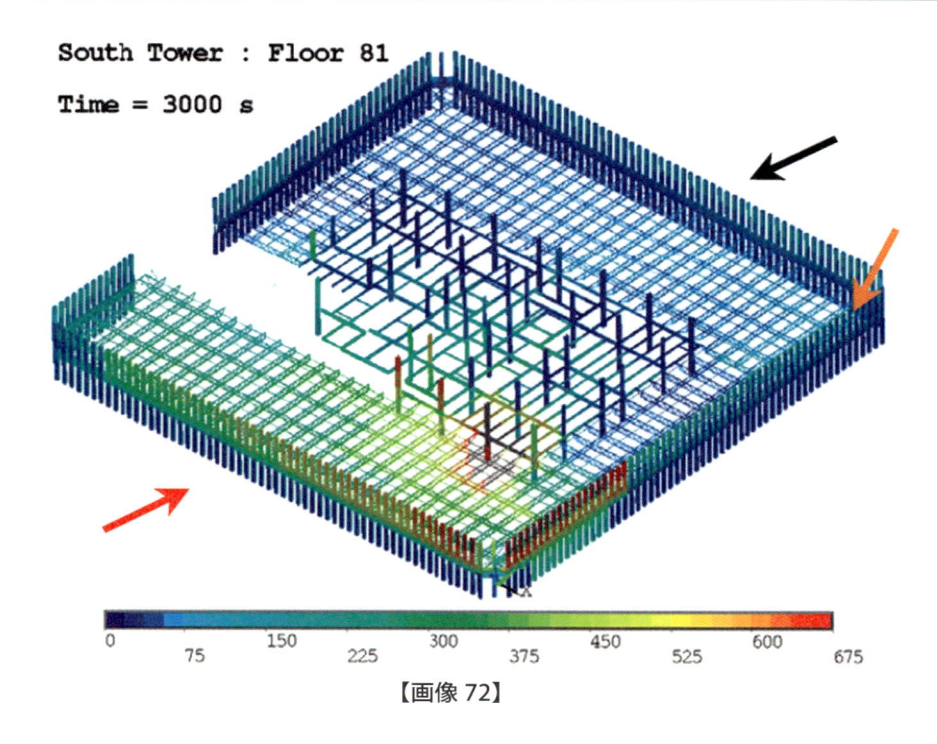

　上にある【画像72】は飛行機激突50分後、つまり崩壊が間近に迫った第2ビル81階の温度分布のシミュレーションです。（「**NIST 報告**」139ページ）建材用の鋼鉄は600℃でその強度の半分以上を、1000℃になるとその90％を失うと言われていますが･･･。いかがでしょうか。重量を支えきれないほどのダメージが、ビル上層階の重心の真下に当たるコアの中心を通り越して広がっていたと、どのようにして言えるでしょうか。**火災が最も激しかった階でこの状態です。**北西半分で傾き始めた箇所の付近では不完全燃焼の小規模な火災が散発的に認められるのみです。これでどうやって倒れ始めるのでしょうか。**どこが瞬間的な支点になって回転を開始したのでしょうか。**

　これでは逆に「構造的な劣化と重力では永久に倒れない」ことを証明したも同然でしょう。もう筋もへったくれもなくなってきました。しかしNISTはこの「回転開始」の理由について口を閉ざし、ただ南東面の壁と床の崩壊を語るのみです。たとえこの最も劣化した部分の崩壊が開始しても、上の条件では決して「回転開始」は起こらないと言えそうです。せめて模型を使っての実験くらいやるべきだと思うのですが。

　事実は【画像65[1]】〜【画像65[5]】、【画像66】、【画像68】で見たとおりです。また残念なことに写真でお目にかけることができないのですが、次のビデオ（Close up of South Tower 'collapse' http://www.youtube.com/watch?v=5UyxQ3nSKUA）はぜひ参照すべきものです。79階付近の南東面（【画像72】の赤い矢印）で白っぽい横一列の爆風が出現して86階付近で外周壁の支柱群が傾き始める寸前に、80階の北東側面に真っ黒い煙が急激に吹き出し、その内部で明らかに異常事態が発生したことを告げます。そのすぐ後に80〜85階にあるどこかの支柱を支点として時計回りと反時計回りの回転モーメントのバランスが崩れたのです。その直後、80階付近の北側（オレンジの矢印）に灼熱の閃光が現れ、北西側（黒い矢印）からいくつもの黒い爆風が吹き出しました。

　そこでもう一つの仮説「爆破解体説」を考えてみましょう。先ほども言いましたように、このような現

象が飛行機の衝撃と火災の熱と重力の働きだけで起こるとは考えられないことです。すると、この章の「**(1)崩壊直前の事実**」で申し上げた融解した鉄と思われる金属、および【画像65[2]】の閃光とそれ以降に見られる北西面の爆風が第2ビル上層階の崩壊開始の鍵を握っている、と言えるでしょう。なぜならそれらが、この付近でコアの支柱が大規模に破壊された可能性を示すからです。つまり、**事前に南東側のコア支柱がビルの中心をやや越えるくらいまで破壊を受けており、その後に北西側にあるコア支柱が爆破され破壊されたならば、一気にバランスが崩れてある箇所を瞬間的な支点にして回転が開始するでしょう。**

そして第2ビル上層階は倒れながらなおかつ裏側の北西面から次々と大きな爆風を吹き出し続け、【画像69】で見たように100階付近にある南側角の部分でビルの形まで変形させました。これもまたやはり**内部からの連続する複数の強力な爆発以外に原因は考えられないでしょう。**【画像65[1]】～【画像65[12]】を何度もご覧になって十分にご確認ください。これを不自然で人為的な破壊ではなく自然法則に沿って起きた破壊だとするには非常に無理があるように思えます。

それでもなおかつ、今までに見てきた一連の現象を「構造の劣化と重力だけの原因で起こりうる」とお考えの方がおられるのなら、ぜひともそれを、発生した事実をすべて説明しきる合理的な証明をしてNISTになり代わって世界に向かって公表していただけませんか。なにせNISTさんは崩壊開始以後の事実に対しては「閉じこもり」を貫いているようですので。

しかし、万一、この関門を通り過ぎることができたとしても、次が待ち構えています。なぜ80～110階までの部分、100mほどもある巨大なビルの塊が、斜め下方向に向かって転がり落ちなかったのか、という点です。

C：なぜ斜め下に転がり落ちないのか？

　とにもかくにも、高さ約100mで縦横が63mという巨大なビルの塊が下の支えを失って傾き始めたことは事実です。ご近所にあるビルを見ながらその大きさを想像してみてください。ということは、やはり樹木の伐採のように、その上層階は大きく回転しながら下に倒れていったのでしょうか。さあ、第2ビル崩壊の摩訶不思議な事実が本格的になるのはこれからです。

　次の【画像73】は、NISTに極めて近い位置にありWTC借地権所有者シルバーシュタイン氏と契約したWeidlinger Associates Inc. が、シルバーシュタイン氏が2重の保険金を求めて裁判を起こした際に作成した第2ビル上層階の崩壊を説明する一連のコンピューター・グラフィックです。ただしこれらの図を作成するためのデータや説明は「裁判資料」とかで公開されていません。

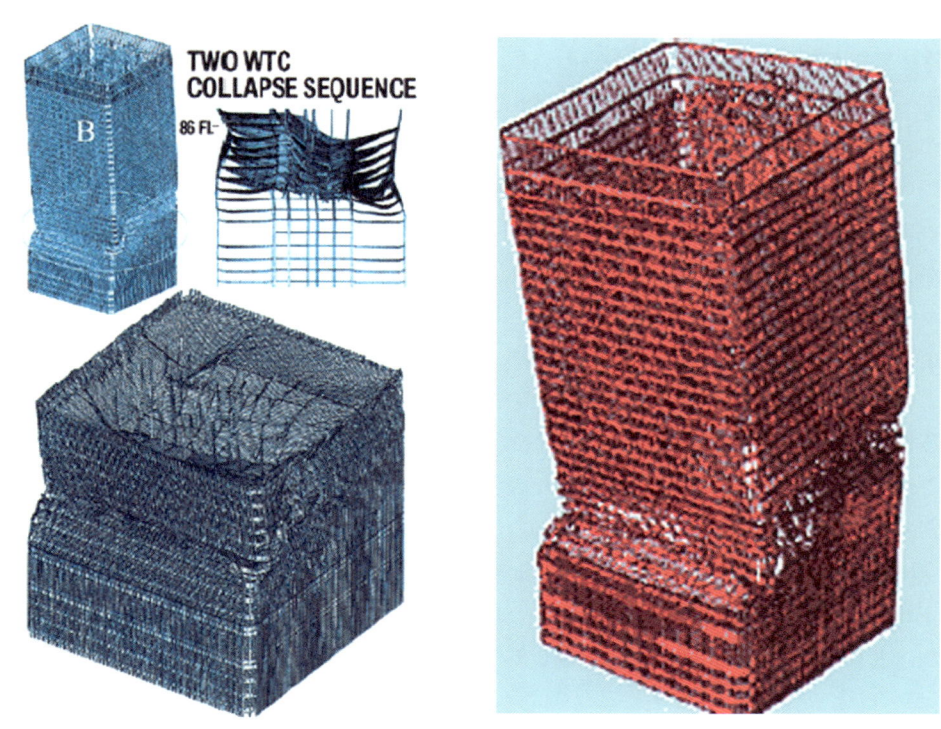

【画像73】

　この図では確かに北西側の85～86階付近で折れ曲がり、同時に南東側79～81階は押し潰されています。確かに今まで見たとおりです。しかし、床はともかくとしても、外周とコアの支柱群がどうしてここまでグチャグチャにならなければいけないのでしょうか。このWeidlinger Associates Inc.にいるマッティス・レヴィ氏は「**支柱崩壊説**」の急先鋒で、「とにかく熱かった」教の神主さんみたいな人ですから、79～86階一帯のコアと外周の支柱のほとんどが高熱によって極端に強度を失っていた、とでもおっしゃりたいのでしょう。しかし特に北西側半分では、所々で明らかに不完全燃焼の外から炎も見えない小規模な火災がせいぜい20分程度続いたのみでした。まして、**北東側面で折れ曲がりが起こった箇所には何の火の気も無かったのです。**

　一方でNISTは、第2ビルの火災の熱放出率が第1ビルに比べて半分以下でしかなかったはずだという

見解を出しています（「**NIST 報告**」130 ページ）。しかも 1 時間も続かなかった火事です。これで【**画像73**】のような変形が起こると考えること自体が「マンガの見すぎ」でしょう。しかしそれ以外にも、この図解による説明は一つの致命的な欠陥を持っています。

この「**公式説＝重力による崩壊説**」によって描かれている【**画像73**】によると、重力によってこの上層階の回転が始まったときに上層階は 79 階よりも下の部分とどこかで接触していたはずですね。でないと図にあるように 78〜86 階がひん曲がることはありえません。そうするとその接触箇所付近のどこかを回転の中心としてもっと大きく回転し、やがて上層階の重心がビルの端の延長を通り過ぎた瞬間に、ビルから外れて南東方向に向かってそのままの姿で転がり落ちていったはずです。

そうして **100×63×63m** の巨大な鋼鉄とコンクリートの塊はその下にあった第 4 ビルに激突して無数の大小の破片に砕けて散っていったことでしょう。しかし実際にはそのようなことは起きませんでした。これは一体全体どうしたことなのでしょうか。

もしも途中でこの傾きが止まったというのなら、数万トンの重量を持ち **100×63×63m** もある巨大な塊の回転モーメント、角運動量を打ち消す原因がなければなりません。どこにそのようなものがあったのでしょうか。さあ困りました。

さすがに NIST はこのどうしようもない矛盾に気が付いているようです。うかつに第 2 ビル崩壊の事実に触れてボロを出すことを恐れたのでしょうが、「**NIST 報告**」ではこの点について一言半句も触れられていませんが、日本で建築や構造力学を専門に研究しておられる方々はどのようにご覧でしょうか。

さあ、重力だけを頼りに考えている人にとって、果たしてどんな解答が可能なのでしょうかね。これは難問ですよ。ぜひ一度その答案用紙を拝見したいものですね。重ねて申しますが、《**どのように修正を加えてもある事実を説明できる可能性を原則的に持たないならばその仮説は偽である**》ということです。

まあ、こんなことを言うと、事実を無視した虚論・空論でその場を取り繕うことしかできない NIST 応援団の人たちはきっとこう言うことでしょうね。「イヤ、落ちなかったからこそ、その上層階の重みによってビル全体が上から次々に押し潰されていったのだ」と。さてさて、それでは次の項目「**D：回転しながら落ち下から消えていく上層階**」に進んでいただきましょう。「なぜ落ちなかったのか」の答も事実の中で明らかにされるでしょう。簡単な話なのです。**正解は事実の中にしか存在しないのです。**

D：回転しながら落ち下から消えていく上層階

　どうして第2ビルの上層階は倒れて下に落ていかなかったのでしょうか。実に奇妙な話ですが、実際にはもっと奇々怪々なことが起こっているのです。

　先ほどの連続写真【画像65[1]】～【画像65[12]】を続けてご覧になってどのようなことに気付かれたでしょうか。確かに破壊が始まった79～80階付近から下の方への崩壊は徐々に進行しています。しかしそれよりも目立つのは80～110階の部分の振る舞いです。

　最初は大きく傾いて倒れ落ちるかと思わすのですが、**その場で回転しながらどんどんと縮まっていく**のです。これは非常に不思議な現象です。ちょっとこれについて詳しく眺めてみましょう。

【画像74】

　【画像74】は【画像65[11]】のやや後（倒壊開始約4秒後）と思われます。この写真が撮られた方角から考えて、写真画面上の長さの比率が補正をしなくても実際のものとほぼ変わらないと考えられます。WTCタワーの幅は63mです。さて第2ビル屋上から現在崩壊しつつある箇所まで何mあるでしょうか。私はこの写真をコンピューターに取り込んで拡大し、画面上で東側角の長さを測って実際の長さを計算してみました。

　崩壊しつつある箇所をオレンジの線付近（メカニカル・フロアーのやや下）と仮定すれば約80mです。これは東側角の長さが最も長い場合でしょうが、それでも30mほど短くなったことになります。最短の場合、もし崩壊箇所が黄色い線の位置にあるとするとその長さは50mほどで、半分未満になったことになります。ところがその間に79階より下は精々が5～7階分、20m前後しか壊れていないのです。

　この事実は非常に注目されるべきでしょう。79階よりも下の階は上の階の圧力で下方に向かって壊されていった、まあこれ自体は原理的には可能なことかもしれません。しかし映像によって確認される事実として、**崩壊開始箇所の上が下から上に向かって、しかも崩壊開始箇所の下の部分以上に崩壊を進めている**のです。

この上層階の崩壊は自重によって潰れる現象なのでしょうか？　自重で潰れるということは、自分の重量（あるいは回転による力）をしっかり支えるものが下にあってそれに等しい大きさの応力を受ける、ということを意味します。構造がその応力に耐える力を持たないならば自重でつぶれることになるでしょう。

　しかしもし上層階が下の方からそれほどの巨大な応力受けていたのなら、必然的に上下間の摩擦力も巨大であり、接触している箇所が自由に動くことは不可能です。するとすでに回転運動を起こしている100m以上もの高さを持った上層階が外に飛び出さないはずはありません。単純な作用と反作用の法則です。通常の建築物の場合、回転しながらしかも転がらずにその場で自重で崩壊する、などということが可能なのでしょうか？　しかも上層階の塊の方が下よりも早く、ということです。力学を専門にご研究の方、先ほど来の画像をご覧になって、いかがお考えでしょうか。

　また北西側でも下から上への崩壊が進んでいるようですが、噴煙の様子から、南東側と北西側の崩壊進行中の箇所は同じ水平面上にあるように見えます。奇妙なことに、先ほどの【画像65[3]】から【画像65[7]】にかけては傾きが増大していきますが、それ以後は傾き方があまり進んでいないように見えます。もう少し詳しく見てみましょう。

　【画像75[1]】から【画像75[8]】まで続く8枚の連続写真にご注目ください。これは先ほどの連続写真から抜粋してそれにいくつかの線を書き加えたものです。

　まず上の白い線ですがこれは元々あった第2ビル屋上の南東側稜線の位置を示したものです。下の白線は目安として引いたもので二つの白線の間はおおよそ50mです。黄色の縦線は第2ビル東側角の稜線の位置です。そして短い黄色の横線との交点は崩壊が開始した階の東側角の場所を示します。オレンジ色の斜線は74階から77階にあったメカニカル・フロアーおよびスカイロビーの位置です。以上は固定された線です。

　明るいブルーの太線は落ちていく上層階の東角稜線を示します。ただ下の端が猛煙に包まれて見えなくなっていますので、あくまでもそれが最大限の長さを持っていると想定して描いています。最後の【画像75[8]】では東角稜線がほとんど見えなくなりますのでブルーの線は描いていません。そして斜めの明るい緑色は落ちつつある上層階屋上の南東側角の位置を示します。斜めの緑線と縦の緑線が交わった位置が東側頂点の位置です。

　【画像75[1]】ではビルの塊が倒れ始めるのが分かります。そして次の【画像75[2]】【画像75[3]】【画像75[4]】と進むにつれて確かに角度は大きくなっていきます。ところが青い線がなんだか短くなっていきます。もちろん角度がついた分だけ短く見えることもあります。

　そこで私は【画像75[1]】～【画像75[6]】の各画像の原画をコンピューターに取り込んで拡大して、幾何立体を想定し、画面上での見かけの長さと角度を元にして計算し東側稜線が何mほどあるのかを推定してみました。その際、視点を76階付近の高さで十分な遠方からの観察であるとし、その視線の方向とビルが傾く方向との角度差を45度としました。また東側稜線の下の端が問題なのですが、とりあえずその時点で崩壊が進行中と思われる場所まで延長して測ってみました。

　推定値を整数桁の概数で言います。（　）内は東側稜線が鉛直線となす推定角度です。

　【画像75[1]】100m（7度）、【画像75[2]】94m（14度）、【画像75[3]】90m（16度）、【画像75[4]】82～89m（22度）、【画像75[5]】76～87m（26度）、【画像75[6]】56～67m（27度）、【画像75[7]】49～61m（26度？）。

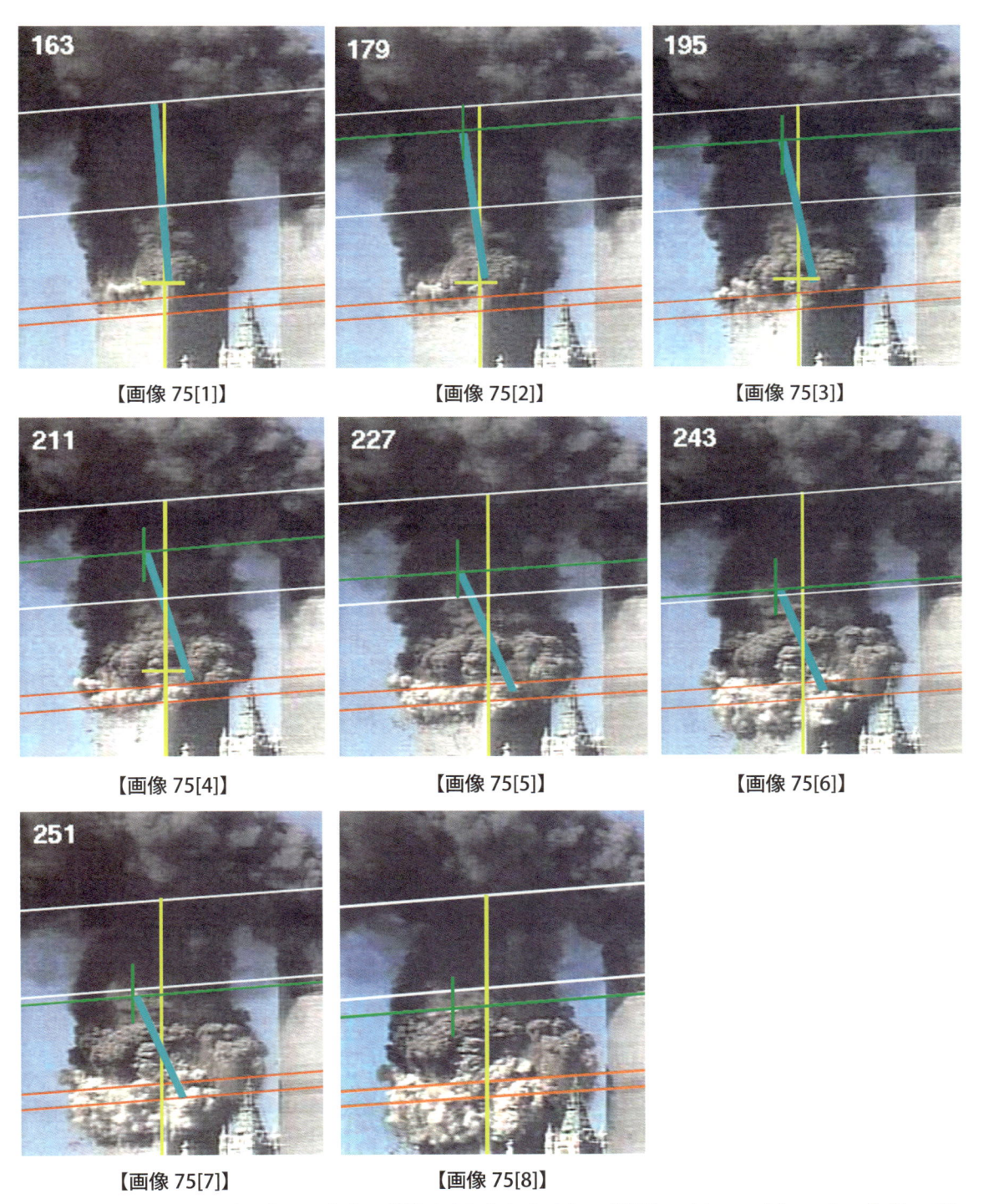

(2) 第2ビルの崩壊は《『崩壊説』の崩壊！》 93

【画像 75[1]】　【画像 75[2]】　【画像 75[3]】

【画像 75[4]】　【画像 75[5]】　【画像 75[6]】

【画像 75[7]】　【画像 75[8]】

　もちろんこのような手作業では多少の誤差はやむをえません。専門家の方にコンピューターを使っても っと正確な推定をしていただく必要があります。これはあくまでもおおよその傾向を示す「参考値」として受け取ってください。しかしそれほど大きな狂いはないでしょう。

　また先ほどの【画像74】は【【画像75[7]】】の一瞬間の後と思われます。やはりこの時点で上層階の高さがほとんど半分近くになった可能性が高いと思われます。

こうして見てみますと、【画像75[1]】から【画像75[5]】までは角度が26度ほどになり長さは元々の110mから23〜34m短くなりました。この間に下の方では4〜5階分（約15〜18m）が崩壊したと思われます。また手前側の南東面だけでなく、後ろ側の北西面の崩壊も同時に進行していることが、これらの画像だけではなく【画像68】や他の複数のビデオ映像からでも明らかです。

しかし【画像75[6]】ではもう角度はあまり変化しておらず長さだけが急激に縮まっているようです。【画像75[7]】になると角度はどう測ってもその前の画像とほとんど変化しておらず、むしろやや小さくなっているのです。つまり回転がストップしてむしろ戻り気味になっているようです。その一方で屋上の東側角はどんどんと下がっていきます。これは今の連続画像で緑線の交点の移動を他の固定された線との関係から観察しても分かることです。

少なくとも倒壊開始の約3秒後（【画像75[5]】）までには東側稜線は回転の角度をつけながら徐々に短くなっていきますが、それ以降、**角度はあまり変わらずに急激に下からの崩壊が進んでいくことが分かります**。また次のことも観察できます。【画像75[1]】と【画像75[2]】（倒壊開始約1秒後）では、上層階の回転の中心はおそらく82〜84階の付近にあるのでしょうが、それ以降は**急速に回転の中心が上層階自身の重心付近に移動する**ことです。（この事実については米国の「支柱崩壊説」の急先鋒である学者による興味深い説明があります。それはまた後でとりあげましょう。）

これは驚くべきことです。特に**最初の3秒間の動きは尋常ではありません**。この間に「あたかも空中に浮かんでいるように」上層階とその下との間の抵抗が消えて無くなり、上層階は回転の中心を自らの重心に移しながら、しかも下から上に向かって**30m前後が崩壊していった！！** その傾きは**25度**を越したくらいでほとんど変化しなくなり（開始3秒後）、以後、下から上への崩壊が全面的に急速に進行し始めた。

これが、第2ビル上層階が外に向かって飛び出さなかった理由です。多くのビデオと写真による映像で明らかにされる事実からでは、そのような結論以外に出しようがありません。でも、なぜこんなことが？

もう一つ指摘しておきます。【画像75[5]】（あるいは【画像65[9]】）以後は崩壊開始箇所より下の部分もやはり崩壊の速度を上げていきます。つまり上層階はその崩壊中の箇所と一緒に加速をつけて下がっていきます。ということは、上層階が下から受ける応力は重力加速度からその加速度を差し引いた分だけ小さくならなければなりません。ところが実際には上層階の破壊はどんどんスピードを上げます。（ビデオでも確認してください。）実際に【画像75[8]】の後およそ1〜2秒後には上層階の塊は姿を消しました。さて、どんどん小さくなる力で、より速い破壊がどうやって起こるのでしょうか？

もう「重力による崩壊」の範囲内で考える限りは『怪奇現象の大連続』としか言いようが無いですね。ひょっとしたら次のようなことなのでしょうか。最初の3秒間、「それは決して『浮かんでいる』というのではなく、崩壊しつつある部分がほとんど抵抗を失い、ちょうどボールベアリングか車軸が間に挟まっているような状態になったために、下からの応力を上層階の接触部分に伝えながらなおかつ飛び出していかなかった」。でも、あのビルを縦に貫くボックス・コラムだのH型鋼だのあるいは床のトラス構造だのが上から強烈な圧力を受けつつボールベアリングや潤滑油の働きをするわけはありません。1000℃でほとんど強度を失った鋼材など存在しなかったのですから。

しかし、『**崩壊しつつある部分に抵抗がほとんど無かった**』ことだけは明らかです。ここが最大のポイ

ントでしょう。さらにその最初の3秒間に続く次の2～3秒間で上層階のすべてがほとんど無抵抗に「下から潰されて」崩壊しつくしたのです！！

第2章で見たあの頑丈なコアの鉄骨構造がどのようにしてほとんど何の抵抗も示さずに破壊されていったのか、ここがこの第2ビル上層階の奇妙な振る舞いに対する鍵となる部分です。

第1に、破壊されつつある箇所のコア支柱群の骨組みや外周と床の構造が、溶接箇所もボルト止めの部分も同時にほとんどバラバラにされた、つまり、ビル上層階の内部がそれほどに巨大な破壊のエネルギーを受けた、ということが必要最低条件でしょう。この章の「(1) A：壁面を滴り落ちる灼熱の熔けた金属」の持つ意味がここではっきりとしてきます。**コアの支柱が事前に破壊されていた以外にこのような事実を説明できるものは無いでしょう。**

しかしそれだけでは不足です。連続する巨大な爆発が全体の骨組みを次々と爆破すると同時にその爆風の力が上層階の重力を一時的に軽減し、上の塊と下との間の抵抗をほぼゼロにして「あたかも浮かんでいるような」状態を作った・・・。崩壊進行中と思われる箇所から吹き出される爆風の激しさはビル内部で爆発的に発生しつつある巨大な圧力を示しているように思われます。

さきほどの【画像69】の**部分拡大 [1]** および **部分拡大 [2]** をもう一度ご確認ください。**ビル上層階がその内部で発生した巨大で爆発的な力で破壊されたのでなければ、どのようにこういった現象が起こりますか？**

その破壊の源は火災による熱ではありえません。火災現場に関する NIST の分析でさえも【画像72】に見られるように 600℃を超える高熱に達していた支柱はごく一部です。ましてそこから 30m、50m と離れていく場所の支柱がより高い温度になってその強度を著しく落としていたなどありえないでしょう。

では、1時間ほど前の飛行機激突によるショックが第2ビル上層階の骨組みを崩壊寸前にまで追いやっていたのでしょうか。飛行機の持っていた運動エネルギーが十分にその作業を果しえたのかどうか？ 飛行機はビルの中心を外しておりコアの鉄骨構造に重大な損傷を引き起こしたとも考えられません。激突の階ならともかく 85 階よりも上の階のコアと外周の支柱を崩壊寸前にまでいたらせ、100 階の部分をネジ曲げ上層階全体がほとんど何の抵抗もなく完全に破壊される原因となるほどの激しい影響を与えたなど、全くありえないことです。

まして、一時的にでも「あたかも浮かんでいるような」無抵抗の状態を作り出すことは、1時間前の飛行機の衝撃や火事の熱には不可能です。

おまけに、外周の壁にポッカリと穴が開いて外装のガラスが吹き飛ばされたと思われる現象が起こったのは 95 ～ 105 階あたりの北東面ですが、飛行機が激突した箇所からは随分離れています。その衝撃が1時間近くもたってこのような現象の原因になることなどありえません。これは一瞬にして内側から発生した激しい圧力の結果という以外に説明は不可能ですし、しかも崩壊進行中の箇所から少なくとも 15 ～ 25 階分（50 ～ 80m）程度は離れている箇所です。下から押し潰される（このこと自体が摩訶不思議ですが）ために発生した空気の圧力にしては離れすぎているうえに急激すぎます。私は未だにこの現象に関する誰かの分析や説明を見たことはありませんが、どなたかご存知でしょうか。

しかし、上層階のコアの支柱群が要所要所で人為的に破壊されたうえで、鉄骨構造が内部からの強力な爆破によって次々と解体されたとすれば、今まで取り上げた諸々の現象はすべて、何一つ不思議でも怪奇現象でもないのです。

それでは、どうして途中で回転が止まったのでしょうか？　あの数万トンもあるビルの塊が持っていた角運動量は大変な大きさだったはずです。しかしそれもこの「爆破による破壊」によって説明されるかもしれません。

　先ほども申しましたが、第2ビルの上層階は北東方向から眺めてやや南東側が長い台形状で崩壊を開始しました。当然、上層階の重心はビルの中心軸よりもやや南東側よりにあったはずです。その後上層階は回転を増しながら同時に下側から次々と爆破によって破壊され短くなっていきます。そして75階のメカニカル・フロアーが爆破されて以降は北西側も85階より下が急激に破壊され、また短くなりながら回転を進めている上層階は、南東側の破壊が進むにつれて次第に北東方向から見て北西側の方が長い底辺を持つ台形状に形を変え、その重心もビルの中心軸より北西側に移って行きました。それにつれて南東側を支点とする時計回りのモーメントが増加して回転が次第に押さえられ一時的にバランスの取れた状態が生まれました。【画像75[7]】【画像74】はおよそそれくらいの時期と思われます。しかし【画像75[8]】に見られるようにその後に続く爆破によって上層階全体の破壊が一気に進んで下に崩れ落ちていき、その直後にすべてが粉みじんに飛び散ります。（これは次の「E：第2ビル上層階の劇的な最後」で触れます。）多少大雑把ですが、このような説明が可能かもしれません。

　そして私は飛行機の衝撃についての試算など、たとえ私にできる能力と手段があったとしても最初からやる気はありません。なぜなら、たとえ飛行機のエネルギーとビルの鉄骨構造を全面的な崩壊寸前にまでしてしまったエネルギーを比較したとしても、**次の項で述べる事実に直面したときにすべてが意味を失ってしまうからです。**

　NISTもFEMAも、それが解っていたからそのような試算をしなかったのです。そしてNISTはあの「1000℃！　1000℃！」を繰り返さざるを得ないのです。

　ところが世の中には奇特な人がいるもので、これもNISTと付き合いの深い、マコーミック・スクール教授で米国土木学会（ASCE）会員ズディネック・バザント博士とヨン・ゾウ氏による Why Did the World Trade Center Collapse? — Simple Analysis という非常に興味深い「研究」（2002年1月）があります。バザント氏は Weidlinger Associates Inc. のマッティス・レヴィ氏と並んで「支柱崩壊説」の大立て者です。

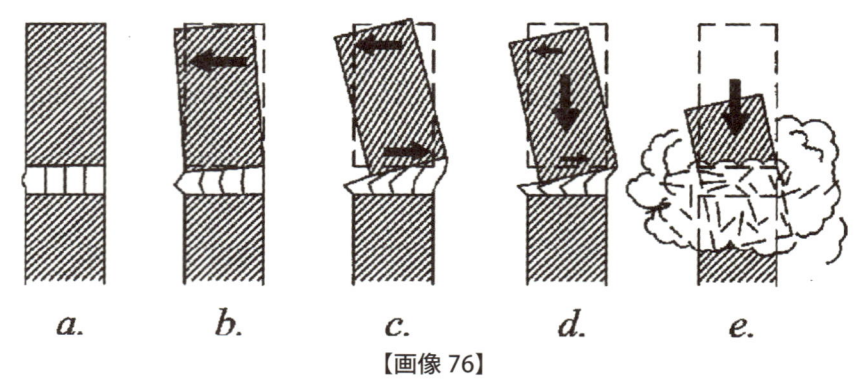

【画像76】

　これはその5ページにある図なのですが、何とかして第2ビル上層階が転がり落ちずに下から潰れたのを説明しようと脂汗を流しながら作った図解なのでしょう。（巻末の付属資料にこの論文のアドレスを掲げておきますので、説明を含め詳しくはそちらをご覧ください。）この先生はきっと物理学の歴史を変える大天災（失礼！天才）なのでしょう。

まず *b.* で、なぜだかよく分からないけど 85〜86 階の北西側面付近を中心にして傾き始めます。しかし「B：なぜ倒れ始めたのか？」をご確認ください。できたらビデオでもご確認いただきたいのですが、実際には第 2 ビルの南東面は外に出っ張るのではなく、79 階の噴出と同時に 81 階より上の部分が内側に食い込むように潰れていき、80 階よりも下の外周支柱は真っ直ぐに立ったままです。この Why Did the World Trade Center Collapse?—Simple Analysis 全体を通して言える事ですが、バザント氏とゾウ氏は事実をご存じなく（あるいは無視して）、頭の中だけで作り上げた虚構を用いて「論のための論」を展開しているようです。

　c. になって回転の中心が上に移動して上層階の重心に向かう、これ自体は確かに観察される事実の通りなのですが、それにしても外周とコアの支柱群は素晴らしい柔軟性を発揮していますね。（彼らの分析は "Elastic Dynamic Analysis" とかで・・・。）上層階のコア支柱がもっと細いにせよ【画像15】【画像16】【画像20】に見られる 3 次元の頑強な鉄骨構造は、バザントとゾウによってことごとく「存在しなかった！」ことにされているようです。彼らは WTC 崩壊を「飛行機激突のショックと火災の熱によるものである」と頑強に主張する中心人物ですが、この論文によるといったん端っこの支柱が変形を開始してしまうと他の支柱までが、「たとえ熱せられていなくても」ほとんど無抵抗でこの図のような変形を起こすのだそうです。**WTC ビルの支柱にはちょうつがいが付いていたらしい！**（ぜひとも一度、公開で実験をやっていただきたいものですね。素晴らしい見ものになることでしょう！）

　実際には北西面では崩壊の開始当初から支柱が折れて切り離されズレが起こっており、ビデオで北東面の外周の支柱に注目してもこの図のような奇妙奇天烈な折れ曲がりはどこにも見当たりません。さらに言えば、実際には最初の 3 秒間ほどで南東面を中心として 81 階よりも上の部分が次々と急速に押し潰され、上層階は回転すると同時に下の方からほとんど無抵抗で破壊されていきます。しかしバザントとゾウの両氏によれば「まず回転ありき」で、地球の重力はその間その働きを止めていたようです！

（ここでちょこっと一言・・・。「透明ゴジラが落ちんように支えとったんちゃうか？」）

　馬鹿馬鹿しいから *d.* に行きますと、ここでやっと地球の重力が働きを再開したようです！　どうやらそのために抵抗が増えて上層階の回転が止まったと言いたいようです。**回転がストップすること自体**は、今までにも見たように確かに事実として起こったことです。もちろん実際にはそれまでに 8〜9 階分ほどが上層階から消えてなくなっているのですが、両氏にとってはそんなものどうでも良いのでしょう。

　このご両人の説明で最も奇妙な点は次です。重力によって下の方で抵抗がようやく働き始めたのはよいのですが、この博士たちの頭には作用・反作用の法則など存在しないようです。下の方で強烈な抵抗を受けた**上層階がその反作用を受けること無しにその場で同じ角度を保ち続けている！**　氷の上で滑って転びかけた人が、突然、氷の抵抗が激増してその回転を止めて斜めになったままでひっくり返らずに止まったようなものですね。

　物理法則に従えば、この場合、落ちつつある上層階の重心は反作用によって左方向の力を受け、下側を支点にして大きく転倒するはずです。そうなれば上層階はきっとビルから外れて落ちていくでしょう。この論文の中では上層階が回転し始めるところまでは説明されていますが、どうしてその場で回転が止まるのかに関しては説明されていません。回転が止まるとすれば上の方でも右向きの力が加わらなければならないはずです。下は抵抗が左向きの力を作ったとして、**上の方では何の力が作用したのでしょうか？**

（ここでちょこっと一言・・・。「やっぱし、透明ゴジラやで！！」）

ということで、**e.** になって、何でか知らんけど一気に下から潰れるって寸法です。よかった！これで外に転がり落ちずに済む！　しかしここでひょっとしたら**地球の重力が急に5倍くらいになったのでしょうか？　突然の猛烈な大崩壊が開始したようです。何と素晴らしい！**　もう物理法則なんかクソ喰らえ！ってことだ！

　実際には、上層階は崩壊開始当初から下の方からどんどんと破壊されており、78階より下の部分は崩壊開始の約2.5秒後に75階がいきなり爆発して以降、ものすごい加速度をつけて崩れていきます。

　それにしても、これは次の「**F：上層階の劇的な爆破**」ではっきりさせますが、**自重での崩壊によってどうして上層のビルの塊がその頂上まで破壊されるのだろう？**　太りすぎた人が、いったん足の骨を折ったが最後、脊椎も肋骨も頭蓋骨も一気に連続して砕かれるのだろうか？　何とも不思議な話です。（この点については**第5章**でも第1ビルの崩壊に関してより詳しく採り上げることにします。）

　【画像65[1]～[12]】の連続写真と何度も見比べてみてください。この**【画像76】**が部分的には事実として起こったことに似せていても、全体として似ても似つかぬ作り話になっていることが十分にお解りいただけるでしょう。彼らが以上のことを一度たりとも実験で確認しなかったことは明白です。

　なお私は本書の**第7章　コア・ディナイアルと事実ヘイター**で、このバザントとゾウの論文からもう一つの素晴らしい「研究成果」を引用させてもらっています。これもまた大爆笑ネタとしか言いようのないトンデモビックリです。

　力学の専門家の方々、以上の点についていかがお考えになりますか？　ドシロウトの私としては「アホクサ！」の一言なのですが。

　こんなカネと立場のためなら裸踊りでもヒョットコ踊りでも何でも披露する詐欺師どもが、高い給料をもらってウハウハの生活をしているのですから、あの国はもう長持ちしそうにないね。まったく！　そしてこんな詐欺・ペテンを信じ込んで自慢げに他人に語って聞かせる者達の愚かさを、何に喩えたら良いのだろう？

【参照ビデオ】

http://www.plaguepuppy.net/public_html/collapse%20update/--=Close-up%20of%20south%20tower%20collapse.mpg
South Tower Collapse from the East
http://www.plaguepuppy.net/public_html/collapse%20update/so_tower_slow-mo.mpeg
（同上：拡大、スローモーション）
http://video.google.com/videoplay?docid=-8564772103237441151&q=WTC
Wtc 1, impact site close up, tower collapse close up, long shot, people shouting
http://www.webfairy.org/demolition/close.htm
First Demolition Close
http://video.google.com/videoplay?docid=4534409500221375185
911.wtc.2.demolition.north.very.close.mpeg

E：上層階の劇的な爆破

　今まで見てきたように第2ビル上層階の振る舞いは明らかに自然に起こるものではありません。そして【画像77】はその最後を示すものです。

【画像77】

　これは実に劇的な映像です。（口絵1）と同じ写真ですが、タイミングは、79階付近から最初の爆風が出てから約7秒後、【画像76[8]】のおよそ2秒後足らずです。同じ場面はいくつものビデオ記録で方向を変えて確認できます。右側にある黒い斜め線は高さのメドとして引いたもので、第1ビル74階のメカニカル・フロアーの位置（地上約274m）です。これから見ても、下の方に比べて上層階がいかに速く崩壊したか分かります。また赤い縦線は下の方に見える東側角を延長させたものです。

　そして注目すべき点は、**非常な勢いで横に向かって大きく飛び散っていくビルの建材と鉄骨（青矢印）と左上斜め方向に伸びる巨大な噴煙（オレンジ矢印）**です。次にある連続写真【画像78[1]】【画像78[2]】【画像78[3]】によって、それがどのような動きを展開したものなのかが、非常によく解るでしょう。

【画像78[1]】 　　　　　　　　【画像78[2]】 　　　　　　　　【画像78[3]】

　この連続写真やビデオで確認すれば分かることですが、この斜めの噴煙の頂上が上に昇っているわけではなく、逆に周囲の鉄骨や砕かれたコンクリートなどの集まりの全体が急速に横に吹き飛ばされながら落ちて行くのです。

　そして【画像78[1]】の段階ですでに**上層階の塊はどこにも見当たりません**。先ほどの【画像75】と【画像78[1]】を比較してみてください。これらの映像はWTC第2ビル上層階の壮絶な最後を記録したものです。どれほど屁理屈好きな「公式説」支持者の人でも、激しく横に吹き飛ばされる鉄骨やその他の建材の中に隠れて 100×63×63m のビル上層階の塊がデーンと居座っている、などと強弁できないでしょう。

　これらの飛び散りながら下に落ちていく大量の物体が第2ビル上層階からのものであることは、連続写真【画像78[1]】〜【画像78[3]】に引かれた黒い斜め線（第1ビル74階、地上約274mの高さを表す）と、**大きく広がりながら急速に落下していく噴出物の動きとを比較してみて、一目で確認できることです。**

　また【画像77】の赤い縦線の位置から見て、最終的に爆破されつくした位置は南東側面から外に出てはいないようです。傾いて回転して、下から次々と爆破されて落ちて行き、元々76階のメカニカル・フロアーのあったくらいの高さで最終的に破壊され消滅した、ということです。これが紛れも無い事実です。

　1万ページの論文も1枚の写真には勝てません。この上層階の傾いていった方向を現す大きな気流と、**巨大な量の物体が作る横方向の激しい運動が、第2ビル崩壊のすべてを物語っています。**この方向は回転して傾いていった上層階が内側から爆破された決定的な証拠でしょう。それ以外にこの激しく巨大な噴出物の動きを説明するものがあるのでしょうか。**ビルを作っていた物凄い質量の物体が持つ横方向の運動量とその運動エネルギーは何によって説明が可能なのでしょうか。**

　先ほど、飛行機のショックなどがビルの鋼材に与えた影響を計算しても無意味だ、というようなことを申しましたが、これは次のようなことです。たとえ飛行機激突のショックが鉄骨構造に重大な損傷を与えていたとしても、それが約1時間後の崩壊の際に、今の事実で確認できるような、砕かれた膨大な質量のコンクリートと無数の鉄骨に巨大な水平方向の運動量や運動エネルギーを与える原因とはなりえない、ということです。さらに先ほどの【画像69】の**部分拡大**[1]および**部分拡大**[2]で明らかにされたビル内部からの強力な爆発的破壊の原因とはなりえない、ということです。建築や力学の専門家の方はどのようにお考えになるでしょうか。私が申していることにどこか誤りがあるでしょうか？

もちろん爆破による破壊という説には多くの技術的な困難さがあります。しかし少なくとも「**重力による崩壊説**」で以上の事実を説明することは**原則的に不可能**でしょう。この点はまた**第8章**と**第9章**で詳しく採り上げることにします。

　NIST と FEMA は今までの事実に対して貝のように沈黙していますが、どなたか、**物理法則の範囲内で今までに採り上げた第2ビル上層階の事実について「重力による崩壊説」による筋の通った説明**を作っていただける方がおられるでしょうか。ぜひとも拝見したいものです。（ただし「**とにかく熱かった**」の**三流落語的解説**は御免被りたい。）できましたら英訳してインターネットで世界に向けて発信していただきたいと思います。世界中の研究者達が、立場の相違はともかく、一斉に注目する極めて貴重な論文になるでしょうから。何せ NIST の研究者が4年かけて結局は「崩壊が開始して後のことは知らん！」と逃げるしかなかったのですから。

　さらに、ここで「**重力による崩壊説**」を支持する人にとっては背筋の凍るような事実を確認していただかねばなりません。「第2ビル上層階が消えてなくなった」というからには、それでは **78階より下の階が、上にかかる重量も無いのに、どうしてコアまで含めて完全に崩壊したのか**、というとんでもない問題を抱えてしまうことになるからです。

　第2ビルの崩壊箇所よりも下の階がどういう崩壊の仕方をしたのかは、次の項目で見ることにしましょう。

【参照ビデオ】

http://www.youtube.com/watch?v=78B3o9EcTf0

WTC2 South Tower Core

http://www.911research.com/wtc/evidence/videos/docs/wtc2_from_south_a.mpg

Close-up of start of South Tower collapse from south nearby

http://www.911research.com/wtc/evidence/videos/docs/s_tower_collapse3.mpeg

South Tower destruction from south

F：上層階の回転とは無関係に崩壊した下層階

さてここで先ほどこの章の「**A：傾いて倒れ始めた上層階**」でお見せした【画像67】と【画像68】に戻ってください。これは南西側上空から写したビデオのフレーム写真ですが、上層階が右側に傾いて崩壊が開始したことが分かります。上層階については今までに見てきましたが、では79階よりも下の部分はどのように崩壊したのでしょうか。ここでは上層階が傾いていった方向とその逆側の方向で、下層の階の崩れ方に違いがあったのかどうか確認してみます。

まず、次に挙げる【画像79】ですがこれは【画像68】の続きのシーンです。これを見る限りでは右側（南東面）も左側（北西面）も、そして正面（南西面）も、全く同様に激しい爆発のような塵埃の煙を吹き出している様子がうかがえます。様々なビデオ映像と写真記録で確認する限り、上層階が倒れていく方向でもその逆側でも、崩壊の仕方には何の違いも認められません。

【画像79】 　　　　　　　　【画像80】

また次の【画像80】は北西側の面を下から撮影したもので、上の方から津波のように押し寄せてくる粉塵が見て取れます。そして次の項目「**（3）次々と正確に起こる爆風の噴出**」にある【画像81】は南西向きの面を下から写したもの、【画像82】は東側角の下から撮影した映像なのですが、これらの写真とその元ビデオの映像からは方向による相違は全く見ることができません。

つまり、**第2ビルの79階以下の部分は上層階部分の転倒と回転とは無関係にどの方向でも等しい崩壊の仕方をした**という事実が確認できるでしょう。

これで「**パンケーキ**」「**支柱崩壊**」を含む「**重力による崩壊説**」を唱える人にとって、もう見たくも無いような事実がズラリとそろいましたね。

物理学の基本に反しない限り、傾いて倒れていく方向では圧迫の力を上から受け、逆側は反対に引っ張りの力を受けざるを得ず、そのショックをきっかけにして起こる崩壊にも何らかの異差が現れたはずです。また上層階は崩壊開始後に明らかにその重心をビルの南東側に移していました。つまり**南東面側の方により大きな重量**がのしかかっていました。したがって南東面の方が速く激しく崩れたことでしょう。しかし実際にはどの面も同様に膨大な質量を激しく水平方向に吹き飛ばしながら全く同じ仕方で同じスピードで崩れ落ちていきました。上層階の偏りが下の方の崩壊に何の影響をも与えなかったのです。どんな物理法則がこのような現象を起こしたというのでしょうか？

そしてその上層階は数秒で消えてなくなり、以後の上からのしかかる重量が存在しなくなった頃から、**中層〜下層の階の崩壊は猛烈な加速度をつけて進行していきました。**この点はビデオでお確かめください。そして最後にはまともに立った構造をほとんど何も残さないほどバラバラにビル全体が分解されました。この点については本書の**第7章**と**第8章**をお読みください。

　しかも、崩壊開始箇所より下に2箇所あった頑丈なメカニカル・フロアーは全く何の影響も及ぼしませんでした。「第3章（2）　A：NISTによる火事の分析は？」でご説明しました【画像48】に写るマドリッドのビルの例と比較してみてください。そしてその理由は次の「(3) 次々と正確に起こる爆風の噴出」で明らかになるでしょう。

　「公式説＝重力による崩壊説」によって実際に起こったこのような事実を説明することは、いかなる修正を加えても**不可能**でしょう。可能だとお思いの方には米国国立研究機関になり代わって筋の通った説明を作っていただかねばなりません。たぶん私などよりも何倍も知識と能力にあふれた方がいらっしゃるはずです。ただし何度も申しますとおり、「とにかく熱かった！」の三流落語的解説ならご勘弁願いたいと思います。WTCタワー全体が上から下まで1000℃以上の白熱状態にあった、などという事実はどこにも一瞬たりとも存在しなかったのですから。

　しつこいようですが《どのように修正を加えてもある事実を説明できる可能性を原則的に持たないならばその仮説は偽である》ということです。原則的な不可能性が明らかな仮説は消え去るのみです。**第2ビルの崩壊はまさしく《「崩壊説」の崩壊！》**に他なりません。私には、技術的な困難さはあっても、人為的な爆破による破壊という説の方が圧倒的に合理的説明の可能性を示すように思えます。いかがでしょうか？

　ただし「宇宙からのビーム兵器攻撃説」でこのような第2ビル上層階の振る舞いを語ることは不可能でしょう。ビルは外部からではなく内部から破壊されたのです。大気圏外からの攻撃で、どのようにこの第2ビルの振る舞いを説明できるのでしょうか。これもまたレッドカード寸前ですね。同時に、「地下の水爆説」でも以上見てきたような第2ビル上層階崩壊に関する事実を説明することは困難でしょう。

【参照ビデオ】
http://www.911research.com/wtc/evidence/videos/docs/s_tower_collapse1.wmv
South Tower Collapse
http://www.911research.com/wtc/evidence/videos/docs/wtc2_abc_1.mpg
WTC2: abc News video
http://video.google.com/videoplay?docid=6150603545194537221
9/11 Revisited: Were explosives used? - South Tower Collapse

（3）次々と正確に起こる爆風の噴出

A：噴出の様子

　ここでまた奇妙な映像があります。【画像81】とその**部分拡大**を見ますと、第2ビル南西面の32から33階あたりと思われる所から白っぽい煙か粉塵の噴出が見えます。またそのずっと上の方の多分55階付近と思われる場所にも一つ、そして小さなものですが41階のメカニカル・フロアーからも白い煙の噴出が起こっています。

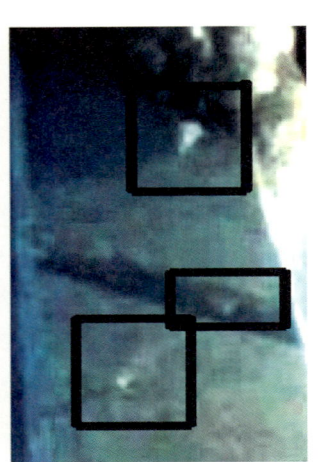

【画像81】　　　　　　　　【画像81】の部分拡大

　ビデオで確認しますと、最初に一番下の噴出（白矢印）が始まります。おそらく崩壊が始まって**3秒**ほど、先ほどの連続写真でいえば【画像65[10]】前後でしょう。その時点で崩壊が進行中の箇所から**150m**ほども下方の部分から噴出が起こります。

　さらにその約**2秒**後に上の55階付近からの噴出（黄色矢印）が始まります。崩壊中の箇所から少なくとも**50m**ほど離れています。

　そしてその直後に41階のメカニカル・フロアーから噴出（オレンジ矢印）が開始します。

　また一番下の噴出はビデオで確認できる限りで3〜4秒ほど継続します。ビデオが切れていますのでそれ以上は分かりませんが、崩壊がとどくまでこの噴出が続いたとすると5〜6秒間は吹き出しっぱなしだったことになります。

　次にある【画像82】は北東向きの面なのですが崩壊の進行具合から見て【画像81】とほぼ同時刻のようです。非常に興味深いことが分かります。メカニカル・フロアーからの距離によって**噴出が見られる場所は【画像81】**に写っていた一番下の噴出（白矢印）とほぼ同じ階であることが分かります。またこの写真の元になったビデオでは色調の具合で噴出の始まったタイミングがやや見難いのですが、その成長の具合と崩壊中の箇所との距離から見てこの二つの噴出がほとんど同じタイミングで起こったことに間違いは無いでしょう。つまりほぼ同じ階でほぼ同じ時に2つの非常によく似た噴出が起こっていることが明らかです。

【画像82】 　　　　　　　　　　　　　　　【画像82】の部分拡大

　そしてはっきりとは見えませんが **41階のメカニカル・フロアーからも何かモヤモヤとしたものが見えるようです**。しかしこれは残念ながらはっきりとは確認できません。

　さらに次の【画像83】と【画像84】を見ますと、これはもうビックリですね。何と**南東側の面でも41階のメカニカル・フロアーから噴出が起こっています**。ビデオでの観察と崩壊の進行から判断して、タイミングは先ほどの【画像81】から1秒弱、つまり、**やはり同じくらいのタイミングで同じ階から噴出が起こったことがはっきりします**。

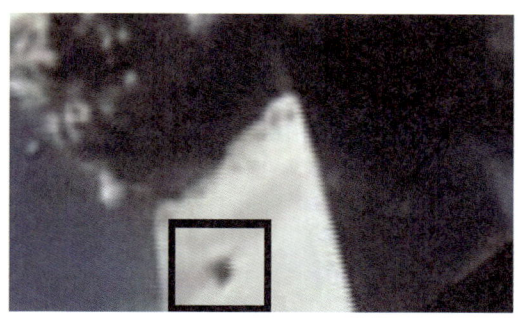

【画像83】 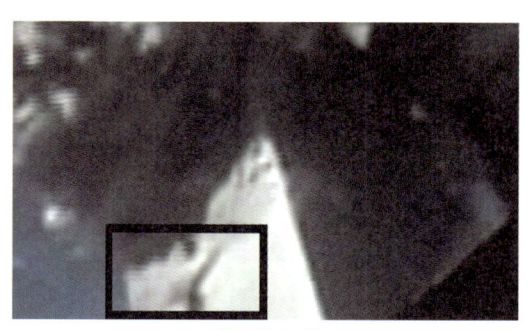　　　　　　　　　　　　　　　【画像84】

　メカニカル・フロアーはどんな高層ビルでも特に頑丈に作られている場所です。そして**その丈夫な箇所を狙い撃ちするようにほとんど同じタイミングで噴出が起こっています**。これはもう、とても自然現象とは見なされませんね。【画像82】で見える41階のモヤモヤがもし同様の噴出なら、もう何も言うことは無いでしょう。

　ところでこれらの噴出の大きさはどんなものでしょうか。【画像82】で見える噴出では、63mあるWTCの横幅と比較して、その**長さが軽く20mを超え30mに達している**ことが分かります。写真では小さく感じますが20～30mの長さで激しく吹き出す煙（塵埃？）の大きさを想像してください。些細な空気の動きなどで到底できるものではありません。

　これに関してはNISTによるこれまた**トンデモタマゲタ迷解説**がありますので、それは次の項目で説明しましょう。

事実を確認します。第 2 ビルでは、
① 崩壊開始 3 秒過ぎに、崩壊中の箇所から 150m ほど離れた南西面と北東面のほぼ同じ階（32 ～ 33 階）で噴出が発生し、数秒間持続した。
② その 2 秒後に崩壊中の箇所から 50m ほど下の南西面 55 階付近から噴出が始まった。
③ その直後に北西面と南東面で、崩壊中の箇所から 100m ほど下がった 41 階のメカニカル・フロアーで噴出が開始した。
④ 噴出はその大きなもので長さ 20 ～ 30m に達した。

ということです。

　各噴出のタイミングといい、位置といい、到底自然に起こったとは考えられません。特に**第 2 ビルの崩壊がメカニカル・フロアーの存在と無関係に進行したことと深い関係がありそうです。つまり、メカニカル・フロアーは意図的に破壊された**、ということです。やはり**人為的な爆破作業**以外に私は答を見出すことができません。少なくとも「重力による崩壊説」の「**レッドカード＝退場処分**」は決定的でしょうね。

　同様に「宇宙からのビーム兵器攻撃説」もこの時点で退場決定です。外からの破壊では以上で確認したような第 2 ビルの振る舞いを説明することは根本的に不可能です。また「地下の水爆説」でもこの噴出の説明は不可能でしょう。イエローカード。

【参考ビデオ】

http://www.911research.com/wtc/evidence/videos/docs/wtc2_south_below.mpg
WTC2 from the South Below
http://www.911research.com/wtc/evidence/videos/docs/wtc2_abc_2.mpg
WTC2: abc News video
http://www.youtube.com/watch?v=E5_TIrTp7J8
WTC2 South Tower Evan Fairbanks
http://www.911research.com/wtc/evidence/videos/docs/wtc2_demolition_waves.mpg
WTC2 Demolition Waves
http://st12.startlogic.com/~xenonpup/collapse%20update/slow_demo01.avi
（同上：スローモーション）

B：NISTの珍説「空気ポンプ」

再び「NIST回答」からです。これは次の質問に対する回答です。
「（質問4）それぞれのWTCタワーの崩壊が開始する際に煙の吹き出しが見られたが、これは爆破解体の証拠ではないのか」
第1ビルの噴出については次の第5章で申しますが、このNISTの理屈を判断するためには、今までの第2ビルで起こった噴出だけで十分でしょう。例によって下線の強調は私からです。

> 違う。NIST最終報告の6.14.4でも述べられたとおり、落ちつつあるビルの物体が空気を前方に圧縮したものである。それは<u>ピストンの動き</u>にも似ているが、それが<u>各階の崩落が進行するにつれて煙と瓦礫を窓から押し出した</u>ものである。
>
> これらの吹き出しは両タワーが崩壊した間に多くの場所で観察された。すべてのケースでそれらは、窓やメカニカル・フロアーの柱の間を通ってビルから押し出される気体の噴射の形になった。このような噴射は、<u>タワーが崩落するときにビル内の空気が圧縮されて圧力が生まれる際にどこかの場所に流れなければならないため</u>、予想することのできるものである。似たような「吹き出し」は崩壊に先立って両タワーの燃えている階では数多く観察された。たぶんそれらは一つの階の壁や仕切りが崩れ落ちたことによるものだろう。WTC第1ビルからの吹き出しは、第2ビルが飛行機に激突されたときですら見られた。こういった観察は、<u>些細な加圧でさえもタワーの内部を伝わり煙と塵埃をビルから押し出したということを明らかにさせる</u>ものである。

この回答の中にある「WTC第1ビルからの吹き出しは、第2ビルが飛行機に激突されたときですら見られた」という点ですが、第2ビルに飛行機が激突した際に、隣にあった第1ビルの火災現場でいくつかの階の窓から1秒間ほど黒い煙がポッと吹き出す現象が見られました。これは明らかに第2ビル外で起きた巨大な爆発の空気振動がすでに破れていた第1ビルの窓から伝わったことによる現象です。そしてその吹き出しがいったん途切れた後で、爆風の圧力で乱された第1ビル内の空気によってその穴からしばらく黒煙がゆったりと立ち上り続けましたが、これらは倒壊の際に見られた激しく水平方向に飛び出す噴出とは似ても似つかぬものです。（そもそもNISTは、第2ビルの倒壊時にビルの下層階まで「白っぽい煙に満たされていた」とでも言いたいのでしょうか。）これで「<u>些細な加圧でさえもタワーの内部を伝わり煙と塵埃をビルから押し出したということを明らかにさせる</u>」などとおっしゃるのなら、この飛行機の衝撃でどうして**当の第2ビル**に多くの噴出が見られなかったのか、説明していただかねばなりません。

ところで、NISTの研究者たちはどこかの大学と大学院で物理学（工学に関連したもの）を勉強してきたはずです。たぶん多くが博士号をお持ちなのでしょう。**気体が圧力に対してどのような振る舞いをするものなのか**、ご存じないはずはありません。

この人たちは第2ビルの噴出を自転車の空気入れのピストン、つまり**空気ポンプのように考えて世界中に向けてそう発表しています**。再度申しますが、彼らは決して休日に自宅で幼い子供とじゃれあいながら言っているのではありません。**米国国家の威信をかけて発言しているのです**。したがって、その一言一言が非常に重みを持ちます。**一言一句、何一つ軽い気持ちで聞き逃されるべきものではありません**。

今から私の申し上げることが間違っているか正しいか、工学や流体力学などの専門家の方に厳しくチェ

ックをしていただくことを希望いたします。

　閉じ込められた空間の中に液体が詰まっている際に、どこかで生まれた圧力が液体内部のあらゆる場所に同時に等しく働くことをパスカルの原理というのですが、もちろん気体でも、例えば自転車の空気入れを手で押さえる程度の十分に時間をかけた狭い空間で起こる圧縮なら、結果としてパスカルの原理が通用するでしょう。この場合には閉鎖空間の内側の壁全体に等しく圧力がかかることになります。

　しかし十分に速い運動によって十分に大きな空間のある1箇所で圧力を発生させた場合には、気体は圧縮を受けその圧力はある種の波動となって伝わるでしょう。それは**必ず圧力を発生させた箇所に近いところから遠いところに順々に伝わります。この場合、パスカルの原理は当てはまらなくなります。**間違っているでしょうか？

　先ほどのNISTの説明では「タワーが崩落するときにビル内の空気が圧縮されて圧力が生まれる際に**どこかの場所に流れなければならないため**」となっているのですが、その圧力を受けた空気は、まず遠いところに流れるのでしょうか？それとも近いところに届くのでしょうか？　私はまず**近い場所に流れる**と思うのですが、専門家の方々、これは間違っているでしょうか？

　さらに、気体の圧力は体積と反比例します。**圧力をかけられた空気が広い場所に出るときには急激に圧力は下がります。**間違っているでしょうか？

　そして、圧力は単位面積あたりに働く力ですから、もし閉鎖空間の壁に圧力に対して強い箇所と弱い箇所があった場合、**100％間違いなく弱い箇所を突き破って吹き出そうとするでしょう。**間違っているでしょうか？

　ここで「第2章：WTCビルの建築と構造に関する事実」でWTCタワーの構造を再確認してください。もし窓ガラスやメカニカル・フロアーの壁が破れていなければタワーはほぼ閉鎖空間です。そしてまた各階にしても、上下の階とつながっているのはコア部分に3つずつある非常階段とエレベーターだけですが、エレベーターは通常なら戸が閉まっているでしょう。非常階段に扉があって常日頃そこを閉めていたのかどうかは知りません。まあ開いていたものとすると、**発生した空気の圧力の波を伝える通路は床面積に比べて十分に狭い非常階段のみとなります。**

　NISTは「各階の崩落が進行するにつれて」と書いています。しかし空気の圧力が壊れていない床を通りぬけることは不可能です。「公式説」によりますと、**上の階の床を支えていた鋼材が落下して下の階の床を壊したのです。**とすると、**ある階の天井が崩れ落ちる際に作られる圧縮された空気がその階の床を抜けて下方に行くことはありえないことになります。**もしある階の床が崩落して下の階の空気を押した場合、**その空気は即座に非常階段の狭いスペースを通って他の階に伝わるか、あるいは窓を破ってビル外に逃れる以外の道は無いでしょう。**間違っているでしょうか？

　そもそも「公式説」の立場に立てば、圧縮された空気の大部分が窓を破って直接にビル外に出たはずです。WTCタワーの崩壊進行箇所から横に激しくあふれ出した物凄い量の塵埃は、それぞれの床の崩壊による圧縮のために各階の空気がビルの外側に高速で吹き出したためであるはずです。そうでないというのならあの水平方向の粉塵の動きを別の原因で説明しなければなりません。さて、床の崩落によって圧縮された空気の大部分が窓を突き破って出て行ったとすると、崩壊現場からはるかに遠い箇所の壁に噴出を作った空気は一体どこから来たのでしょうか？

さらに、もし非常階段スペースを通った圧力が下の階に入ったとすれば、そのとたんに広いフロアーの空間に出くわすでしょう。するとその時点で一気に圧力は下がります。その下の階になると圧力はもっと弱くなります。まして30階も40階も下の階に進んだ空気の圧力は紙切れを軽く動かすくらいが精一杯でしょう。

NISTは「**些細な加圧でさえもタワーの内部を伝わり煙と塵埃をビルから押し出したということを明らかにさせる**」と言うのですが、数秒間続き長さが20～30mに及ぶ噴出が些細な加圧で生まれるなど、始めから考えるにも値しない話です。馬鹿馬鹿しいの一言です。間違っているでしょうか？

さて、先ほどの「A：噴出の様子」にあった事実を再度ご確認ください。NISTの「空気ポンプ説」ではこのような説明になります。

『**崩壊箇所で圧縮された空気のうちの窓から出たものを除くごく一部分が、各階の狭い非常階段のスペースを通って下方に抜け圧力をどんどん下げながら進んだ。そして途中をすっ飛ばして最初に崩壊箇所から150mほど下の階に達した。そこでその些細な空気の動きが、少なくとも2つの面の窓を同時に突き破り、長さ20～30mの噴出を数秒間作り続けた。そしてその2秒後になって、それより80mほど上の階に行って噴出を作り、その直後に少なくとも2つの面で同時に、崩壊中の箇所から100mほど下に達して、他の階より頑丈なメカニカル・フロアーの壁を破壊して噴出を作った。ハイ、これホント！ ぜ～んぶNISTが保証する！**』？？？

これがどれほど荒唐無稽な話なのか、特に流体力学を勉強したことのある人でなくても、常識の範囲内でその支離滅裂さがわかるはずです。これはもはや仮説とするにも値しない単なる「**思いつきのたわごと**」としか思えません。きっとNISTの研究者は朝起き掛けに悪い夢でも見たのでしょう。専門家の方々はどのようにご覧になったでしょうか。

さて、ここで各仮説をチェックするポイントを再掲しておきます。
① ある仮説（あるいはその仮説から出る具体的な説明）がどの事実を元にしているのか
② その事実が正確に調査・観察されているのか
③ その説明が近代科学の正確な適用によっているものなのか
④ 一つの事実に対する説明でいまだに不明瞭な点があるなら、それは原則的な不可能性を表すものなのか、それとも技術的な困難さを表すものなのか

次に「修正勧告（イエローカード）」「退場処分（レッドカード）」の判定を下すべき基準を書いておきます。
① ある仮説が事実に基づかない説明を含む場合
② ある説明が観察される事実を説明せず事実と明らかに矛盾する場合
③ その説明が近代科学の原則と矛盾する場合
④ その仮説が、明らかに起こった事実を無視し説明を避けている場合
⑤ 理論的なあいまいさや誇張などで聞く者を混乱させる可能性が高い場合

さてさてこうしてみたところ、この第2ビルの崩壊初期の様子だけをとってみても、「**公式説**」=「**重力による崩壊説**」は上の①～⑤の「**違反基準**」をすべて十分に満たしています。もはや「**公式説**」が生き延びる余地は無さそうですね。でも念のため、他の事実との比較・対象を進めていきましょう。ひょっとしたらどこかに何か「秘められた取り得」でもあるのかもしれません。

しかし、さすがというか何というか、頭の回転だけは速いNISTの研究員達はこの【画像85】は引き合いに出していません。この写真はWTC第1ビルに飛行機が激突した直後に巨大な爆発が発生した際のビデオのフレーム写真です。ここには飛行機が突っ込んだ箇所よりも十数階上にあるメカニカル・フロアーの壁（南東面）から爆風が噴出している光景が写っています。第1ビル飛行機激突のビデオで確認できます。

第1ビルに飛行機が激突した際に、爆発のショックでビル上部の多くの窓が壊れて、そこから真っ黒い不完全燃焼の煙が1時間半以上にわたって吹き出し続けました。わざわざ黄色の矢印で強調されているのは、ある米国の9・11関係の掲示板で、「噴出が爆破によってしか起こらないというわけではない」実例として採り上げられているためです。**「重力による崩壊説」**を擁護したい一心なのでしょう。

【画像85】

まあ、どこの国でも少々頭の回転の鈍い「うかつな人」がいるようで、こんな写真を「爆破解体ではない証拠」として採り上げたら逆効果になるばかりです。さすがに知能指数の数字だけは高いNISTの人たちは手を出しませんね。こんなものを引き合いにしたなら逆に「瞬間的に時速数百kmに及ぶ爆発的な空気の動きによって噴出が作られる実例」を見せ付けて爆破解体説を手助けしてしまうことになります。私が「公式論者」ならこれだけは他人に見せたくないですね。飛行機が横にはずれて外で大爆発を作った第2ビルとは異なり、第1ビルではもろにビルの中心部で爆発の衝撃が広がり、屋上まで一気に衝撃波が伝わり行き止まりの部分で横に広がらざるを得なかったわけです。とうてい「些細な空気の動き」というわけにはいかないでしょう。

口が裂けても「爆破」と言えない立場の人々としては、WTCタワーの壁面で起きた噴出を「些細な空気の動き」のせいにして、「空気ポンプ」の珍説でお茶を濁すのが精一杯、といったところでしょう。またその口真似をして自信たっぷりに「空気ポンプ」を主張する人が米国には結構いるのだからお笑いです。もう長くないね、あの国は。ン？日本にもいるのかな？そんな人。まさかとは思いますが。

どなたか力学と工学に強い方、FEMAとNISTに成り代わって、地球の重力と構造的な劣化だけで第2ビル崩壊のシミュレーションを作っていただけませんか？　もうあの人たちはさじを投げているようですから。

【参照ビデオ】

http://www.youtube.com/watch?v=c8hsFQ1UDCw
WTC Tower 2 Plane Hit
http://www.youtube.com/watch?v=bgm8dNJvM6k
wtc plane 1 crash
http://investigate911.se/secondary_explosion.html
World Trade Center - Second plane impact

第 5 章

第 1 ビル（北タワー）崩壊に関する事実

（1）致命的事実：上の階は下から崩れて消滅した！

A：崩壊開始時期の事実は？

　今まで見てきたように、WTC 第 2 ビルの倒壊の仕方だけでも「**重力による崩壊説**」に退場処分を宣告するのに十分でした。それでは、その 29 分後にこれまた跡形もなく崩壊した第 1 ビルはどうでしょうか。次にある【画像 86[1]】から【画像 86[6]】までの連続写真は北東側から撮影した第 1 ビル崩壊開始瞬間のビデオ・フレーム写真です。

　この連続写真で、黄色い線はアンテナの中心軸と屋上の稜線の交点を通る水平線です。上の方にある白い矢印はアンテナの途中にあるくびれの位置、また下の方にある水色の線は火事が続いている 91 階付近を示します。【画像 86[4]】【画像 86[5]】【画像 86[6]】にあるオレンジの線は崩壊が進行している場所（推定）です。またこの写真は TV の固定カメラで撮影した画像を元にしており、画面に対しての建物の位置は固定されています。この連続写真は崩壊の開始から約 2.5 秒間です。

　この画面の正面に写っているのは飛行機が激突した北東側の面で、この画面では分からないのですが、上の方の階は南西面側つまり画面の奥側に向かって徐々に倒れながら崩壊します。第 1 ビルは第 2 ビルとは異なり、**支柱に対するダメージが最も大きかった北東側ではなく逆側から崩壊を始めた**わけです。

　【画像 86[1]】は倒壊開始寸前の姿です。そして【画像 86[2]】では黄色い線、つまり第 1 ビル屋上の位置は変わりません。ところが**アンテナが周囲より早く下がり始めています**。白い矢印に注目してください。さらに、赤い矢印と黄色い矢印の場所でも異変が起こっています。96 階の付近と見られますが、【画像 86[2]】で急激に横一列の噴煙が吹き出しが大きくなり始めるのが確認できます。

　赤い矢印と黄色い矢印の噴煙は【画像 86[3]】になるとグッと大きくなるのですが、ここで屋上の稜線が下がり始めたことが確認できます。アンテナは先ほどよりもさらに下がっています。アンテナの下がり始めから屋上の落下開始までの時間は 1 秒弱です。

　そして【画像 86[4]】【画像 86[5]】【画像 86[6]】と進みますと、赤い矢印の箇所で見られた爆風の吹き出しは急激に上下に広がり、先ほど赤い矢印をつけた 97 階付近を中心にして上下の階が押し潰されるように崩壊していきます。それにしても黄色い矢印の煙はやけに真っ白ですね。第 2 ビルの【画像 63】に見られる白い煙を髣髴とさせますが、やはりこれもサーマイトによるコア切断を表すのでしょうか？

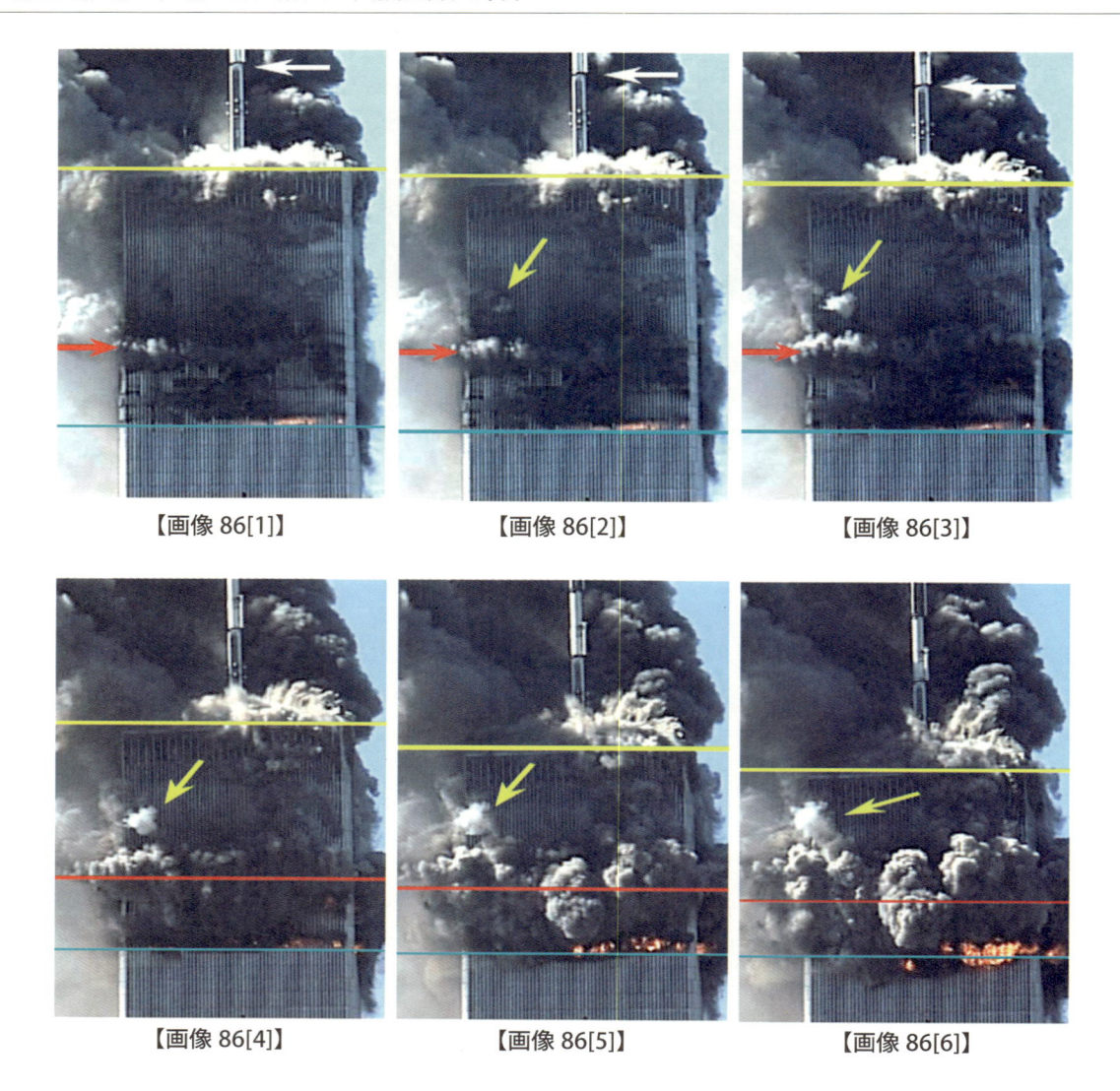

第 5 章　第 1 ビル（北タワー）崩壊に関する事実

【画像 86[1]】　【画像 86[2]】　【画像 86[3]】

【画像 86[4]】　【画像 86[5]】　【画像 86[6]】

　97 ～ 110 階までの部分（以後これを「上の塊」と呼ぶことにします）は全体として画面奥側に向かって倒れるような運動をしています。ですから実際にはアンテナにしても壁面にしても場面が進行するにつれて奥手側の方に角度がついていくのですが、この連続写真の範囲ではおおよそ無視できる程度でしょう。また元の写真を拡大して階を数えて見当をつけることもできます。そうするとやはり、黄色い線と赤い矢印（または赤い線）との間隔、および赤い矢印（または赤い線）とブルーの線との間隔が、どちらも確実に狭まっていくことが確認できます。【画像 86[6]】の段階では屋上から崩壊進行箇所までの高さが【画像 86[2]】の時点のおよそ 75％に縮まっています。

　と、ここまでいくつかの事実を確認した上で「NIST 回答」に目を通してみましょう。彼らは次のように言います。

> ジェット燃料による**異常に大きな**（温度が 1000℃にまで達した）**火災が断熱材のはげた床材と支柱を重大な意味を持つほどに弱め**、ついには床が壊れて外周の支柱を内側に引き込むことにまで至った。このことが外周の支柱を内側に曲げて WTC **第 1 ビルの南面**と WTC 第 2 ビルの東面を破損させ、それぞれのタワーの崩壊を開始させたのである。

「1000℃」はもう相手にしないとしても「ついには床が壊れて外周の支柱を内側に引き込むことにまで至った」というのはきわめて無理のある見方のように思います。いったいどんな力がどこにどのように働いたのか、まるでイメージできません。NISTはどうやら独自のコンピューター・シミュレーションを行ってこのような結論を出したと言っているのですが、しかしそのシミュレーションをなぜか誰にも見せていないようです。よっぽど他人様に見てもらっては都合の悪いことでもあるのかな？

　映像で確認される事実から推論されることは、やはりアンテナを真下から支えていた**コア支柱群が91階から110階までのどこかで真っ先に崩壊を開始した**ということですね。【画像86[2]】でお解りのように、アンテナが落ち始めたとたんに赤と黄色の矢印の箇所に異変が見られることを考えるとコアが最初に破壊されたのは96階付近あるいは100階付近かもしれません。第2章でご紹介した【画像25】【画像26】からも、コアが健在のうちにハットトラスだけが崩壊を開始してアンテナを下げることは考えにくい話です。そしてもしそれなら外周の壁にも何らかの変化が現れていたでしょう。

　コアの支柱の大半は飛行機激突の破損を免れていましたが、アンテナを支えていた中央部の支柱が飛行機によって極めて重大なダメージを受けていたかもしれません。それならここが最初に崩落する可能性が無いわけではありません。しかしその際でも、NISTが主張するような崩壊の開始とは全く異なります。そもそもNISTはコアの支柱については「とにかく熱かった！」という下手糞な落語を繰り返すばかりでほぼ無視しているわけです。FEMAは少しこれに触れていますがすぐに話を打ち切っています。よっぽどコアに触れたくない理由でもあるのでしょうか。

　問題はそれだけでは済みません。先ほども指摘したように、アンテナ落下開始直後に、「上の塊」が下の方から潰されて一気に下がり始め、**96階より下も同様に下に向かって崩壊を開始**します。それも飛行機による支柱の破壊が最も激しかった北東面ではなく逆の南東面が最も速く崩壊していきました。

　もう一度、「第3章（2）WTCビルの火災と熱」をご確認ください。どの支柱一本とってもNISTが懸命になって印象付けようとしている「**1000℃**」などどこにも存在しないのです。コアでも外周でも**火災現場で600℃になったものすら少数**です。しかも飛行機によるダメージが最も大きかったのは北東側の外周壁とコアの支柱であり、実際に崩壊が最も早く始まったのはその逆側の面です。もしNISTが言うように外周の支柱が内側に引き込まれたとしても、コアがしっかりしているうちはそちらに向かって急速に倒れ落ちるとは考えられません。

　しかし最も奇妙な点は、第2ビル同様に、崩壊箇所から上の部分である98〜110階の「上の塊」の様子なのです。次の「B：力が小さいほど破壊は大きい？？」では、この「上の塊」の振舞いについて突っ込んだ考察を続けてみたいと思います。

【参照ビデオ】

http://www.911research.com/wtc/evidence/videos/docs/n_tower_1st24.mpg

North Tower 1

B：力が小さいほど破壊は大きい？？

次に【画像87[1]】から【画像87[6]】までの6枚の連続写真に移りましょう。

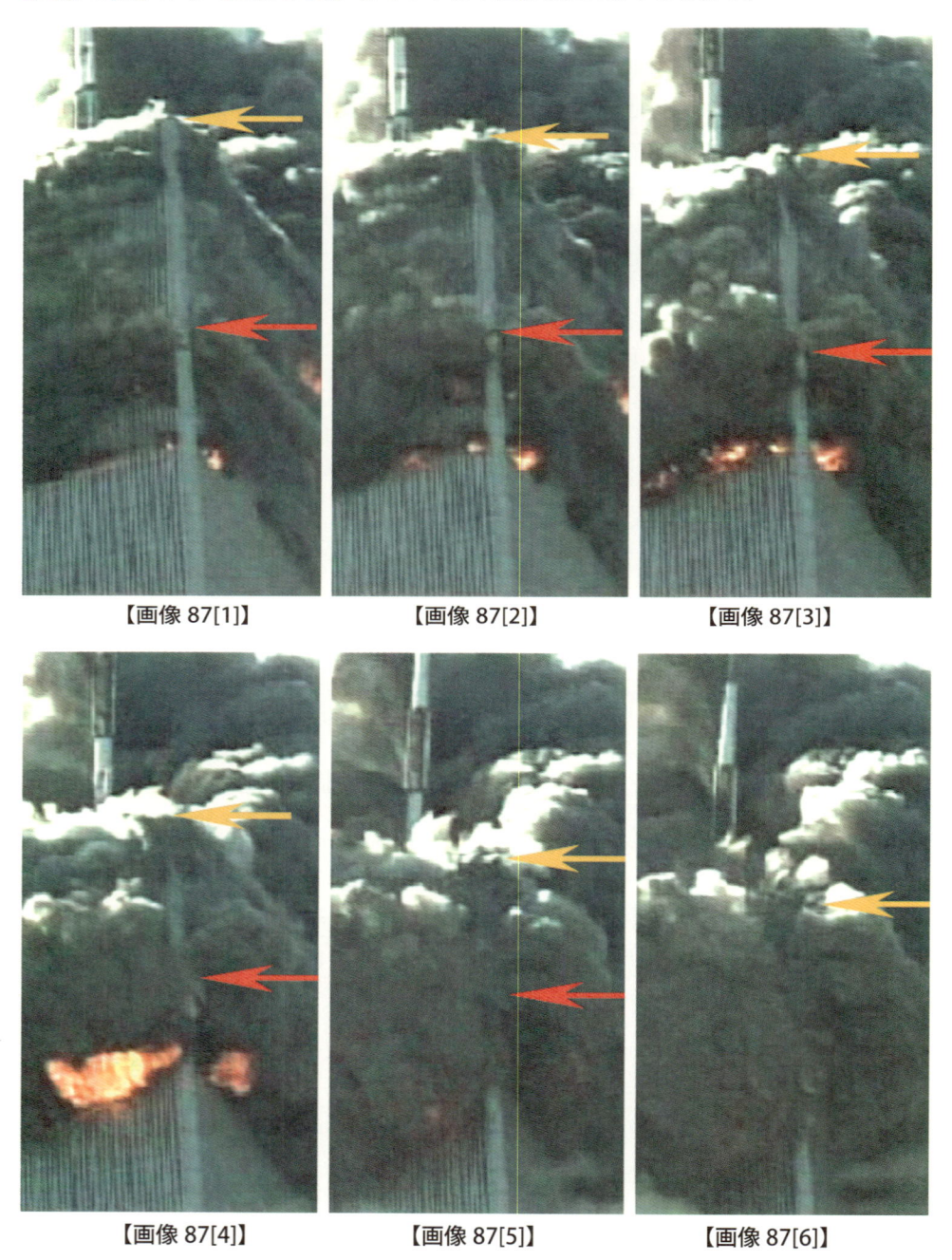

【画像87[1]】　　　　【画像87[2]】　　　　【画像87[3]】

【画像87[4]】　　　　【画像87[5]】　　　　【画像87[6]】

　これは先ほどとは別のビデオを用いて第1ビル北側角の変化を明らかにしたものです。これによって97階を中心にした崩壊の様子がより良く分かるでしょう。第1ビルの崩壊は96階、95階、94階、・・・、と下の方に進行すると同時に、97階、98階、99階、・・・、と下から上に向かっても進んでいます。

オレンジの矢印は屋上北角、赤い矢印は崩壊中の箇所（推定）です。ただし【画像87[6]】ではこの写真からでは推定できません。【画像87[1]】のタイミングは先ほどの【画像86[3]】とほぼ同じと思われます。各写真の間隔はおよそ0.5秒です。

　【画像87[1]】～【画像87[3]】で最初に崩壊を開始した97階よりも上で激しく煙が吹き出しています。屋上付近で特に激しいのですが、これは「上の塊」の内部で異変が起こっている様子を示しているものと思われます。これもやはり第2ビルで起こったことを髣髴とさせる現象です。

　そして【画像87[4]】以後に一気に破壊が本格化します。この【画像87[4]】は先ほどの【画像86[6]】とほぼ同じタイミングでしょうが、次の【画像87[5]】ではもう屋上の線は煙に包まれて明らかではなく、最後の【画像87[6]】では「上の塊」の姿はわかりません。崩壊が開始しておよそ4秒強です。この間、上のアンテナは加速をつけて下がりながら右奥側に向かって倒れていきます。「上の塊」が煙の中に隠れて未だ健在ではないのか、と心配する人がいるかもしれませんが、その点はご安心を。

【画像88】　　　　　　　　　　【画像89】

　【画像88】はこの【画像87[6]】よりやや後、崩落開始5秒ほどのタイミングでしょうが方向は東からです。また北側から写した【画像89】はそれよりやや後と思われますが、これらを見ても明らかに、**高さ40mほどもあった「上の塊」がすでに潰れて消えてなくなったことが十分に見て取れる**ことと思います。崩壊箇所の上には南西向きに傾いて倒れ落ちようとするアンテナだけが乗っています。アンテナは109mありました。この両方の写真には落ちつつあるアンテナの先が写っていますが、その付け根の部分はどのへんでしょうか。随分と下の方、おそらく崩壊が進行中の場所にあるようです。すると「上の塊」は一体どこにあるのでしょうか？

　さらに水平方向に飛び出す無数の鉄骨と砕かれたコンクリートの「流れの広がり」をご覧ください。潰されて粉々になった「上の塊」は「下に集められて崩壊箇所付近に溜まった」のではなく、猛スピードでビルの外に向かって吐き出されていったのです。第2ビルと同じですね。

　そしてこれらの写真とその元のビデオを見ますと、やはり「上の塊」は第2ビル上層階と同様に、下から上に破壊が進行したことがはっきりします。まとめるとこういうことです。96～97階付近で始まった崩壊は一方で下に向かって降りていくと同時に、他方で「上の塊」（97階～110階の部分）が南側に傾いて落ちながら、下の階から上の階の方に向かって崩壊が急速に進み、崩壊開始4秒から5秒の間で姿を消しそれを作っていた鉄骨とコンクリートは激しくビル外に吹き飛ばされた、ということです。

そしてこの事実のもつ意味は決定的です。一つは、「第9章：「公式説」の超絶ウルトラ物理学」で詳しく申しますが、「**公式説＝重力による崩壊説**」の根幹に関わるもので、「**崩壊箇所の上の巨大な質量**」など存在しない、ということです。つまり、「**上から押さえつけているものは何も無い**」という意味です。そしてもう一つは「**上の塊**」の崩壊そのものが持つ重大な事実に関することで、そのどちらも「**公式説**」＝「**重力による崩壊説**」にとっては致命傷となる事実でしょう。

私はいつも「もし自分が重力による崩壊説を擁護する立場の者だったらある現象をどのように説明するか」と考えるようにしているのですが、この「**上の塊**」の振る舞いはどうにも返答に困るものの一つです。飛行機激突現場と火災現場から離れるほど、壊れておらずまた熱にもあまり触れていない未だに健在な鉄骨材が増える、つまりより頑丈になっていくはずですね。

熱せられた上昇気流によって上の方が鉄骨の温度が高かったとも考えられます。しかしあの大げさな NIST によっても、火災が最も激しかった現場でさえコアと外周の支柱群の鋼材が 600℃ を越えた形跡はほとんどありません。まして屋上階の近くには頑丈な**ハットトラス構造**が待ち構えているのです。「**第2章（2） WTC ビルの構造**」にある【**画像 26**】をご覧ください。これって、非常に困るんですね。（いくらなんでも「イヤ、実をいうと、ハットトラス構造は非常に脆弱で、ちょっとしたショックでいつ壊れてもおかしくなかった」なんて面白いことを急に言い出す人はいないと思います。）今からの私の話は工学の専門家の方に厳しくチェックしていただきたいと思います。ひょっとすると間違っているかもしれません。

ひとつ NIST さんに大マケにオマケして、火災現場付近の床の変形によって支柱群が内側に引っ張られて崩壊が始まったとしましょう。

「**上の塊**」は下の方から崩壊していきましたが、「**重力による崩壊説**」によるとこれは自分の重みに耐えかねて下から潰れた以外の説明は不可能です。《各階を次々と破壊することで使用されたエネルギー》と《破壊箇所よりも上にある「塊」が持つ運動エネルギー》の合計は、「**上の塊**」が元々持っていた位置エネルギーに等しく一定のものです。したがって破壊が進めば進むほど運動エネルギーは減少します。まだ破壊されていない「塊」が軽くなるから当然のことでしょう。**しかも塊は上に行くほど丈夫さを増してきます。**これでどうして一番上まで破壊されるのかな？

運動エネルギーがある階を破壊するのに不十分になるときに破壊はストップして運動も止まるでしょう。解りやすい例で言うなら、**豆腐の塊を積み重ねたときに、下が潰れることはあっても、決して連続して一番上まで潰れることはありえないでしょう。**まして崩れる速度がどんどん上がっていくようなことは！

視覚化すれば次のようなことですね。

無慈悲に追い討ちをかけましょう。

　自重によって潰れる以上、物理法則に忠実である限り「上の塊」の下から上への崩壊は下との境界部分付近でしか起こりません。破壊が下の階からの応力によるものだからです。ところが下との境界部分自体が加速をつけて下がりつつあります。事実として下の方の崩壊が速度ゼロから始まってどんどん速くなっているからです。つまり「上の塊」は境界面の降下と同じ加速度で落下運動をしていることになります。

　ということは、あくまでも物理法則に忠実である限り、その境界面に働く力は「上の塊」が地球から受ける重力よりもさらに減少するでしょう。重力加速度から下に落ちていく加速度の分を差し引かなければならないからです。（自由落下速度で落下しているなら応力はゼロになりますが・・・）。

　さてさて、自然界の法則に従うなら、しだいに頑丈になっていく「上の塊」が崩壊当初よりどんどんと小さくなっていく力で、どうやって破壊され尽くすのでしょうか？？　もし人為的な破壊ではないとしたらいかなる物理法則がこのような現象を可能にしたのでしょうか？？（上記のシロウト見解につきまして、工学や物理学のご専門のお立場にある方からの「間違い」のご指摘をお待ちしております。）

　再度、《どのように修正を加えてもある事実を説明できる可能性を原則的に持たないならばその仮説は偽である》。

　唯一可能な説明は、崩壊開始の時点で「上の塊」が頑丈さをすべて失ってしまった、つまり**内部でコアの鉄骨構造が破壊された**、ということです。【画像87[1]】〜【画像87[3]】で窺える内部の異変がこれを指しているでしょう。またもしハットトラス構造が崩れたということなら、アンテナの下降も加えて、それはやはりコアの支柱群がまず先に破壊されていたことを示すでしょう。これも人為的な爆破工作を十分に示す証拠です。そしてそのうえで**強力な爆破によって四方に吹き飛ばされた**（【画像89】）、これ以外の解答は無いでしょう。つまり、第2ビル上層階の破壊と全く同じです。

　本当なら模型でも使った実験で確認するのが筋なのですが、どなたか私よりも物理学に強い方にお願いしたいことですが、試しに第2ビルと第1ビルの崩壊開始数秒間に起こった事実に関して、「**人為的な爆破解体**」以外で《今まで採り上げられた事実をすべて説明することが可能なモデル》を考案していただけませんか？　どうやら NIST の研究者達には手も足も出ないようですので。「**公式説＝重力による崩壊説**」の立場から「爆破解体説」に反論したい方がおられるのなら、そのモデルを掲げた上でお願いします。

　なお、そのモデルに対するチェック・ポイントを再掲しておきます。
① ある仮説（あるいはその仮説から出る具体的な説明）がどの事実を元にしているのか
② その事実が正確に調査・観察されているのか
③ その説明が近代科学の正確な適用によっているものなのか
④ 一つの事実に対する説明でいまだに不明瞭な点があるなら、それは原則的な不可能性を表すものなのか、それとも技術的な困難さを表すものなのか

【参照ビデオ】
http://plaguepuppy.net/public_html/collapse%20update/woolworth_1.avi
North Tower Collapse from the Northeast

http://www.911research.com/wtc/evidence/videos/docs/tower1_dust_cloud_afterglow.mpg
Tower 1 Dust and Cloud
http://investigate911.se/north_new2.html
http://investigate911.se/north_new3.html
World Trade Center - North Tower 'Collapse'
【参照ビデオ連続フレーム写真】
http://911research.wtc7.net/wtc/evidence/videos/north_tower.html
North Tower Collapse From North
http://911research.wtc7.net/wtc/evidence/videos/wtc1_close_frames.html
North Tower Collapse from the Northeast
http://www.youtube.com/watch?v=EeZAN5wn-eA&mode=related&search=
WTC 1 Explosion

（2）やはり次々と正確に起こる爆風の噴出

「第4章（3）次々と正確に起こる爆風の噴出」でも申し上げたとおり、NISTの「空気ポンプ」は考慮する値打ちすらありませんので、もう相手にしません。第1ビルでは次の5枚の連続写真【画像90[1]】～【画像90[5]】で明らかに確認されるでしょう。

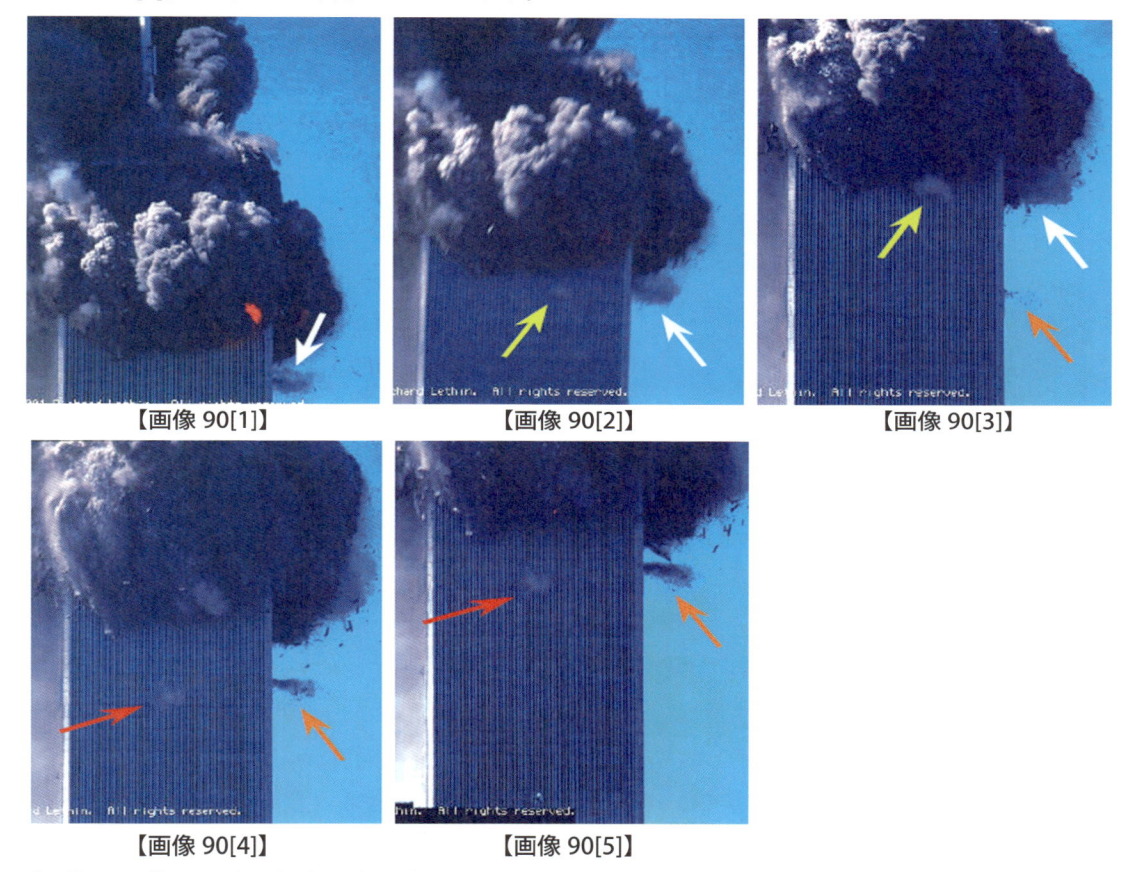

【画像90[1]】
【画像90[2]】
【画像90[3]】
【画像90[4]】
【画像90[5]】

【画像90[1]】では白い矢印の先に噴出がはっきりと見えています。**場所は崩壊中と思われる階から5～6階下、つまり20m近く離れた所です。**86階か87階あたりでしょうが、すでに20mほどの長さにまで成長しているようですから、これは崩壊が開始した早い時期に現れたものと思います。

そして【画像90[2]】では手前側の面にも新しい噴出が観察できます。黄色の矢印の先なのですがやや見にくいかもしれません。写真を拡大して見ますと**右側の噴出と同じ階であることが分かります。**この点はやはり第2ビルに現れた噴出と共通した特徴を持っています。つまりある一つの「拠点」になる階のコア支柱群が破壊された、ということを示しているのです。

そして【画像90[3]】になりますと右上の噴出は30m以上に成長して崩壊の粉塵の中に巻き込まれていき、手前側の面の噴出ははっきりとその姿を表します。そして、**右側の下の方には新しい噴出が起こり始めています。**オレンジの矢印の先です。上の噴出よりも10階ほど離れた箇所で、このときに崩壊が進んでいたと思われる階よりも**50mから60mほど離れています。**その階から判断して、**74階と75階にあったメカニカル・フロアーでしょう。**

【画像90[4]】になると先ほどの黄色い矢印の噴出は崩壊に巻き込まれ、赤い矢印の先に**新たに噴出が始まっている**ことが分かります。**場所は右側の噴出より1つ下の階のようです。**右側の噴出は大きくはっきりした姿を示しています。

　そして最後の【画像90[5]】では右側の噴出は少なくとも**20m以上**の長さに成長しています。この写真では光線の具合なのかメカニカル・フロアーの色の変化がわかりませんが、他のビデオ映像で明らかにこの二つの新しい噴出がメカニカル・フロアーからのものであることが示されます。この点も第2ビルで起きた現象と同じでしょう。つまり最も頑丈に作られた部分が崩壊に先立って破壊されたということです。

　【画像91】はCNNビデオからのものですが、元々が小さくぼやけた写真を無理やりにコントラストを上げて噴出の様子を見やすくしたもので異様な感じに見えるかもしれません。タイミングは【画像90[5]】のやや後と思われます。ここからもこの噴出が74階と75階のメカニカル・フロアーで起こっていることが解ります。

【画像91】

　両タワーの崩壊で明らかな共通点の一つがこのメカニカル・フロアーの破壊です。第2ビルの下の方にあったものだけではなく、74～75階のメカニカル・フロアーが全面的に破壊されたことも含めます。もちろんこれらは人為的な破壊活動以外で説明できるものではありません。こうして第3章にあったマドリッドのウインド・ソル・ビルでフロアー部分の崩壊を食い止めたメカニカル・フロアーが、WTCタワーでは全くその働きを示さなかったのです。崩壊を遅くすることすらできませんでした。これが両タワーの全面的な解体に果たした役割は極めて大きいといえます。

　その他、数多くのビデオ記録でこれらの噴出がはっきりと記録されており、一つ一つが事実として起こった現象であることに疑いをはさむ余地はありません。それは明白に**内部から外部に向けて働く強烈な力**によってしか発生しない現象であり、しかもそれぞれ同じ付近の階で複数の面で正確に起こっています。

　こうしてみると第1ビルの崩壊は人為的な爆破作業の以外に原因が考えられないでしょう。少なくとも「**重力による崩壊説**」は消えてなくなりましたね。

【参照ビデオ】
http://st12.startlogic.com/~xenonpup/Flashes/squibs_and_streamers.qt
Squibs and Streamers
http://www.911research.com/wtc/evidence/videos/docs/wtc1_cisterns.mov
WTC1 Cistern
http://investigate911.se/north_tower_demolition_analysis.html
World Trade Center - North Tower 'Collapse'
http://www.youtube.com/watch?v=N2hVLypbFTo
WTC-1 collapses from "9-11 Explosive Reality"

第6章
第7ビル崩壊に関する事実

(1) タワーとは逆に下から崩れて残骸は山と積もった

次にある【画像92[1]】から【画像92[5]】までの連続写真をご覧ください。

【画像92[1]】

【画像92[2]】

【画像92[3]】

【画像92[4]】

【画像92[5]】

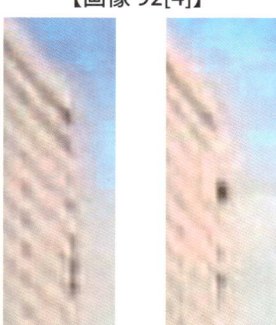

【画像92[2]】【画像92[3]】の部分拡大

WTC第7ビルはビル全体がちょうど水に沈む重い箱ででもあるかのようにそのままストンと下に落ちていきます。第1ビルや第2ビルとは全く逆に（ただしその上層階と同じように、ですが）**下の方から崩れていったことが明らかです。**しかしよく見るといくつかの点に気がつくことになります。

　連続写真で縦に引いた黄色い線は第7ビルの左端と右端のラインです。この線と下に写っているビルの窓との位置関係にご注目ください。**左端は落下が進むにつれて少しずつ左側に移動**しています。

　右側にある細い赤い線はビル屋上の右端角から降ろした鉛直線ですが、【画像92[1]】では右端の稜線は鉛直に立っています。しかし下のビルとの関係から見ると【画像92[2][3][4]】と進むにつれて、屋上の右角の部分がやや左側に移動したようです。左にある【画像92[3]】の部分拡大をご覧ください。左側の端の移動はもっと大きいですから第7ビルは**落ちながらやや左に向かって傾いて同時にふくれていった**ことになります。しかしあの鉄骨構造がふくれる？　どうにも奇妙な話ですね。もう少し見ていきましょう。

　【画像92[1]】【画像92[2]】の赤い矢印の先を見てください。ちょっと見難いのですが**屋上にあった構造物が真っ先に落ちたことが分かります。**これは他の多くのビデオからも明らかに確認されることです。

　そしてそれ以降、ビルの全体が下に沈んでいくのですが、屋上の端が作っているラインを見てください。【画像92[3]】【画像92[4]】の黒い線は左側の頂点と右側の頂点を結んだ直線なのですが、これと比べてみたら分かりやすいでしょう。時間の経過につれて**屋上のラインが次第に折れ曲がり真ん中の部分がへこんでいくのが分かります。**つまり**中央部左側がやや先に落ちている**わけです。先ほど申しました屋上右側の角が少し左に移動しているのはこれと関係があるのでしょう。

　少しまとめますと、第7ビルは単純に真っ直ぐ落ちたのではなく、上の構造が先に崩れ、ビルの中心からやや東側（写真では左側）が最も速く崩れていった、そのため屋上部分がその箇所に集まるように折れ曲がっていきビルの西側（写真では右側）の端が東方向に引き寄せられるように動いた、しかし全体としてはやや膨らみ加減で落ちていった、ということになります。

　さらに次の点に気が付きます。【画像92[2]】【画像92[3]】にある黒い矢印の部分ですが、別に作っている**拡大写真**を見てみますと奇妙な影が見えます。ビルの中から何かが噴出しているように見えます。ビデオで拡大しながら見ますと、下の方から順番に窓から灰色の粉塵が噴出していることが確認できます。

　これは次の写真で確認できる現象とも関係があるでしょう。この現象も他の角度から撮影したビデオで確認できるものですが、よく見れば【画像92[1]】からすでに表れているものです。各写真の白い矢印です。

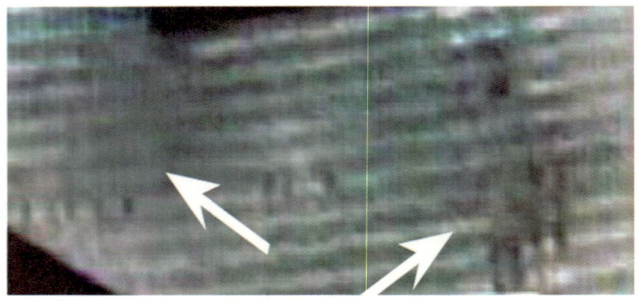

【画像92[3]】の部分拡大

【画像93】 　　　　　　　　　　　　【画像94】

　【画像92[3]】の正面向きの壁を拡大してみますと、方々で粉塵が吹き出していることが確認できます。**【画像92[3]】**の部分拡大で明らかに確認できます。先ほど確認した、ビルが横に膨らみながら落ちたという事実と関連させるならば、次のようなことが分かるでしょう。
　第7ビルを作っていた鉄骨構造が全体的にバラバラに破壊され、縦横のあらゆる方向で支える力を一気に失い、ビルの全体が一気に変形してしまった、という事実です。一体何が鉄骨構造をわずかの間に無力にしてしまったのでしょうか。
　第1ビルや第2ビルと同様に、あちこちでチョロチョロと見えた火事の熱が《ビル全体の鉄骨構造》を**縦横のあらゆる方向で自重に耐えられないほど劣化させた**、などというオトギバナシはこの際論外でしょう。

　さらに、第7ビルの崩壊と両タワーの崩壊の違いを特徴付ける最大のものはその残骸でしょう。**【画像93】**と**【画像94】**をご覧になれば分かるとおり、第7ビルではコアの支柱も周辺部の支柱も壁を作っていた鋼材も含めて、残骸が山のようにその建っていた場所に積もっています。
　これと第1、第2ビルの残骸**【画像134】【画像135】【画像136】**（「第8章（3）立ったものがほとんど残らなかったグラウンド・ゼロ」）を比較して見てください。違いは一目瞭然です。
　もちろんそれは崩壊の仕方によります。第1、第2ビルは全体的に見ると上から下に向かって、そして第7ビルは逆に下の方が何かの力で破壊され下から落ちるように崩れていった、ということです。
　しかしそれでは説明になりません。最も大切な点は、二つのタワーが水平方向の巨大な力で鉄骨を含むビル建材を次々と吹き飛ばしながら崩壊した（この点は「第8章：**WTCタワーの水平崩壊**」で詳しく取り上げます）、しかし第7ビルはむしろ、自分が建っていたちょうどその場所に、やや内側に向けて破壊した、ということです。しかも最も頑丈に作られていたはずの2箇所もあるメカニカル・フロアーさえも崩壊を止めるのに何の役も果しませんでした。
　奇怪なことですが、「第3章（2）F：第7ビルの火災と被害状況」で触れたように、第1ビル崩壊のトバッチリで最も激しく損傷を受け火災も激しかったと思われるのが南側の面ですが、**第7ビルは南側にではなく自分の中心に向かって崩壊しました**。どのような「構造的な劣化」がこのような崩壊を引き起こしたというのでしょうか。

さあ、以上に見てきた事実を、「**重力による崩壊説**」はどのように説明してくれるのでしょうか。どうみても、**損傷とも火災とも無関係な原因、つまり人為的な鉄骨構造の破壊による**、と考えた方が良さそうです。この崩壊の仕方を「**古典的なビル爆破解体**」と呼ぶ人もいます。事実、爆破解体のビデオを見るともう何の区別もつけられないほどそっくりです。どうやら「**公式説**」は敗者復活戦で生き返る望みもなくなったようです。

　なお、「公式説」の息の根を完全に止める第7ビルを含めた崩壊速度については、「**第9章　「公式説」超絶ウルトラ物理学の数々**」で検討することとします。

【参照ビデオ】

http://www.youtube.com/watch?v=X0PjB7RUx_M
WTC 7 collapse

http://www.911research.com/wtc/evidence/videos/docs/wtc7_collapse.mpg
WTC 7 Collapse

http://st12.startlogic.com/~xenonpup/Flashes/squibview.mpg
Squib View

http://www.implosionworld.com/cinema.htm
implosionworld.com（ビル解体業者の宣伝ビデオ）

（2）最初にコア鉄柱群が破壊された決定的証拠

　ビデオ記録から第7ビルの北西側にあったペントハウスが真っ先に落ちていることが確認されています。このペントハウスの位置は【画像95】にある屋上構造物の左側の銀色に光った屋根の建物です。ここが真っ先に崩れ、その4〜5秒後にやっともう一つの屋上の建造物が落ち、その直後にビル全体が落ち始めていきます。これはいったい何を表しているのでしょうか。

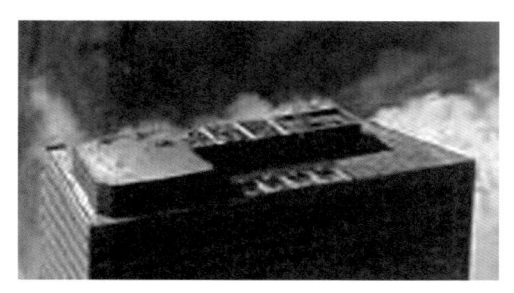

【画像95】

　第2章にありました【画像38】は第7ビルを内部から支えているコアの支柱群の配置を示します。もちろん屋上の構造物はこのコアの柱によって支えられていたと思われます。そしてここがどこよりも先に落ち始めました。しかもペントハウスは他の部分に比べて4〜5秒という相当に長い時間の前に落ちたのです。

　ペントハウスを支えていた内部のコア支柱が他の支柱よりも4秒以上先に破壊されて崩れ落ちた、そしてその後に、まずその他の支柱が破壊されて屋上の構造物が落ち、続いてビル全体を縦横につなぐ鉄骨構造の要になる部分が一気に破壊された、ということは間違いの無いところです。

　まあどうみても人為的な解体作業と見た方が無難でしょうね。ペントハウスを支えていた柱が異常に早く破壊されたことは要するにちょっとした単純な「作業ミス」でしょう。そしてこれは第2ビルの噴出が最初に一番下の箇所に見られた事とも共通するのですが、この「ちょっとしたミス」がむしろこの崩壊を人為的な破壊であると疑わせる十分な根拠を作ります。その意味でこれらは真犯人にとっては「重大なミス」でしょう。少なくとも「自然法則に沿った現象」ではありえないことを明らかにしているからです。

　どれほどの「上手の手」でも「水を漏らさぬ手」は存在しません。必ずどこかに破綻した箇所を作ってしまうものです。そしてそれを覆い隠すために、**次から次へと嘘に嘘を重ねるしかできなくなってしまう**のです。NISTのように。

　もちろんですが、NISTもFEMAも、第7ビルに関しては何の分析結果も出していませんし何一つまともな説明ができないままです。多分、永久に無理でしょう。そして2006年12月にNISTはどうやら民間の業者にこの「言い逃れ作業」の委託をしたようですが、民間業者とは、どうせ国家予算にたかってゼニさえもらえば「あとは野となれ山となれ」で姿をくらませば済む連中です。結局はNISTが責任を取らねばならなくなるでしょう。そしてそれに予算を与えて仕事をさせていた米国政府も。

　一網打尽の網がますます広がるだけですね。

【参照ビデオ】

http://www.911research.com/wtc/evidence/videos/docs/wtc_7_cbs.mpg
WTC7 cbs Video

http://www.youtube.com/watch?v=5qWFVzBdM5s
WTC 7 Explosive Energy

http://investigate911.se/building7.html
'Collapse' of World Trade Center 7

第7章
コア・ディナイアルと事実ヘイター

(1) 再度、「火災による高熱」の誤魔化し

《どのように修正を加えてもある事実を説明できる可能性を原則的に持たないならばその仮説は偽である》

　今まで第2ビル崩壊、第1ビル崩壊、そして第7ビル崩壊で起こった事実を調べてきたわけですが、上記の原則的な視点から、もはや「**公式見解**」が生き延びる余地は無いように思えます。それでもこれに固執する方には、本書**第6章**までで私が指摘したすべての事実が「事実ではない」と証明するか、あるいはそれらの事実すべてに対して説明可能な修正案を作成していただかなければなりません。

　しかしWTC崩壊に関する事実はまだまだ山ほどあります。私としては、まず「**重力による崩壊説**」以外の仮説をチェックするためにできる限り数多くの事実を提示して、将来にその仮説に客観的な判定を下すための材料を作っておきたいと思います。次に、崩壊開始後の事実に**何一つ適用不能な仮説をあたかも真実のように振りかざし、それに疑問を持つ者を様々に非難し難癖をつけ悪魔化して黙らせようとしてきた者達**に、二度とその論法を使えなくさせる事実を、ここから後の章でどんどん提示したいと思います。

　まず「**公式見解**」を代表するNISTの非科学的・詐欺的手法を再度ここで採り上げましょう。ただしこれらは今までにチェックしてきたものだけで、NISTの「罪状」はもっともっとあります。それはまた今後の章で。

① WTC火災の**不完全燃焼状態を無視**して「1000℃」という温度を何の説明も無いまま断定していること
② 仮にそれが実現していたとしても、一時的で一部の現象に過ぎない「1000℃」を、あたかも一般的であるかのように印象付ける**詐欺的な言い回し**
③ 火災現場にあった鋼材ですら250℃を超えていたものをほとんど発見できなかったうえに鋼材が600℃を越した根拠を何一つ持たないにもかかわらず、「600℃」あるいは「1000℃」の鋼材が一般的であったかのように**誤誘導**していること
④ 第1ビルと第2ビルに関する公式な報告の中で、**崩壊開始後の諸事実の観察・記録と分析・説明を放棄**し、崩壊中の諸事実を到底説明し得ない「高熱による鉄骨構造の崩壊」だけに固執してそれだけを印象付けようとすること
⑤ 「熔けたアルミニウムと混合する有機物」の**反科学性**
⑥ 「噴出を作る空気ポンプ」の**反科学性**
⑦ **第7ビル崩壊の諸事実に対する無視と沈黙**

ここまで見てきた以上、もはやNISTは「米国国家お抱え言論詐欺師集団」と極言しても差し支えないでしょう。そして彼らに費用を出して詐欺にも等しい行為を働かせている米国政府自身の責任もまた厳しく問われるべきでしょう。彼らがこれらの詐欺的言辞で誤魔化しているのは、米国国民だけではなく世界中の人間たちだからです。

　ここで再度、WTC第1ビル建設写真から【画像15】のコア部分の拡大、および【画像16】とそのコア部分の拡大ご確認ください。この非常に強固な三次元構造で作られていたコア支柱群の大部分が健在だったのです。特に下層階での火事の気配もその報告もありません。

【画像15】のコア部分の拡大

【画像16】　　　　　**【画像16】のコア部分の拡大**

　お笑い草として、米国の「公式見解」応援団を務めるある「科学」雑誌がビルのコアについてあからさまなトンデモで実に悪質な言論詐欺の手口を披露してくれました。これについてはこの後の「D：「ジェット燃料が燃えながら落ちた」の嘘デタラメ」で詳しくご説明することとします。

　崩壊の結果として、ビル全体の、上から下までの、すべてのコア支柱群が文字通りバラバラの状態で解体されてしまいました。しかしFEMAもNISTも、グラウンド・ゼロにあったコアの支柱のサンプルから「どうしてあの頑強な鋼材を上下左右斜めに張り巡らせた頑強なコアの鉄骨構造が破壊されたのか」という分析は全く行っていません。

　彼らがただでさえ少ししか残さなかったサンプルを分析して発表したのは、そのほとんどが細い外周の支柱とか飛行機激突箇所と火災現場で潰されたようなものでした。これについても後の「C：NISTと

FEMAのちょろまかし「分析」でご説明しますが、米国政府の公的機関はこうやって、WTCタワーにかかる力の60％を支えていたコアの支柱群をその**重要性はおろか存在すら**無視しようとしたのです。

そしてどうやら日本でも「**公式見解**」応援に精を出す人たちは必死になってコアを「亡き者」にしたがっているようで、よほどこのタワーの中心を支える巨大な構造が何とも目障りな様子と見えます。たしかに「これさえなければ話がうまくいくのに！」といったところなのでしょう。中には「外周の支柱群だけでWTCタワーがやっと立っていた」かのように印象付けようと脂汗を流す人たちすらいます。ところがどっこい、**事実は永久に消せない**のです。

この章のタイトルである「**コア・ディナイアル**」とは「**コア否定論者**」の意味ですが、J・ホフマンが中心となっている911Research.comにあった表現を借りたものです。つまり「コアが無かったことにしたい人々」「コアをできる限り過小に評価したい人々」ということです。

また「**事実ヘイター**」は「**事実嫌悪者**」ということで、文字通り「事実を忌み嫌い事実から目をそむけ事実を《無かったこと》にしたいと願う人々」「他の人々に事実を忌み嫌わせ無視させたいと願う人々」の意味です。「**反事実主義者**」と言っても良いでしょう。

これらは国によらず「**公式説**」およびその応援団に特徴的な傾向です。この種の人たちは決まって、事実に目を向けて事実を正確に調べようとする人に向かって「陰謀論者！」という言葉を投げかけます。もっと言えば**他人を「陰謀論者！」と呼ぶ者は間違いなくこの「コア・ディナイアル」「事実ヘイター」「反事実主義者」**でしょう。

そして「**公式説**」の中でそのシンボリックな表現がNISTによる「**1000℃**」でしょうね。「**NIST報告**」の中で「**1000℃**」あるいは「**1100℃**」は8回登場し、それよりもはるかに短い「**NIST回答**」の中では6回使用されています。しかもその多くが「鉄骨構造の変形、崩壊」と結び付く箇所で使用されているのです。

ありもしない「1000℃の鉄骨」がまるで大量にあったかのような読み違いを誘おうとするこの数字の反復は、それを読む人々に「何とかして事実を無視させたい」と願うNIST研究員達の「**事実ヘイター**」としての心情を見事に表現していると言えるでしょう。その精神の働きが根底にある以上は、どのように書いても詐欺的な表現にしかならないでしょうね。

この点については「第3章（2）E：NISTはなぜ「1000℃！」をやたらと強調するのか？」を再度ご確認いただきたいと思います。

もうこの本をお読みの方には、**火災現場から離れた箇所で火災の熱によって弱められた支柱はただの1本たりとも存在しなかった**ことが明白にご理解できることと思います。鉄骨とそのつなぎ目が、WTCタワーが30年以上そうであったように、**全く健在なままの状態だったことは明々白々**です。

「1000℃の支柱」が一本でも存在したという人がいるのなら、その実物を見せて証明してください。少なくとも、多くの写真やビデオによる証拠と正確な科学的推論からでは、そのような結果は全く出てきません。鉄の熱伝導率と比熱、途中での発散、火災の継続時間を勘定に入れた場合、たとえばタワー50階以下の鉄骨が100℃どころか50℃になったことすら証明できないでしょう。実に馬鹿馬鹿しい話です。

次の節では「**コア・ディナイアル**」の具体的な例をご紹介しましょう。これらの例がことごとく「**事実ヘイター**」としての心情を見事に表現していることをお確かめください。

(2)「コア鉄柱群は無視せよ！」

A：最初は「熔けた！」、嘘がばれたら「コアを無視せよ！」

次の【画像96】は2001年9月13日付の英国BBCニュースに載せられた「WTCの構造」と題する図解です。これは2007年6月現在でも次のインターネット・アドレスで確認できます。
http://news.bbc.co.uk/2/hi/americas/1540044.stm

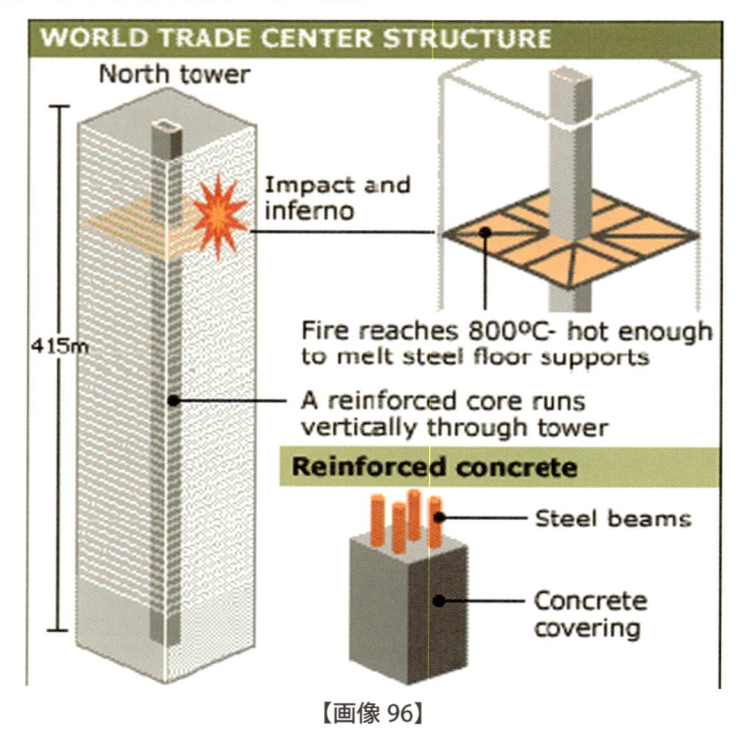

【画像96】

ここには次のようなことが書かれています。
「火が800℃に達する。それは鋼鉄製のフロアー・サポートを溶かすのに十分なほど熱い。」「一本の鉄筋コンクリートのコアがタワーの中を通っている。」

BBCの報道は小学校の学級新聞レベル、ということなのでしょうか。日本語の子供新聞でももう少しまともに調べてから記事にするはずです。

BBCが未だにこの図解と記事を抹消しようとしないのは、誤った記事であっても正直に保存しておかなければならないというジャーナリズムの精神に忠実であるせいなのか、それとも未だに上記のことを見る人に信じ込ませようとし続けているせいなのか、ちょっとわかりません。

もし前者ならなかなか見上げた態度だ、ということですが、もし後者ならBBCはやはり「**英国国家お抱え詐欺師集団**」と罵倒されても文句は言えないでしょう。ちなみにBBCは第7ビルが崩れる20分以上も前に「第7ビルが崩れました」と報道したのですが、2007年になってその点を指摘されたときに「当時のビデオは紛失したので確認できない」と答えて逃げました。そのBBCが「800℃で鋼鉄が熔ける」記事

を未だに保存しているわけですが、さて、どっちの態度なのでしょうかね。

　鋼鉄が 1000℃未満では絶対に熔けないことをスタッフの誰一人として知らなかったとしたらそれだけでも BBC の教養の程が疑われる情けない話ですが、たとえ知らなくてもほんのわずかでも調べたらすぐに分かることです。これはもう明らかに意図的としか言いようがないでしょうね。**英国国営放送の名で意図的にデタラメを世界に垂れ流したと言う以外にはない話です。**

　また WTC のコアの扱い方はどうでしょうか。いかにもタコにも、ほとんど無いのと同然の描き方ですね。「飛行機のショックと火災でタワーが崩壊するのは当たり前だ」という印象を意図的に与えようとしているかのようです。オマケに、BBC は図の右下に鉄筋コンクリート（reinforced concrete）の図を描いています。もちろん WTC コアは鉄骨構造であり鉄筋コンクリート作りではありません。明白な虚構です。

　当然ですが、こういったデタラメ報道を BBC が謝罪して訂正した事実はありません。つまり「英国国営放送としては謝罪も訂正もする必要が無い。我々が伝えたことは真実である。」ということなのでしょう。

　しかし実は、BBC のスタッフばかりを非難していられないのです。おそれ多くもかしこくも、各国の名だたる有名大学のご立派な肩書きをお持ちの先生様方が、口をそろえて「ジェット燃料の火災で鋼鉄が熔けた」とおっしゃっておいでだったのです。いくつかの実例を、先生方の実名を挙げながら、お目にかけましょう。

　最初は、かの有名な米国スタンフォード大学から、生物科学部および応用物理学部教授スティーヴン・ブロック博士です。（下線は私から。）

（Stanford News Service　NEWS RELEASE 9/11/01）より
スタンフォードの科学者は世界貿易センター攻撃の衝撃を核兵器の爆発に喩える
http://www.stanford.edu/dept/news/pr/01/block911.html

　スタンフォード大学教授スティーヴン・ブロックは、国家安全保障およびテロリズムに関する専門家だが、火曜日に記者団との会見で、世界貿易センターの悲劇に関する質問に対して答えた。

　彼のちょっとした計算（"backof-an-envelope calculation"）によると、燃料を満載したボーイング 767 や 757 機は、あるビルに突っ込む際におおよそ TNT 1 キロトン相当のインパクトを与えるであろう。これはヒロシマに落とされた原子爆弾の 20 分の 1 にあたるエネルギーに等しい。

　「これはもう大変なエネルギーだ」とブロックは語った。「この簡単な計算によれば、どんな燃料を満載した飛行機でも基本的に巨大な空飛ぶ爆弾なのだ。」

　世界貿易センタービルが「驚異的な種類の力」にそして飛行機の激突にすら耐えるように設計されたにもかかわらず、建築家達は国中をまたいで飛ぶために十分な燃料を積載した飛行機がどれほどの巨大な熱を発生させるのか計算に入れなかったのかもしれない。激しい熱はビルのコア支柱を溶解させビルの崩壊を許したのだろう。このように彼は示唆した。【後略】

　まあこんな先生がクビにされないのだから、スタンフォード大学もその程度なのでしょうね。「TNT 1 キロトン相当」ですか。誰か確認の計算をしてくれませんか。私はやる気ありませんので。

　お次は建築構造技師でアリゾナ建築大学講師リチャード・イーベルトフト先生です。

UA NEWS（Wednesday September 12, 2001）より
http://911research.wtc7.net/cache/disinfo/collapse/wildcat_intenseheat.html
激しい熱が貿易センターの鋼鉄製支柱を溶かした

> 建築構造技師でアリゾナ建築大学講師であるリチャード・イーベルトフトは、何千ガロンもの飛行機燃料による炎がビルの支柱を熔かしたと推定した。イーベルトフトは、鋼鉄が 700℃から 1000℃に熱せられるときにその強度の半分を失うと語った。

どうでもいいけど、この人、一体どんなビルを建ててくれるのだろう？　続いていきましょう。

> Sunday Times（September 12/2001）より
> http://www.suntimes.co.za/2001/09/12/architect.asp
> **カミカゼ攻撃犯はトゥイン・タワーの弱点を知っていたのかもしれない**
> コロラド大学都市工学教授であり世界貿易センターの建築主任であるハイマン・ブラウンは、数千リットルの航空機燃料による炎が支柱を熔かしたと推定した。

いやになってきましたので、もう一つだけ。

> BBC News（Wednesday, 17 October, 2001）より
> http://news.bbc.co.uk/2/hi/uk_news/england/1604348.stm
> **詮索されるトゥイン・タワーの鋼鉄**
> （ニューカッスル大学の構造力学教授ジョン・ナプトンの話）「36 トンのジェット燃料は鋼鉄を熔かしてしまうだろう。…。為しうることは鋼鉄の周囲に断熱材を貼り付けできる限り長く鋼鉄を冷めた状態に保つことで崩壊を遅らせることである。」

　もうこれくらいで十分でしょう。気分が悪くなってきました。
　もしジェット燃料が鋼鉄を熔かすのなら、ジェット燃料とほぼ同じ成分である灯油を完全燃焼させている石油ストーブはどうなるわけ？？
　ジェット・エンジンの中で燃料は最も効率よく完全燃焼しているのだが、エンジンがその熱で熔ける？？
　恐ろしくて生きてられませんね。
　きっと9・11のテロリストが破壊したものはWTCやペンタゴンではなく、このような学者先生たちの脳ミソなのでしょう。そうとしか言いようがありません。いくらなんでも我が日本には、こんなご立派な先生方はいらっしゃらなかったですよね…。
　もちろんこんなデタラメがすぐにばれないはずはありません。上の先生方は後でそのマヌケさかげんをどのように取り繕ったのでしょうか。（それとも誰かさんから「金一封」でも頂戴したのかな？）

　次にはこれが出てきました。ご存知「パンケーキ」です。まあこれも、かの有名なマサチューセッツ工科大学のT・イーガー先生がいたくお気に入りの説なのですが。
　次の【画像 97[1]】～【画像 97[3]】は「FEMA 研究」第 2 章に載せられている「パンケーキ崩壊」の説明図なのですが、何ともかんとも「コア・ディナイアル」！　この図と FEMA による説明の誤魔化しは明白です。
　【画像 97[1]】～【画像 97[3]】ではそれぞれの右端に描かれている柱がコアの支柱で左側が外周の支柱だということですが、何と第 2 章でお目にかけた頑強なボックスコラムと外周の柱が同じ太さで描かれ、熱膨張したトラスによって外周もコアも同じように曲がったかのように説明されている！　第 2 章と共に、先ほどの【画像 15】と【画像 16】のコア部分の拡大を再度ご確認ください。ありえますか？　誇張にしてもほどがあるでしょう。これは無責任なネット情報ではなく政府機関による正式発表なのです。

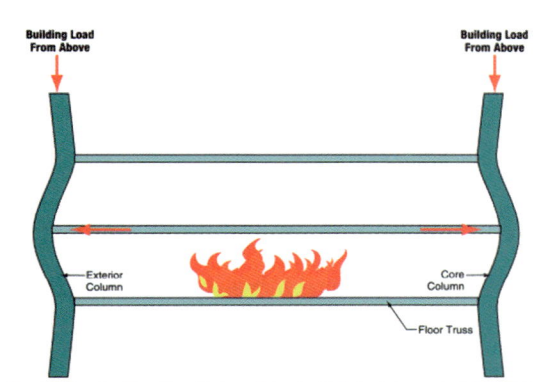

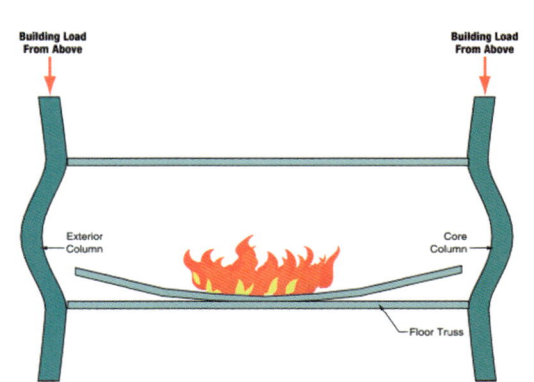

【画像 97[1]】　　　　　　　　　　　　**【画像 97[2]】**

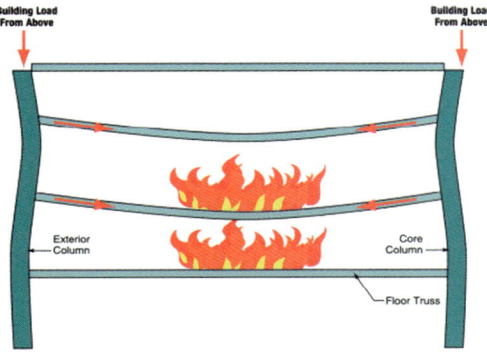

【画像 97[3]】　　　　　　　　　　　　**【画像 98】**

　しかも、**コア支柱の右側は何の鉄骨も入っていないガランドウだったらしい！**　コアの鉄骨構造と右側フロアー部分は全く無視されています。どうして FEMA は一つの階の全体を描いて説明しなかったのでしょうか？

　たとえば下の模式図なんかいかがでしょうか？　ちょっと小さいですが、これは私が第 2 章の鉄骨の説明と【画像 22】【画像 24】を参考にして作ったものです。左はコアが 26m の方向の断面、右はコアが 40m の方向の断面で、実際にはコアの支柱のあり方は場所によって異なりますが、この方がはるかに実物に近いでしょう。この図で連続「パンケーキ崩壊」を説明したら？　やはり【画像 97[1]】～【画像 97[3]】と同じ説明ができますか？　私には到底自信がありませんが。

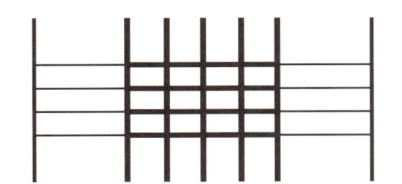

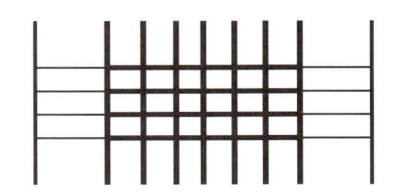

　もし熱で両側のフロアー部分が膨張してコアの支柱がゆがんだと言うのなら、**中心にあった頑強な構造が押し縮められたわけでしょうか？**　どのように？　ひょっとするとコア全体が右側にグニャリとひん曲がって逆側のフロアー部分にあったトラスをさらに右に押しやったのかな？　フロアー部分の広い方（幅 18m）も狭い方（幅 11m）も、同じように変形したというわけかな？

　コアの鉄骨構造を中心にして左右に外周の柱群が広がったような説明ならまだ筋が通っているでしょ

う。そしてフロアー部分のトラスが連続的に座屈を起こして崩落した、と・・・。ただしその場合、外周と接続していた部分だけが外れますよね。それでどうして一番下まで崩落が連続するのかは知りませんが・・・。ところで**コアの鉄骨構造はどうなる？　なんで最終的にビル全体が壊れたわけ？**（「とにかく熱かった」は無しですよ。）

　おまけに、第2章でも申し上げたように、火事が起こっていた箇所はビルのごく一部でした。第3章で申し上げたように火事場で床のトラスや支柱が高熱によって強度を失ったことすら信用できませんが、仮にもしそうだとしても、その下にあった大多数の常温だった箇所は？　どうなるの？　上から落ちる床の運動エネルギーが次々と新しい床を破壊するエネルギーを次々と圧倒的に上回っていったのかな？　ほとんどエネルギーの消費無しで床を破壊していったのかな？（これについては第9章で再度採り上げます。）まあ、仮にそうだったとして・・・、ところで**コアの鉄骨構造はどうなる？　なんで最終的にビル全体が壊れたわけ？**（「とにかく熱かった」は無しですよ。）

　FEMA は「パンケーキ崩壊」説を合理化すること以外は全く何も考えていないようで、WTC ビルの構造という事実を捻じ曲げコアを無視し、**ありもしない虚構のビルをでっち上げているのです。**

　そして【画像98】は民間の「公式説」応援団、教育用ビデオの製作会社 NOVA による WTC タワー崩壊アニメの一場面ですが、もう何も言う必要はないですね。NOVA は他の場面ではコア支柱を外周の支柱と同じ程度の細さで描き、そのうえでそれをユラユラと風にそよぐ葦のように揺らしてみせて、その頼りないコアの支柱を床板がやっとのことで支えていたかのように描き、コアが WTC でいかに重要ではなかったのかを、思いっきり強調しています。（これはこの項の最後にある参照ビデオで見ることができます。）とにかく**コアの支柱群を「影の薄い存在」にしたい一心**のようです。こんなビデオで教育されたら若年性痴呆症の学生が続出することでしょう。

　この NOVA は、「パンケーキ崩壊」でフロアー部分を全部下に落としたのにコアだけがしっかりと残っているという摩訶不思議なアニメを作成しているのですが、ひょっとするとひょっとして、「公式説」のデタラメさを告発してくれていたのでしょうか。それならありがたいことですが。

　それにしても、こんな「コア・ディナイアル」たちが唱える事実ヘイト（嫌悪）にとりつかれた反事実主義を、これまたいとも簡単に信じ込んでしまう人たちが世界中にワンサカいるという事実こそ、真に驚愕すべきものでしょう。

　ことのついでに、マサチューセッツ工科大学（MIT）素材工学教授トーマス・イーガーが NOVA との対談の中で、WTC 崩壊について語った言葉を掲げておきましょう。（下線は私からの強調です。）

> **NOVA**: ツイン・タワーは基本的に真っ直ぐ下に落ちました。それがひっくり返る可能性はあったのでしょうか。
> **Eagar**: この場合ではそれは全く不可能だ。我々の通常の経験では、小さな物を取り扱う。たとえば水の入ったグラスで、これがひっくり返るとしよう。そのとき我々はある物がその底面に比べてどれくらい遠くに傾くものなのかに気が付かない。世界貿易センターの底面は一辺が 208 フィートだった。そしてそのことは、その重心をビルの中心から離し底面を越えて外側に動かすために、少なくとも 100 フィート、一方の側に倒れていなければならなかっただろう、ということを意味している。ビルはとんでもない大きさで傾いていたことになる。世界貿易センターがそうだったようにそのほとんど

> が空中にある高層ビルにおいては、これでは支柱が捻じ曲がってしまたことだろうし、<u>それがひっくり返ってしまう前に真っ直ぐ下に落ちていたことだろう。</u>
>
> 　ビルの解体を見たことがあるかね？　彼ら（解体技師たち）はビルを爆破するのだ。そしてビルは破裂する。さて、私は以前に解体の専門家にこう尋ねた。「あなたたちはどのようにしてそれを、破裂させてしかも外側に落ちないようにするのですか」と。彼らは「ああ、それは爆発物を置く場所と爆発のタイミングだけですよ」と言ったのだ。私はずっと彼らの答えを正しいと認めていた。世界貿易センター（の崩壊）までは。そのとき私はそれについて考えたのだ。それは正確な答えではない。正確な答えはこうだ。<u>ビルは下に落ちる以外に無い、と。それらはあまりにも大きい。あんな巨大な重量のもので―世界貿易センター・タワーはそれぞれ50万トンの重さがあるのだが―横の方向に押すだけの十分に大きな力を出せるようなものは無いのだ。</u>【後略】
>
> The Collapse: An Engineer's Perspective
> http://web.archive.org/web/20050313090352/www.pbs.org/wgbh/nova/wtc/collapse.html
> （注：元々はNOVAのHPに掲載されていたのだが、現在はなぜかそこからは抹消されており、上のInternet Archiveに収録されている。）

　私はこの資料を最初に読んだとき思わず茫然自失となりました。これが本当にMITの教授の言葉なのか、と眼を疑い思わず何度も読み直してしまいました。これをお読みの方の中で、理工系、特に建築工学か土木工学、あるいは構造力学を勉強している方がおられたら、ぜひともご意見をおうかがいしたいと思います。

　この先生の脳ミソの中には、ビルディングが「**全体が真っ直ぐに横に倒れるか、さもなければ全体が真っ直ぐに下に崩れるか**」という**ウルトラ単純な二者択一**以外のものは存在しないようですね。たぶんこのMIT教授の頭脳はWTC崩壊以前にすでに崩壊していたものと推測します。まあ、どうせ「学長の椅子」とか「ノーベル賞」でもちらつかされて調子に乗ったのでしょう。

　さすがのNOVAも「教育上不都合だ」と判断したのでしょうか、イーガーとの対談とその「パンケーキ崩壊」の説明をHPから抹消してしまいました。やっぱり民間企業は変わり身が早いようです。

　言うまでもありませんが、このパンケーキ教授、コアの鉄柱群がどのようなメカニズムで先っちょから根っ子まで何の構造も残さずにバラバラになってしまったのか、という説明は全く行っていませんし、S・ジョーンズ博士による討論の挑戦状からは逃げまくっています。そりゃ、逃げるしかない。本人も分かっているのでしょう。

　まあ、専門バカなら専門バカらしく、冶金の研究だけに精を出しておけばそれなりに面白い良い先生で過ごせたのでしょうが。いっそのことご自分の開発した金属で世界一のパンケーキ窯でもお作りになって、マサチューセッツでパンケーキ屋でも開業なさったらいかがでしょうか。

　もう一度、事実は落語より奇なり。

【参照ビデオ】

http://www.youtube.com/watch?v=tgRGB1iReAY
Nova from pbs debunked "pancake theory"

B：おまけに「支柱うどん」の大合唱！

「コアが熔けた」の大嘘もコアを「亡き者」にする陰謀もままならない事実ヘイターたちがひねり出したもう一つの虚構は何か？　これが支柱崩壊（支柱フニャフニャうどん＝wet noodle）説、「高熱で強度の落ちたコアの鋼鉄柱がビルの重みに耐えかねて崩壊した」というヤツですが、「高熱」以外にも、この誤魔化しは明白です。

次にある【画像99】をご覧ください。「公式説＝重力による崩壊説」の素晴らしい詐欺の実例です。

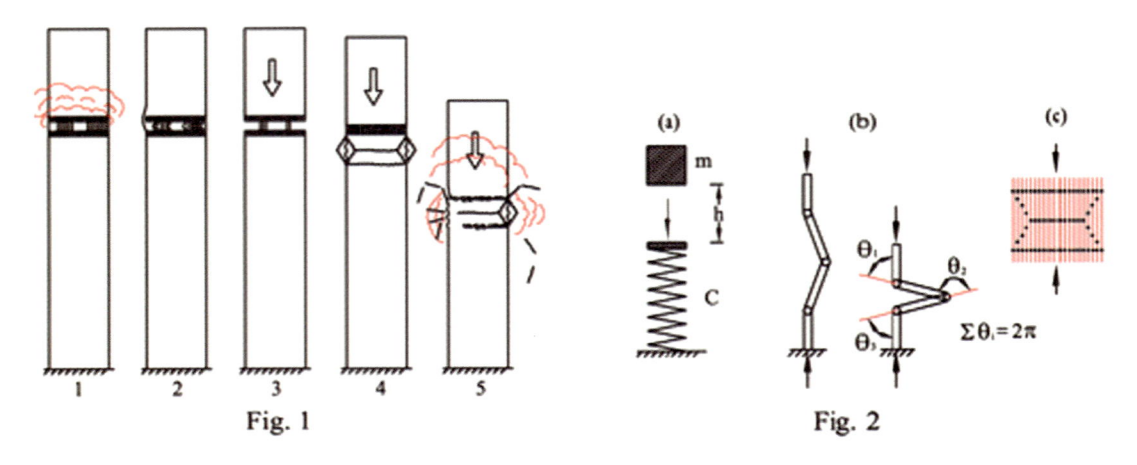

【画像99】

これは第4章でご紹介した「支柱崩壊説」論者の代表格ズディネック・バザント博士の Why Did the World Trade Center Collapse?Simple Analysis によるものです。

まず左側にある Fig.1 で「上の塊」がそのままの姿で落ちるという実際のタワー崩壊とは似ても似つかぬ図を使っていますね。これがありとあらゆる事実と明確に矛盾した「事実ヘイト（嫌悪）」に取り付かれて描いた図であることは言うまでもないでしょう。そんな「上の塊」など実際にはどこにも存在しなかったのです。そもそもバザント氏自身が、第2ビルの上層階が崩壊するように説明しています！（第4章参照）

要するに、まず周辺のフロアー部分が座屈を起こして崩落し、続いて「上に存在する巨大な質量の塊？？」のためにコアがブッ崩れる、そしてまたフロアー部分が崩れる、といった連続だった、と言いたいようです。で、各階のコアと外周の支柱はどうなったのか、という説明で、右側の Fig.2 に移るわけです。

何ですか、この（a）のアコーデオンは！？　何と！「柱一本だけの崩壊」を説明しているのです。ところで WTC の支柱って、たった1本だけで立っていましたっけ？　【画像15】のコア部分の拡大、【画像16】のコア部分の拡大をご覧ください。縦に通った47本の支柱が水平方向と斜め方向の鉄骨で組み合わされ、頑強な3次元構造を作り上げています。当然ですが、外周の支柱はスパンドレルですべてがつながりあう網の目のような構造をしていたのです。第2章をご確認ください。

第3章の【画像47】と【画像48】を再度ご確認ください。一晩中、猛炎に包まれたマドリッドのビルは、外周部分が崩壊した箇所でもコアはびくともしていません。曲がった箇所すらありません。これが鉄骨ビルのコアなのです。

(以下に視覚化して説明します。)

鉄柱一本やったら、これも‥‥、これもありうるわなあ。ほなら（↓）これはどうやろ？

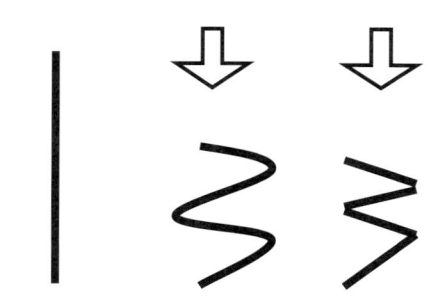

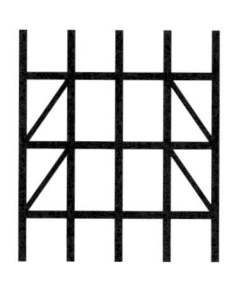

やっぱしこんなふうになるんやろか？

　鉄骨構造のビルは鉄骨どうしが組み合わさって力を分散しあって支えあっています。一部の鉄骨の強度が落ちたくらいで全体がバラバラに崩れ落ちるなどありえないでしょう。

　一本の柱だけを描いて「ホラ、見ろ。こんなふうに鉄骨が崩壊したのだ。」と説明してみせるバザント氏の手口はまさしくペテンそのものですが、またこんな説明にたやすく引っかかる人の知的レベルとはどのようなものでしょうか。

　第2章（1）のBでご説明したように、WTCタワーの鉄骨は麦藁細工じゃないのです。コア部分の寸法はおよそ 40m × 26m です。先ほどのコア部分の写真でも巨大な鋼材を中心に3次元的に頑丈に組み合わせたコアの構造を再度ご確認ください。このコア鉄骨構造のどの部分がどのくらい強度が落ちたために、**あの地面の上に立ったものがほとんど何も残らない崩れ方をした**と言うのでしょうか。事件後は第8章にある写真【画像134】【画像135】【画像136】の状態になってしまったのです。

　あの「**事実ヘイター**」の「**コア・ディナイアル**」たちの気持ちも分からないではありません。あんな頑強そのものの姿を誇示するコアの写真を見たら思わず目をつむりたくなるのでしょう。「コイツさえなければ！」ということですね。

　オマケに！崩壊進行中の箇所の上には何も乗っていない、何の質量も存在しないのです。これはこれでまた第9章で徹底的に叩くことにしますが、FEMA も NIST も、その口真似をするしか能の無い者達も、**事実を憎み、事実から目をそむけ、事実から逃げる**以外の手段を持たないのです。

C：NISTとFEMAのちょろまかし「分析」

　第8章の【画像134】【画像136】を確かめてください。太いコアの鉄柱でどこかにグニャグニャと曲がった柱が見えますか？　私は高解像度のグラウンド・ゼロの衛星写真を隅々まで見ました。確かに外周の柱の細いものには変形したものもかなりあります。しかし太いコアのボックス・コラムでグニャリと曲がったものは少なくとも地表に見える限り発見できません。他の鉄骨と立体的に組み合わさった形で落ちているものも全く見えません。みんな真っ直ぐのままでバラバラになって倒れ落ちています。【画像15】のコア部分の拡大、【画像16】のコア部分の拡大、【画像20】でご確認いただいたあのWTCコアの強大な構造は一体どうして、どこに消えてしまったのでしょうか。元々はお互いに上下方向に、また横方向や斜めの梁ともボルトや溶接で組み合わされ、強固な立体構造を作っていたコアの支柱が、どうしてあのように1本1本バラバラに引き離されてしまったのか、これがWTC崩壊で一番肝心な部分のはずです。コアがあれほどに完璧に崩れ果てなかったのならば、あのビル全体が完璧に崩壊することなどありえなかったのです。

　次の【画像100】【画像101】は「NIST報告」（6.4 p86-91）にある写真です。確かにグチャグチャになった鉄骨が写っています。【画像100】は第1ビルの崩壊が開始した付近のH型鋼のコア1本とその付近の床トラスを作っていた細い鋼材、【画像101】は飛行機激突箇所にあった外周柱のようです。

Figure 6–3. Examples of a WTC 1 core column (left) and truss material (right).

【画像100】

Figure 6–4. WTC 1 exterior panel hit by the fuselage of the aircraft.

【画像101】

そりゃ、あの馬鹿でかい飛行機がぶち当たった場所とか崩壊が開始した場所の鋼材ならグチャグチャになって当たり前です。そんなものばかり調べて発表して、一体何になるのでしょうか。一番肝心なのは**飛行機の衝撃も直接受けず火災にも遭っていない箇所の支柱群でどのようにその溶接やボルト留めが外れてバラバラになってしまったのか**、ということです。この分析がない限りWTC崩壊の事実を語ることはできません。

　「NIST報告」では86～91ページの6.4 LEARNING FROM THE RECOVERED STEELで鋼鉄材についてごくわずかに触れているのみです。そこには今の写真を含めて、飛行機激突・火災現場の鉄柱のことは書いていますが、どうしてビルの構造全体がほぼ何も残さずに崩壊し果てたのか、というテーマにつながる最も大切な分析は何一つ書かれていません。

　これらの写真は一体何の「報告」なのでしょうか？　これもまた、**粗忽者の読者を「ウワーッ、鋼鉄の柱がこんなグチャグチャになったんだぁ！　よっぽどひどい火事だったんだなあ！　これじゃ崩壊しても当然だぁ！」と思い違いをさせるための詐欺的手法**としか考えようがありません。

【画像102】　　　　　　　　　　　　　　【画像103】

　また「FEMA研究」のレポートでもそのAppendix Bで、外周柱を縦につないでいたボルトがちぎれた写真、床材をとめていたボルトが外れた部分の写真などが公開されています。上の【画像102】【画像103】をご覧ください。そして確かにそれらは分析されています。ボルトのちぎれ方や歪み具合でその柱にかかった力なども推定されています。ただし、それらは上の方の階で使われていた肉薄のものばかりのようですが。また床のトラスにも若干触れられていますが、それは外周の支柱とトラスの接続が外れている点に関するものです。

　ところが…、というより「当然のごとく」と言った方が良いのでしょうが、そこにはコアの支柱、特にボックス・コラムに関する調査結果がほとんどありません。ただ一つだけ次の【画像104】があります。

　これは確かにボックス・コラムの端ですが、それにH型鋼が溶接されていた跡がありますので76階付近のものかもしれません。それより下では、ボックス・コラム同士が溶接されていた箇所が多かったはずですから。

【画像104】

　しかしこの写真には何一つ力学的な分析が加えられていません。簡単な文章による解説がついているだけです。他の外周支柱同士や外周支柱とトラスとの接続についてはその破壊の状態に詳しい分析が行われているのです。要するにアリバイ作り的に「コアの支柱も一応は見た」という言い訳のために載せた、ということなのでしょう。

　当然ですが、ボックス・コラム同士、コアの支柱と他の鋼材との接続部分に関する記載はありません。さらに「第７章（３）Ｂ：斜めに切られた形跡があるコアの鉄柱」でご説明する明らかに**途中で不自然に切断されたコア支柱に関する報告も分析も全くありません**。これはもう**詐欺以外の何物でもない「研究」**報告と言わざるをえません。

　そしてFEMAはニューヨーク市当局と組んでWTCの廃材を中国やインドなどに叩き売ってしまいました。こうしてあの支柱群から作られた鉄材を使って北京オリンピックが開かれる、というわけですね。

　WTCは３回破壊されました。１回目は内部からの爆破によって、次に物理的証拠の大量破壊と隠滅によって、そして最後に事実の無視と大嘘によって。

D：「ジェット燃料が燃えながら落ちた」の嘘デタラメ

　NISTやFEMAにとって言いたいのだが国家機関としてはいくらなんでも恥ずかしくて言えないようなことは、先ほどのNOVAのように、ちゃんと民間でフォローしてくれる人たちがいるんですよね。次にご紹介しますのは「ポピュラー・メカニックス」という、どうやら「科学」の雑誌らしいものです。

　「神話の正体を暴く」と題された記事なのですが、ここにまた素晴らしいトンデモが自信たっぷりと披露されています。アドレスは以下の通りです。

http://www.popularmechanics.com/science/defense/1227842.html
9/11: Debunking The Myths

　その中で一番有名になった例を一つだけ取り上げておきましょう。ポピュラー・メカニックスはこの4ページで次のように言います。

> エレベーター・シャフトの中を燃えながら落ちていったジェット燃料は、エレベーターのシステムをぶち壊して一階ロビーに物凄い損害を与えたのだろう。NISTは、「いくつかのエレベーターが1階に落下して潰れた」という直接の証言を聞いた。メリーランド大学の工学教授でNISTの顧問であるジェイムズ・クィンティヤーは「1階ロビーでドアが壊れて開き、炎が噴出して人々は死んだ」と語った。ジュールとギデオン・ナウドによるフランス語のドキュメンタリー「9／11」で同様の観察がなされた。ジュール・ナウドが最初の飛行機激突の後にロビーに入ったとき、彼は火の中にいる犠牲者の姿を見たが、そのシーンはあまりに恐ろしく撮影ができないほどだった。

　私はこれを読んだとき、思わず声を出して笑いました。特に最後の一文はすごいですね。要は「**何一つ証拠はない**」ということです。「第1章（3）D：「目撃者の証言」は最も後回しに」でも申しましたが、「**人を見たら嘘つきと思え**」が真相究明の鉄則です。世の中には**事実ヘイター（事実嫌悪）**が結構多いのです。

【画像105】

　第1ビルに飛行機が突っ込んだ数分後にその1階ロビーで本当に異常事態が起こっていたのです。そして実を言うとそれはビデオで撮影されていました。

突然の巨大な力で、ロビーのガラスがむちゃくちゃになり、飛行機激突のショックと合わさって人々も消防士も大混乱していたのです。今の【画像105】はそのビデオの1シーンです。この項の最後にアドレスを載せておきますので接続してみてください。
　そして、そのビデオではエレベーターなど全く紹介されておらず、ガラスが割れ混乱したロビーを走る消防士たちの姿が映っているだけです。で、何ですか？　NISTの顧問をしている大学の先生？　ああ、もう結構。
　第2章にある【画像28】でご確認いただけば十分でしょう。**WTCタワーのエレベーター・シャフトは途中2箇所にあるメカニカル・フロアーで区切られているのです**。ジェット燃料がエレベーター・シャフトを「燃えながら落ちて」「一階ロビーに物凄い損害を与えた」というのは小学生にも笑われるあからさまな大嘘に過ぎません。ちなみに、その「科学」雑誌にこの記事を書いたのはブッシュ政権下で米国国土安全保障省長官を務めるマイケル・チャートフ氏の従兄弟であるベンジャミン・チャートフ氏です。米国の安全保障を責任もって担当される方としては、こんなみっともない文章をどのようにご覧になるのでしょうかね？

　飛行機激突箇所から通じているのは、ビル最上階から1階まで途中で乗り降りできない作業用と思われる急行エレベーターのみであり、NISTが直接に聞いた証言とかいうのは、一体全体どのエレベーターのことを言っているのでしょうかね。クィンティヤー先生によれば1階に落ちてペシャンコになったエレベーターが複数個あったとのことですが・・・。
　そもそもエレベーター・シャフトに燃料が飛び込んだとしても、酸素不足でロクに燃えることができなかったでしょう。嘘つきもここまでくればノーベル賞ものですね。これが大学教授だの科学雑誌だのと名乗っているのだから救いようが無い。何とかしてWTC両タワーで**下層部分のコアが高温にさらされて「グニャグニャうどん状態」**になっていたと言いたかったようですが、何とも惨めな結果に終わりました。
　ところでこの記事は「神話の正体を暴く」という題なのですが、こんなに直ちにばれてしまうような大嘘をここまで強調しながら語っているということは・・・、ひょっとするとこの文章作者は**「重力による崩壊」**という超デタラメな神話の正体を暴いてくれた**「内部告発者」**なのかもしれませんね。それならありがたいことだ！
　教訓：「人を見たら嘘つきと思え」。

　実は先ほどご紹介したビデオで第1ビルロビーを壊した衝撃は、実は上からではなく下から、つまり地下からやってきたものでした。**WTCタワーの地下で爆発が起こっていたようなのです**。地下についてはまた「第8章（3）B：地下は灼熱地獄」で申しますが、WTCの特にコア部分を支えていた強大な構造が大変なエネルギーで破壊されたことが明白なのです。

　そこでついでに申し上げておかねばならないことがあります。先ほど「**WTCタワーのエレベーター・シャフトは途中2箇所にあるメカニカル・フロアーで区切られている**」ことを確認していただいたのですが、この点は「燃えながら1階まで落ちるジェット燃料」を否定すると同時に、「地下に仕掛けられた小型水爆説」をも完全に否定することになるでしょう。
　そもそも核兵器のような強力な爆弾が爆破した場合、その爆風がコアの空間だけを通って300mとか

350mなどの距離を上るようにコントロールされることは不可能でしょう。もしそれが可能だったとしても途中にあるコアの支柱を数万度の熱で蒸発させるため、WTCのコア支柱が非常に幅広い箇所で蒸発あるいや融解し、ビルは全体がほとんど同時に崩壊してしまいます。実際に第1ビルや第2ビルのコアの残骸には核兵器が作るほどの高温を受けたと思われる形跡は全くありません。

さらに、コアは地下から上層階に向かう途中で2箇所も区切られているため、その爆風の一部はメカニカル・フロアーの下で横に向かわざるを得なくなり、フロアー部分を破壊することになります。するとビルの外形に大きな変化が現れていたはずでしょう。事実としては全くそのような現象は観察されていません。

おまけに、「地下の水爆説」を唱えるウエッブ・サイト（フィンランドの「軍事専門家」を自称する人物のもの）では、第1ビル倒壊後にその跡に立ち残っている煙が形態の上だけで核兵器のきのこ雲に似ていることを良いことに、「この煙が核兵器の証拠である」かのような、明らかに詐欺的な手法で読者の目をくらましています。ほとんど動きの無い第1ビル中心の煙の写真と、激しい上昇気流で立ち上る核兵器のきのこ雲のストップモーションを、その成立過程を無視して一瞬の形だけを比較したものですが、これはNISTやFEMAと同レベルの許し難い詐欺的なやり口です。

この「地下の水爆説」ももはや退場処分で決まりですね。

【参照ビデオ】
http://st12.startlogic.com/~xenonpup/underground/lobby.mpg
Damage to the North Tower Lobby

（3）タワーのコアに関する諸事実

Ａ：崩壊の最後まで残ったコア部分

　下の【画像106】と【画像107】をご覧ください。【画像106】にはすでに100m近い距離にまで鋼材を吹き飛ばしながら崩壊していく第２ビルが写っています。そして【画像107】はその数秒後と思われますが、第２ビルの跡に奇妙な塔がやや左側に傾いた状態で立っていることがわかります。これは第２ビルのコア部分の一部と思われます。その下の方では火山の火砕流を思わせる激しい塵埃の雲が沸き起こっており、もうじきハドソン川にとどきそうな勢いです。

【画像106】 　　　　　　　　　　　　　【画像107】

　この奇妙な塔が第２ビルのコアの一部であることは、次のページにある【画像108】とその部分拡大写真からも分かります。これは第２ビル崩壊の瞬間を南側下から写したビデオの一部なのですが、拡大すると鉄骨の骨組みが見えるようですので、間違いなくコア部分の名残でしょう。他にもそれを証明する写真があります。高さは、隣の第１ビルと手前のWFCビルなどと比較して、おおよそ200mほどでしょう。

　このコアの名残が崩れ落ちるビデオ記録は今のところ無いようですが、【画像107】に続く約10秒後に撮影された写真にはすでにこの塔の姿はありません。数秒内で完全に崩れ落ちたようです。そして結果として「第８章（3）立ったものがほとんど残らなかったグラウンド・ゼロ」の【画像134】にあるように、立っているものが何も見られない無残な姿をさらすことになります。

【画像 108】  　　　　　　　　　　　　　　【画像 108】の部分拡大

　次に第1ビルのコアですが、【画像 109】【画像 110】に見られるように、その角の部分が尖塔のように立っている姿が見られます。

【画像 109】  　　　　　　　　　　　　　　【画像 110】

　横に渡した桟までくっきりと写っていますが、この尖塔はこのシーンから約十秒後にほぼ真っ直ぐに下の方に落ちて見えなくなりました。この尖塔の高さは他のビデオや写真で見るとやはりおおよそ200mと思われます。つまり、第2ビルでも同様ですが、コアに大型の鉄柱が多く使用されていた場所なのですね。両タワーとも、どうして**その構造が一部たりとも残ることができなかった**のでしょうか。実に不思議な話です。

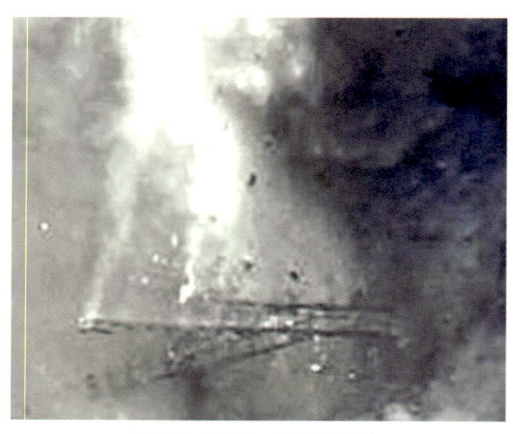

【画像111】　　　　　　　　　　　　【画像111】の部分拡大

　【画像111】にはその尖塔から50mほどあると思われる真っ直ぐの柱が何本か崩れ落ちていくのが確認できます。しかし【画像111】の部分拡大を見ますと、柱の頭の方から白い煙をなびかせながら落ちているようです。この煙は一体何でしょうか。柱にくっついた埃ならいったん取れてしまったらもう出てくることはないでしょう。柱自体から煙が次々と湧き出てきているように見えます。これらの柱の頭はさらに上の方の柱とつながっていたはずですが、それが断ち切られたその部分からこの白い煙が噴出しているわけです。これもまた奇妙な光景です。

　本書「第9章（3）」で採り上げますが、S・ジョーンズ博士はアルミニウムの粉末と酸化鉄の粉末で作るサーマイト（thermite、日本ではドイツ語読みでテルミットと呼ばれている）に注目しています。博士はこの白煙は酸化アルミニウムでありサーマイトが支柱の切断に使用された証拠ではないか、と考えています。

　しかしそれにしてもこの両タワーのコアの振る舞いには首をかしげます。周辺のフロアー部分が完全に崩落したあと、しばらくの間コアが立ち残りやや遅れて崩れ落ちていったわけです。
　第1ビルのコアの名残では一部の柱は横に倒れ落ちていったのですが、あの尖塔のようになっていた部分全体は下の方から崩れその場で真下に落ちていきました。横に倒れたのではありません。**土台とそれに続く下層階の骨組みがしっかりしていたら決してこのようなことは起こらないでしょう。**
　また第2ビルのコアを見ますと、やや左側（北向き）に傾いています。200mもの高さの構造物がその形を一応保ちつつ傾いている、ということは**土台の部分がその以前に崩壊させられていた**、ということ以外にあるでしょうか。そしてそれが横に倒れた形跡は全くありません。200mもの「塔」が横に倒れたら周辺にその影響が激しく残っていたはずです。第1ビル同様にほとんどすべてがバラバラになって真下に**崩れ落ちていったのは確実と思われます。**
　さらにそのどちらも地上にはバラバラに離れた太いボックス・コラムが無数に散らばっているだけで、**ほとんど全く何の構造も残しませんでした。**下の方から崩れ落ちていったといえばあの第7ビルの崩壊を思い浮かべますが、**鉄骨構造が要所要所で破壊されちょうど《細長く積み上げられた積み木》のようにかろうじて立っている状態なら、基礎の部分が力尽きて崩壊すると、その上の部分はバラバラになって真下に落ちていくでしょう。**先ほども触れましたし、また第8章でも申しますが、コアが乗っている土台部分が人為的に激しく破壊されていたことは確実と思われます。

コアの下半分と土台の部分が、周囲のフロアー部分が崩壊する時にはすでに要所要所で破壊されていたということなのですが、これは次の「**B：斜めに切られた形跡があるコアの鉄柱**」でも明らかにされることでしょう。しかし逆に言えば、あれほどに強大で頑丈な構造だったからこそ、崩れかけの積み木状態になって、なおかつ数秒間でもかろうじて立っておられた、ということではないでしょうか。

【参照ビデオ】

http://www.youtube.com/watch?v=78B3o9EcTf0

WTC2 South Tower Core

http://www.911research.com/wtc/evidence/videos/docs/tower1_dust_cloud_afterglow.mpg

Tower 1 Dust and Cloud Afterglow

http://www.plaguepuppy.net/public_html/video%20archive/spire_clip_3.mpg

Sharper video of the "spire" at the moment of disintegration

http://www.youtube.com/watch?v=TDVap83AEmc

Spire closeup

http://investigate911.se/north_wtc.html

World Trade Center - North Tower 'Collapse'　　CNN Live News footage

B：斜めに切られた形跡があるコアの鉄柱

　WTC崩壊の写真には奇妙なものが写っていることがよくあるのですが、【画像112】【画像113】はその中でも特に奇妙な写真です。同種のものはグラウンド・ゼロの写真から他にいくつか発見できます。

【画像112】　　　　　　　　　　　【画像112】の部分拡大

【画像113】

　形から見て明らかにコアを作っていたボックス・コラムですが、しかしそれが斜めに切り落とされた形をしています。衝突や引張りなどの作用ではとうていこのような真っ直ぐな切り口はできないでしょう。しかしあの頑丈な鋼鉄を何がこんなにばっさりと切り落としたというのでしょうか。

　しかも【画像112】の部分拡大を見てみますと、なにやら黒い物体が、しかもいったん液体になって流れその後に凝固したような跡がついています。瓦礫の片付けを容易にするために作業員達が焼き切ったのでしょうか。しかしそれなら真っ直ぐ横に切るはずです。こんなに斜めに切るのは非常に能率が悪いでしょう。そもそも切断のための道具はどこにも見当たりませんし、周囲の状況からおそらくこの柱に近づくことも出来ない状態だったと考えられます。たぶんそれはないでしょう。

次の【画像 114[1]】【画像 114[2]】のグラフィック画像は「シャイプ・チャージ」と呼ばれる、米国でビルの解体に使用される手法を描いたものですが、例えばサーマイトのような2000℃を越す高熱で鉄骨を焼き切るための爆薬を斜めに仕掛けておいて、支柱を一気に切ってしまう方法です。

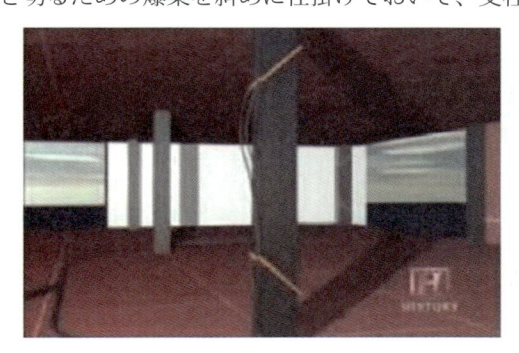

【画像 114[1]】　　　　　　　　　　【画像 114[2]】

ひょっとしたら一部のコアを断ち切るためにこのような手段が使われたのかもしれません。今まで見てきたような極めて不自然な斜めの切り口はやはり人工的な爆破作業を強く示唆するものです。

次の【画像 115】はニューヨークのケネディ空港の倉庫に保存されているらしい鋼材なのですが、明らかにボックスコラムで、左側に見える切り口はやはり斜めです。

【画像 115】

もしこれらのコア鉄柱が今でも保存されているのであれば、ぜひとも広く一般に公開して様々な研究者による分析と研究を行わせてもらいたいものです。私の知っている限りでは、FEMAもNISTも手を出そうとしていないようです。少なくとも資料として抜き出して保存したものならば、なぜこんな異常な状態になっているものを分析して報告しないのでしょうか。解りません。（逆に言えば、こんな「ヤバイ！」資料が米国政府の手によって、ひょっとしたら今でも保存されているかもしれないこと自体が不思議ですが。）

次の【画像116】は斜めの切断ではないのですが、やはりケネディ空港に保管されてあると言われるもので、途中で切れて折れ曲がったボックスコラムと、外周支柱の一番下にあった「トライデント」と呼ばれる鋼材です。

【画像116】

　ボックスコラムのほとんどが真っ直ぐなままで地面に倒れていたはずなのですが、この支柱がなぜどのようにここまで折れ曲がり奇妙に断ち切られたのか、それがビル全体の破壊とどのような関係にあったのか、一日でも早く詳しい分析と研究が行われるべきでしょう。

第8章
WTC タワーの水平崩壊

（1）第1ビル、第2ビルは横に飛んだ！

A：150m 飛んでビルに突き刺さった鋼材

　下にある【画像117】を見てください。明らかに外周の壁を作っていた柱の1ユニットの一部が、あるビルの壁に突き刺さっています。このユニットは第2章(2)Cでも申しましたが（【画像34】を参照のこと）、長さ11m、1mごとに置かれている3本の鋼鉄の柱で成り立っています。

【画像117】　　　　　　　　　【画像117】の部分拡大

　元々は柱の周囲に緩衝材のカバーとアルミニウムの外壁材が張り付いていましたが、【画像117】の部分拡大で明らかなとおり鉄骨だけがむき出しになっています。さらに一番上の柱は途中でちぎれています。

このビルは世界金融センター（WFC）第3ビルです。第2章（1）にあるWTC地区の地図【画像11】でその位置を確かめてください。この鉄骨はWTC第1ビルから飛ばされてきたものと思われますが、第1ビル北西面からこの鉄骨が突き刺さっているWFC第3ビルの角までの距離は優に150mあります。高さはおよそ20階、70m以上はあるでしょう。またここまで飛んできてなおかつ鉄筋コンクリートを突き破って自重で落ちないほど深く突き刺さっているわけです。

これが単独で飛んできたものと仮定して、WTC第1ビルのどのあたりからのものか、およその見当をつけてみましょう。

ビルの壁に付いた傷跡を見ますと斜めに20〜30度ほどの角度をつけて飛んできたようにみえます。仮にこれを25度として衝突時の速度の垂直成分と水平成分の比がおよそ［2.14：1］と分かります。最初に水平方向に飛び出したと仮定します。水平方向の移動距離を150mとして速度をv（m/s）とすると飛んできた時間は［150/v］秒です。この間に垂直方向の速度はこれに9.8（m/s^2）をかけたものになりますから、先ほどの比によって簡単にvがはじき出せ、**およそ秒速にして26.2m（時速94km）**となります。そしてまたこの場所から160m以上高い場所、つまりWTC第1ビルの230mを越すあたりの高さから飛んできたことになります。

もちろんこれは真空中での計算であり、実際には空気抵抗がありますのでここまで単純ではありません。鋼材の飛び方によっても抵抗は複雑に変わるでしょうし、飛び出した際の方向も不明です。ビルに当たった瞬間の角度も正確には分かりません。しかし空気中を高速で動く物体には大きな空気抵抗がかかり速度が大きいほど空気抵抗も大きくなります。最初は水平方向の速度が抵抗によって急激に小さくなったでしょうし、落ちていくにつれて下方への速度が押さえられたでしょう。いずれにしても**ビルの付近ではこの鋼材の水平方向の速度はおそらく時速100km（秒速28m）近かったのではないでしょうか。**

崩壊の様子を実際に様々なビデオで観察しますと、まず大量の煙と塵埃が吹き出すのですが、これは横向きに激しい気流が起こったことを示します。つまり、内部で発生した巨大な気流の力がまず質量の小さな物体を押し出し、次に、比較的密度の小さな物体を砕いて押し出したわけです。そしてやがてその粉塵の中から無数のバラバラに引きちぎられた鋼材が姿を表すことになります。

第2章でお解りのとおり、外壁を作っていた鋼鉄柱はスパンドレルという鋼鉄板でお互いに網の目のように頑丈につながっており、上下方向にはお互いに4本のボルトで、さらに床の鋼材ともボルトで接続していたのですが、ビル内部で発生した爆発的な気流によって、**まず溶接部分やボルトを引きちぎる力を受け、膨張しつつある空気の中でその後の一定時間内に加速を受け、最終的に時速100kmに近いスピードで水平方向に飛ばされたということに間違いはないでしょう。**

あるいは、後の「C：爆破によって150mも吹き飛ばされた「壁」」でも申しますが、このWFC第3ビルのある位置には第1ビル北西面の外壁支柱群がいくつかの大きな固まりになって飛んできたことが明らかです。【画像117】の外周ユニットは、ひょっとすると単独で飛んできたのではなく、まとまった固まり飛んできた外壁の一部がビルの角に突き刺さって他から切り離されたものかもしれません。

どちらにせよ、巨大な質量の物体をここまで飛ばすためには、内部で発生した極めて急激で莫大な力が必要だったはずです。何がそのような力を作ることができたのか？　申し上げるまでも無いでしょう。

当然のことですが、NIST や FEMA、および「**公式説**」応援団グループはこのような大量の鋼材の水平移動に対しては言葉を失い、**その大部分がひたすら無視と沈黙**の態度を貫いています。多少の誠実さを保っている人たちでも精々が「上から押さえつけられてボルトや溶接部分が外れた勢いで飛んだのではないか」と自信なさげに語るのみですが、上からどれほどの力が働いたのかについては**第 9 章**ではっきりさせましょう。いずれにせよ、もはや「**重力による崩壊説**」の出る幕はありません。

　なお本書には「**9・11 事実解明のために参照をお勧めする資料**」をまとめており、その最後にいくつかのビデオ集がありますので、インターネットで接続して、各自で様々な映像資料をご覧いただきたいと思います。

【参照ビデオ】

http://investigate911.se/northtower.html
World Trade Center - North Tower 'Collapse'　　Unknown news footage
http://investigate911.se/north_new2.html
World Trade Center - North Tower 'Collapse'

B：無数に飛び散る鉄骨

　WTC 第 1 ビル、第 2 ビルを作っていた**鋼鉄の柱や梁がバラバラに引きちぎられて激しく飛び出している**姿は非常に数多くの写真やビデオで確認することが出来ます。例えば次の【画像 118】をご覧ください。

【画像 118】

　これは第 1 ビルで、ビデオと見比べ、また傾いて落ちるアンテナの傾きから推測すると、「**第 5 章（1）致命的事実：上の階は下から崩れて消滅した！**」で申しましたように、崩壊の開始からおそらく 5 秒少したった時点と思われます。まだ崩壊がさほど進んでいない状態ですが、崩壊している箇所から無数の鋼材が激しく横に飛ばされていくのが見えます。なお、上の方にアンテナの先が見えますが、このアンテナは 109m あったのです。これは第 1 ビルの屋上近くの階がすでに破壊されたことを意味するでしょう。

　鋼材が飛ばされる方向は写真では判りにくいのですが、多くのビデオを見ますと、水平方向を中心に、斜め下、斜め上の広い方向に飛び散っています。WTC ビルの幅がおよそ 63m ですからこの写真で一番遠くに飛んでいる鋼材はすでにビルから 50～60m 離れた場所にあることが分かります。

　「第 5 章（1）」の写真で確認できるように、崩壊開始 3 秒ではまだ飛び出す鋼材の姿は認められません。これらの鋼材はそれ以降に煙と塵埃の固まりから高速で飛び出したということです。**2～3 秒ほどで 50～60m 飛ばされたことになります**。「A：150m 飛んでビルに突き刺さった鋼材」で述べたことを確認していただけるでしょうが、これらの鋼材は秒速 20m あるいはそれを超える速度を得たことに間違いありません。しかも無数にあったボルトや溶接部分を引きちぎりながらです。第 1 ビルの「**上の塊**」が崩壊初期に内部からの激しい爆発によって破壊され消滅させられたことは明白でしょう。第 2 ビル上層階と同じように。

また左下の方にいくつかのユニットが引っ付いた外壁の一部が落ちていくのが見えますが、これはビルの手前側の方に飛び出しているようです。写真ではよく分かりませんが、手前の壁面から30〜40mは離れているのではないでしょうか。

　そして激しく飛び出す鋼材とともに、おそらく**粉々に砕けたコンクリートと思われる物体が、やはり横方向に飛び出しながら火山の爆発のような形の「雲」を形作りつつある**様子が確認できます。これはまた別の項目で採り上げることにしましょう。

　鉄骨にせよコンクリートにせよ、WTCが崩壊する際に**水平方向の巨大な速度ベクトルを「何か」から与えられた**わけです。しかもビルの内側から外に向かってのベクトルです。これは誰にも否定できない事実です。

【画像119】 　　　　　　　　【画像120】

　上の【画像119】【画像120】の2枚の写真も第1ビルですが、【画像119】は【画像118】のもう少し後の様子でしょう。真ん中に上がっている丸い噴煙は、第2ビルでそうであったように、上層階が爆破された跡を示しているのかもしれません。また鉄骨を含む建材がいろんな方向に向かって飛び出しているのが見えます。また【画像120】そのまた少し後と思われます。

【参照ビデオ】

http://investigate911.se/north_new2.html
World Trade Center - North Tower 'Collapse'
http://investigate911.se/southtower.html
World Trade Center - South Tower 'Collapse'　　Amateur footage

C：爆破によって 150m も吹き飛ばされた「壁」

　WTC が内部からの爆破によって破壊されたことを示す最も明白な証拠をお目にかけましょう。【画像 121】をご覧ください。これは WTC 第 1 ビル外壁のユニットが縦横に広くつながった壁の一部分です。場所は、WFC の第 2 ビルと第 3 ビルの間、ウインターガーデンの入り口です。撮影されたのは事件の 2 日後、2001 年 9 月 13 日です。

【画像 121】

　地図【画像 11】で確認してください。WTC 第 1 ビル北西側の壁面から**直線距離にして 140m 〜 160m** にかけてです。小さく写っている人間や建設機械などに比べるとお解りと思いますが、実に巨大なものです。この壁の一部を少し詳しく見てみましょう。

　この壁の中程にアルミニウムの板の 2 階分が剥がれずに引っ付いているようです。これはスパンドレル 2 つ分、つまり 2 階分の高さに当たります。縦方向を見ると、手前側と奥側はやや折れ曲がっていますが、6 〜 7 階分にあたるつながりになっているようです。1 階分が約 3.7m ですので**縦の長さは約 22 〜 26m** になるでしょう。隣にあるビルの階の高さと比較してください。

横幅はどうでしょうか。左側の方で折り畳まれるように曲がっていますし、上面に何かの物体が乗っているようなのでどこまで続くのかはっきりしません。確認できる箇所では6本、つまり2ユニットの幅が見えます。柱の間隔は1mですから6mと言うことになります。しかしこれはその左側で下方に曲がって垂れ下がっている部分につながっているようにも見えますが、もしそうだすると全部で15本（5ユニット）前後のつながりがあることになるでしょう。実際にはその下にまで折り重なってもっと幅広いものかも知れませんが確認できません。

重さがどれくらいあるのか見当が付きません。数十トンと言っておきましょうか。百トンを越すかどうか自信がありませんが、非常に重いことに間違いはないでしょう。このウインターガーデンの入り口にはこればかりではなく数多くの鋼材が、まるで突風の吹き溜まりに集まった木の葉のように固まっていることがわかります。

注目すべき点が二つあります。

第1に、この壁の下に多量の鋼材が積み重なっているが上の面にはあまり積もっていない、という点です。これは、この壁の部分がさほど高くない位置から飛ばされたものであることを示すかもしれません。

もしそうなら、**吹き飛ばされた際の横方向の速度が非常に大きかったことを示す**でしょう。どんなふうにこの壁が空中を飛んだのか分かりませんので空気抵抗がどうであったのか見当がつかないのですが、とりあえず真空中での動きを考えてみましょう。この壁の重心が水平方向に150mに移動したとします。この壁が水平に飛び出したとしてその速度をv（m/s）としますと、着地までにかかった時間は［150/v］秒です。垂直方向の移動距離は時間をtとすると［1/2・gt^2］mですからあとは簡単な2次関数の問題です（t^2はtの2乗を表す）。仮にそれが高さ200mの箇所からのものだったとするとビルから飛び出した際の水平方向の速度はおよそ秒速23.5m（時速85km）です。もしこれが高さ150mの場所のものだとすると最初の水平方向の速度は秒速27.1m（時速98km）ほどであったことになります。

もちろんこの計算には空気抵抗を勘定していませんし、その空気抵抗にしても壁の飛び方によって複雑に変化するでしょう。さらに斜め方向に飛び出したのかもしれませんし、一時的にグライダーのように滑空したこともありうるでしょう。アルミ板がついていた面が上になっているところを見ると少なくとも半回転はしたようです。しかし今の計算がおおよそのメドになるかもしれません。できたら正確な力学的計算の出来る人に色々なケースを想定してコンピューターを使って試算を行ってほしいと願っています。

空気抵抗を計算に入れると、初速度は先ほどの私の計算した数字よりもずっと大きな値になるのかもしれません。少なくとも最初は壁面に対して垂直方向の運動を与えられたはずでその場合の空気抵抗は大きかったでしょう。なおかつこの位置まで届いたことになります。断定はしませんが時速100kmを越していたのではないでしょうか。

しかしむしろこれを押しながら高速で膨張した空気の塊が問題です。ひょっとするとこの大きな壁面は、爆発して膨張する空気によって0.5〜1秒ほどかけて加速を受け続けたのかもしれません。

第2の注目点として、この壁が**縦方向にほとんど変形を受けていない**ことがあります。6〜7階分（20数m）が縦に真っ直ぐにつながったままになっています。表面のアルミニウム板が剥がれていない箇所すらあります。したがってこの**壁全体をそのままの形で幅広く水平方向に押し出す巨大な力がビルの内側から働いた**ことに間違いはないでしょう。時速100kmを超えるかもしれない速度を与え、さらに非常に多くの溶接箇所やボルトを一瞬にして引きちぎりながら、ということです。

またこの形からすると、やはりそんなに高いところから落ちたものではないと思われます。ちなみに、高さ170mのものと仮定すると地面に落ちたときの斜め方向の速度はほぼ秒速60m（時速216km）以上にもなるでしょう。それでこんな真っ直ぐな形で地面に着地できるでしょうか。やはりもう少し低い場所からではないでしょうか。

　「**公式説**」を弁護してやまない人々はよくこんな言い方をします。上から巨大な重量の塊が落ちてきた（これについては第9章で決着をつけます）のだから、その圧力によって垂直の鋼材が横方向に飛ばされたのは当たり前だ、と。また外周の壁については、下方向の巨大な力を受け床材とつながっていたボルトがちぎられてその勢いではじけて飛び出したのだ、と。
　しかし、**鉛直下方向の力が第一にあるのなら上から順番に飛ばされていくため、この大きな壁のように縦に真っ直ぐに長くつながって飛ばされることは不可能**です。

　なお下のNBC News footageビデオでは、高さ250～300mほどの位置から外壁支柱群の巨大な固まりがこの場所付近に飛んでいくのが見えます。（手前の屋根の尖ったWFC第3ビルの高さは225m。）これはおそらく最初にウインターガーデンの下の方に積もった外壁の鋼材でしょうし、Aで採り上げたWFCビルに突き刺さった鋼材もこの流れの中にあった可能性があります。
　【画像121】に写る壁がどのあたりから飛んできたのか判断するのは困難ですが、それよりも下の位置から飛んできたことに間違いは無いでしょう。このビデオでは手前側にもう一つの大きな流れが見えますがそれはこの場所にまで届いていないように見えます。いずれにせよ、私にはそれだけの技術も手段も無いのですが、このような映像を元にして専門家によるさまざまなモデルを用いての厳密な分析を期待したいと思います。

【参照ビデオ】
http://investigate911.se/wtc_collapse_nbc.html
World Trade Center - North Tower 'Collapse'　　NBC News footage

D：周辺ビルの被害状況

「A：150m 飛んでビルに突き刺さった鋼材」では第1ビルからの鋼材によって道路の向かい側にあった WFC ビルに突き刺さった鋼材をお見せしましたが、ここで他の周辺ビルの状況を調べてみましょう。

【画像122】

【画像123】

【画像124】

【画像125】

【画像122】は第2ビルから100mほど南西側に離れたウエスト・ストリート90番にあるビルです。また【画像123】は第2ビルからおよそ100m南の Bunkers Trust ビルの壁面です。これらもまた悲惨な状態になっていますね。

Bunkers Trust では 4 階分か 5 階分がつながった外壁のユニットが激突してぶら下がっています。スパンドレル一つで 1 階分ですから 14 〜 15m ほどの大きさになるのでしょうか。残念ながらこれがどれほどの高さの場所に飛んできたのかはっきりしませんが、少なくとも 10 階未満の高さではなさそうですね。このビルもまたひどい災難に遭ったものです。

　【画像 124】は第 7 ビルのさらに北側になる 30 West Broadway にあるビルなのですが、これは第 7 ビルが崩壊するときにそのトバッチリを受けたとされています。

　これは第 1 ビルからは 200m ほど離れていますし間に第 7 ビルがそびえていましたので、第 1 ビルからの飛翔物によってできた被害とは考えにくいでしょう。

　その WTC 第 7 ビルを見ておきましょう。**【画像 125】**に写っているのですが、右側が第 1 ビルのあった方向、つまり南西方向です。残念ながら第 7 ビルの南西面を直接に写した写真は未だに現れていないようで、この写真から推測するしかないのですが、先ほどの Verizon Building と横並びで第 1 ビルからは非常に近い位置にありましたので、当然のことながら南西面は相当の被害を受けたと思われます。この写真からも下の角のところがえぐれていますので、それは間違いの無いところでしょう。

　なお**【画像 11】**に描かれているウエスト通の上には第 1 ビルとウインターガーデンをつなぐ North Bridge という陸橋があったのですが、もちろんこれも飛んできた第 1 ビルの建材によって跡形も無く壊されました。

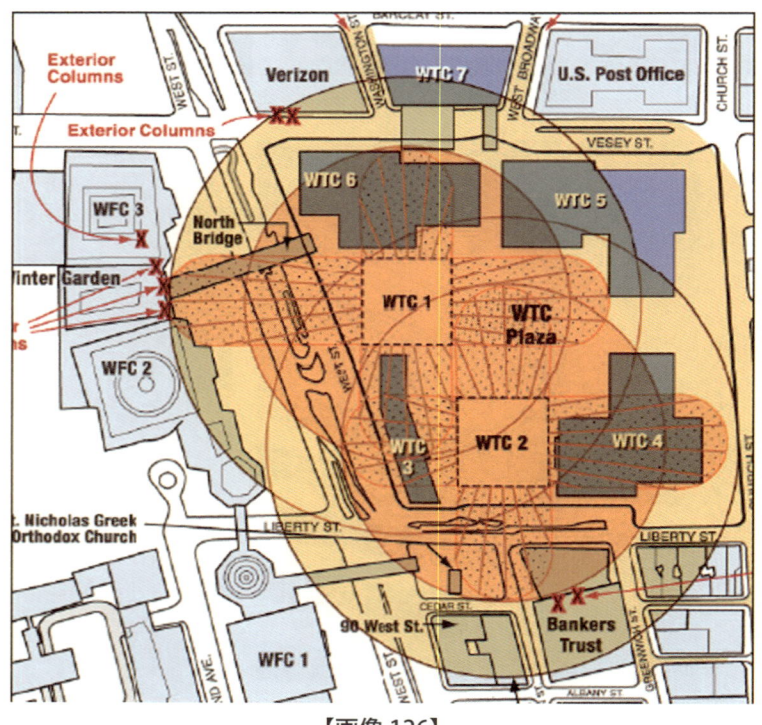

【画像 126】

　上の**【画像 126】**は「FEMA 研究」Chapter 1 にある WTC 両タワーの残骸の飛び散り方を表した図ですが、FEMA の説明によるとこれは衛星写真を元にして作成したそうです。まあ確かに、**実際に現場に出向いて調べて正直に作ったとは到底思えない代物です。こんないかげんで怠慢な作業が「公式説」を支えている**のです。

図では第1、第2ビルを中心にして薄茶色の2重の同心円が描かれていますが、FEMAによれば内側の円は主に外周の支柱とその他の重い残骸、外側の円は主にアルミニウムの外壁材とその他の軽い残骸が飛んだ範囲とされています。

　しかし、先ほどご紹介しましたWFCビルに突き刺さった外周の支柱（【画像117】）にしてもウインターガーデンに落ちた外周の壁（【画像121】）にしても、FEMAが「アルミニウムの外壁材とその他の軽い残骸が飛んだ範囲」としている円の、さらに外側で見出されるものなのです。またご紹介した2つの例のほかに、第7ビルの隣にあるVerizon Buildingには外周の支柱が当たってできた大きな穴が開いています。

　さらに、ウインターガーデンに飛んできた鋼鉄支柱はちょっとやそっとの量ではありません。先ほどの【画像121】に写っているだけでもCで採り上げた「壁」のずっと奥の方まで鋼鉄支柱が飛んでいるのが分かりますし、他にもその様子を写している写真があります。

　第2ビルからの飛翔物にしても、先ほどのBunkers Trustの壁に激突した外壁鋼材群はFEMAが「軽い残骸が飛んだ範囲」に入っています。「軽い残骸」が当たったにしてはひどい壊れ方をしていますね。しかも地上からたっぷり20mや30mほども上の階にぶち当たったようです。

　そもそもが、外周の支柱と一緒に飛び散ったアルミニウムの外装材は鋼鉄よりもずっと比重が小さくしかも平たい板状ですから空気抵抗をより強く受けます。すると平均して鋼材よりも飛翔距離が伸びずしかも遅れて着地することになります。衛星写真で見ると確かに【画像126】の薄茶色の範囲の表面に多く集まりその下にある鋼材を覆うことになるでしょう。しかしアルミニウム建材と同時に飛び出した外周の鋼材の方がより速くより遠くまで飛ぶようなことは爆破解体でなら当然のことです。「重力による崩壊」では説明不可能でしょうね。間違いなく比重の大きな鋼材の方がビルの近くに集中しアルミニウム建材はヒラヒラと舞いながらそのやや外側に飛んでいったことでしょうね。

　FEMAとしてはよっぽど「鋼材が水平方向に遠くまで飛んだことを強調したくない」一心で衛星写真を都合よく利用したつもりなのでしょうが、残念ながらバッチリと証拠写真を撮られているのです。FEMAはここでも大嘘つきの正体を曝しているわけで、こういった事実を知ってもなおかつこんなデタラメ調査を元にして主張される「**公式説＝重力による崩壊説**」を捨てない人たちの神経は、私には理解の範囲を超えたものです。

　まとめて申しましょう。第1、第2ビルは断じて「垂直崩壊」などではありえません。それは「水平崩壊」なのです。水平方向にビルのほとんどの物体を猛烈な力で吹き飛ばした「水平崩壊」です。だからこそ、グラウンド・ゼロに何の山もなかったのです。その水平方向の力はビル内部からの人為的な爆破以外では起こりえません。

　なお、言うも馬鹿馬鹿しい話なのですが、次にある【画像127】こそがFEMAとその応援団が主張してやまない「連続パンケーキ崩壊」なのです。

　この原因は地震の振動ですが、これこそまさに垂直崩壊であり、建材は横にではなく主として下方に移動します。そしてご覧のような瓦礫の山を作ります。中には横にはじけ飛ぶものもありますが、その割合はごく一部に限られます。そしてこの様子は第7ビルの瓦礫を髣髴とさせるものですね。あれこそがまさに垂直崩壊でしょう。ただしそれを引き起こした原因は地震ではありませんが。

【画像 127】

【参照ビデオ】

http://investigate911.se/north_wtc.html

World Trade Center - North Tower 'Collapse'　　CNN Live News footage

E：最初から最後まで激しく続く水平方向の運動

　当然ですがこの本の**口絵1**と**口絵2**は、垂直方向にではなく水平方向に向いた大きな運動量を持ってビルの建材が吹き飛ばされていった様子を最もよく表しています。特に**口絵2**の写真はビルの「根元」までが斜め上方向に吹き飛ばされ巨大な放物線を描いている様子を非常によく記録しているでしょう。また次の【画像128】は**口絵2**のやや前くらいのタイミングでしょう。

【画像128】

　WTCタワーは、垂直というよりも水平に崩壊した、という事実が何よりもこのような映像でお解りいただけると思います。

　ただ、一つだけご注意願わねばなりません。写真で見ると、WTCタワーから吐き出されたビル建材の軌跡はすべて放物線状の曲線を描いていますが、**それを見ただけで単純にすべてが「斜め上に打ち上げられた」と言うべきではないのです**。

　ビデオで確認しますと、崩壊しつつある箇所そのものが加速度をつけて下がりつつあり、そこから連続して多くの物体が吹き出していきます。また吹き出した物体の中でも鋼材のような空気抵抗による影響が比較的小さいものは飛び出してすぐに下方に向かって落ち始めるでしょうが、細かく砕かれたコンクリートのような比較的大きな空気抵抗を受けるものはどうしても下に落ちる速度が遅くなります。もっと細かく粒子状に砕かれたものではあまりその上下方向の位置を変えようとしないでしょう。

　すると、横の方に吐き出される物体のかなりの部分が、加速度をつけて下がりつつある崩壊箇所からその後に吐き出される物体よりも上に位置してしまう結果となるでしょう。吐き出された物体は結果として放物線状にずらりと並ぶことになります。これは決して斜めに打ち上げられたという意味ではありません。

　実際にビデオで吹き出してくる物体の動きを観察しますと、その多くが水平方向に運動を開始しているようです。もちろん明らかに斜め上のものも見られます。しかし**ストップ・モーションの写真に写っている見かけだけの形で運動を判断すべきではありません**。ビデオと見比べながら慎重に判断する必要があります。

ただビルの崩壊が基礎部分に近づくと、もう爆破によって生まれた力が下方向で行き場を失い、その分、**最初から斜め上方向に吹き出される物体が多くなっていくでしょう。口絵2**や**【画像128】**はそれを表しているようです。またビデオで確認してもやはり下層階が破壊されている最中には**斜め上方向への非常に大きな吹き出し**が多く見られます。

　もちろん横方向でも斜め上でも斜め下でも、いずれも水平方向の大きな速度ベクトルを持っているわけで、**水平方向に働く巨大な力のベクトルが無い限りこのような運動は不可能です。**まして斜め上方向ともなれば、それに**垂直上方向の力**が加わります。そしてそれは、物理法則に忠実である限りは、**ビルの内部から外に向かって働いた爆破の力**以外の源を持つことはありえないでしょう。

　なお、**口絵2**の真ん中あたりで、上に細く尖った不思議な形の「煙」が見えますが、これはいくつかのビデオで確認しますと、コアの支柱がフロアー部にやや遅れてバラバラに倒れていく際に残した塵埃の煙のように思われます。

【参照ビデオ】

http://www.youtube.com/watch?v=ESaIEVxLnK4

North Tower WTC 1 Collapse From Hoboken

http://www.911research.com/wtc/evidence/videos/docs/n_tower_ne.mov

North Tower collapse from east

http://investigate911.se/north_tower_demolition_analysis.html

9/11 Demolition Analysis of the North Tower

http://investigate911.se/wtc_collapse_cnn.html

North Tower collapse from CNN News

(2) 無から生まれた？コンクリートを「雲」にしたエネルギー

A：粉々に砕けて激しい「流れ」を作るコンクリート

　（口絵1）（口絵2）をご覧ください。何が見えますか？　激しく横に放物線状の形を描いて広がる白灰色の巨大な流れですね。これは一体何でしょうか？

　いくらWTCが鉄骨構造のビルとはいっても、実際には鋼鉄の部分よりもコンクリートの方がはるかに大きな体積を持っていたでしょう。そのほかにプラスチック、陶器、石膏、ゴム、木材などの建材が極めて多量に使われていたはずです。さらにビルには防火用やトイレなどに貯められていた水、エレベータや空調設備などの機械類、そして各テナントがそろえていた机や椅子、コンピューターなどの器具類が膨大な数あったでしょう。もちろんその中で亡くなった2千数百名の人々の体も。

　そして、グラウンド・ゼロ（WTC跡地）には、**バラバラになった無数の鉄骨以外にはほとんど何も見えない**のです。これは否定しようのない事実です。それではいま採り上げたような物体は一体どこに消えたのでしょうか。

　WTCが崩壊した後の様々なビデオを見てみますと、無数の紙切れが舞っている他には、とにかく埃以外に何も見えないのです。それも砂粒状ではなく非常に細かい小麦粉のような、微粒子状としか言いようのない埃なのです。実際に公式の報告でも、直径が10分の1ミリから100分の1ミリだったようです。妥当な線でしょう。

　とにかく陶器、木材、プラスチック、ゴム、その他の物体の、何かまともな形をもったものがほとんど何一つ見当たらないのです。これは数多くのビデオや写真、資料として残されている塵埃の見本、そして事件直後にグラウンド・ゼロに入った作業員達の証言が一致しているポイントです。

　特に重要なものはビルの質量の半分近くを作っていたと思われるコンクリートでしょう。これはどこに消えたのでしょうか。今までの画像を見る限りでは、**粉々になってビルから吐き出された**、としか言いようがありません。しかしこれは実に奇妙な話です。コンクリートの塊が、どのようなプロセスで、ほとんどことごとくあれほどの微粉末にまで砕かれるというのでしょうか。

　なお（口絵1）（口絵2）でこの粉塵が白っぽく見えるのは光の反射の関係で、他の写真を見るとやはりもう少し灰色をしていることが分かります。

　ところで、ビルから横に吹き飛ばされたばかりの物体はどこまで砕かれていたのでしょうか。これはもはや直接に知ることは不可能ですが、ビデオでその動きを見ているとまだその多くが微粒子状にまで砕かれているとは思えません。もしそうなら直ちに雲のようになって上空を長い時間漂いゆっくりと落ちてきたでしょう。実際に一部にはそのような微粒子もあったようです。

　「**第9章（2）A：各ビルの崩壊にかかった時間は？**」でお目にかけますが、実はこのタワー崩壊をとらえた地震計の記録があります。詳しくは**第9章**でご説明しますが、これはタワーから落下する物体が地面を打って作った振動以外には考えられません。それにはもちろん大量の鋼材もあったのですが続いて地面に届いた他のビル建材がそれに加わりました。ビデオでは、第1ビルでも第2ビルでも、多くの巨大な流

れが鋼材よりやや大きな空気抵抗を受けながらも激しい勢いで落下していく様子が窺われます。

　おそらくこれは、ビルの中にあった空気と大小に砕かれたコンクリートなどの建材が混じり合った「**ある種の流体**」だったと思われます。**気体と固体の二相系**、といえるでしょうが、それは地震計の記録に残るほどの衝撃を地面に与えたのですから**かなりの密度を持っていた**はずです。もしそれが微細な粉末なら容易に空気抵抗によって分散させられあれほど速く落下できなかったでしょう。また崩壊の後で無数の白い紙片が舞っていたことは、その「流体」の温度がそれほど高くなかったことを表します。

【画像129】

　中には【画像129】に見えるように大きな塊状で落ちたものもありますが、ビデオと写真で確認する限りこれは例外的でしょう。（これは第2ビルの崩壊で、下に見えるのはその西隣にあったWTC第3ビル）。しかしこれとても地面の上に何の塊も残しませんでした。金属以外はほとんどすべて微粉末と化したのです。

　他の大部分の建材もやはり大小のカケラ状態で飛び出して落ちていったものと思われます。

　こうしてWTCタワーを形作っていた鋼材以外の建材のほとんどが巨大な幾筋もの「流れ」になって地面に届きました。そして元々タワーのあった場所にはコンクリートの小片すら残されなかったのです。

【参照ビデオ】

http://www.911research.com/wtc/evidence/videos/docs/wtc1_cnn2.mp4
WTC 1 cnn video 2
http://www.911research.com/wtc/evidence/videos/docs/n_tower_ne.mov
North Tower ne
http://www.911research.com/wtc/evidence/videos/docs/collapsed_to_dust.mpg
Collapsed to Dust

B：内部エネルギーによって膨らむ巨大な「火砕流」

　地面にたどり着いたコンクリートなどの建材はどうなったのでしょうか。次にある**【画像130[1]】【画像130[2]】**、そして今までにご紹介したWTC崩壊のビデオをご参照ください。まるで火山の火砕流を思わせる巨大な「雲」を形作っていきます。

【画像130[1]】

【画像130[2]】

　【画像130[1]】ではその「雲」と周囲の空気との境界面が明らかです。しかし同じ場所を写した**【画像130[2]】**になりますともうその「雲」を作っていた粒子は空気の中に散らばっていき境界面は薄くぼやけていきます。また南マンハッタン全部を埋め尽くすまでに成長した「雲」が**【画像131】**に写っていますが、ちょうどハドソン川の水の上を渡り始めているようです。

【画像131】

続く【画像132】をご覧ください。

【画像132】

　WTCビルの変わり果てた姿ですが、南マンハッタンで後から収拾された粒子を見ても、また崩壊間もない同地区のビデオからも、その粒子が極めて目の細かいサラサラのパウダーであることが明らかです。しかし先ほども言いましたように、タワーから吐き出された建材が最初から微粉末だったとは到底考えられません。もちろん地面に当たった衝撃で粉々に砕けたのでしょう。しかし果たしてこの「雲」を形作るには、地面に激突した時の運動エネルギー、つまり元々その建材が持っていた位置エネルギーだけで十分なのでしょうか。しかも低い位置から吐き出された建材も同様に粉末状になったわけです。位置エネルギーの大小に関わらず、結果は同様になったのです。

　ビデオで確認しますと、空気に混じった建材の「流れ」が地面に届いた瞬間に、**爆発と言ってもおかしくないほど急激にその体積を何倍にも膨れ上がらせます。**
　これは粉々になった物体が周辺の空気を中に含み入れながら広がるようなものとは明らかに異なっています。もしそれならば最初から境界面がぼやけてしまうでしょうし、またそれにしては膨らみ方が速すぎます。とてもその微粒子の間に空気が入り込んでいく余裕など無いでしょう。
　つまり、この粉塵の「雲」が決して『落ちている埃を巻き上げた』とか『粉をぶちまけた』ようなものでなく、**自らの内部に持っていたエネルギーで膨張していったものである**、ということなのです。ちょうど火山の噴火時に起きる火砕流とよく似ているのですが、もちろんそこまで高温になっているわけではありません。微粒子と一緒に舞い上がっている無数の紙片に全く焦げた様子がないからです。精々が100℃かそこらでしょう。
　しかしその内部にあるエネルギーは十分に大きなもので、固体の建材のほとんどすべてを微粉末に砕いたうえで「二相系の流れ」の中にあった気体の体積を膨張させ液体成分を蒸発させ大量の気体に変えて「雲」を形作ったということではないでしょうか。
　しかし残念ながらFEMAもNISTも、またその他の米国政府系機関も、実際にどのようなメカニズムでコンクリート、陶器、プラスチックなどの建材のほとんどすべてがこんなに細かく砕けてしまったのか、そして火砕流を思わせる大きな「雲」を形作ったのか、という点に関して、研究と報告を行った気配はありません。

現在のところ私が知っている限りでこの「雲」の正体について行われた研究はJ・ホフマンのものがあるだけです。これについてはまた次の項目で詳しくご説明することにしましょう。

【参照ビデオ】

http://investigate911.se/southtower2.html
World Trade Center - South Tower 'Collapse'
http://investigate911.se/south_new.html
South Tower 'Collapse'　Amateur footage taken by Brandon Marcus

C：J・ホフマンによる貴重な試算
－「雲」発生にはWTCの位置エネルギーの25倍が必要

　さて、「雲」発生のメカニズムを解く鍵は、コンクリートのほぼ全てを微粒子にまで砕き、そしてそれと気体との混合物を膨張させたエネルギーの総量です。もちろん落下中や落下後に外部から新たに混入した空気も相当量あったはずで、『雲』形成のエネルギーを算出する際にはこの分を割り引いておかねばなりません。

　ここでご紹介するのは 9/11 Research の主要な論者となっているジム・ホフマンによる試算です。参照する論文は次です。

http://911research.wtc7.net/papers/dustvolume/volumev3_1.html
The North Tower's Dust Cloud
Analysis of Energy Requirements for the Expansion of the Dust Cloud Following the Collapse of 1 World Trade Center
by Jim Hoffman　October 16, 2003　[Version 3]

　この論文はかなりの量があり少々面倒なデータ処理や科学的考察もあるため、本書では主要部分をご紹介するにとどめます。細かく検討したい方はどうか原文のほうをご参照ください。またここで試算されているのは第1ビルの例のみです。

　WTCがどれくらいの位置エネルギーを持っていたのかという最も基本的な数字なのですが、WTCの建設に関しては担当した企業によって秘密にされているデータも多く厳密には知ることができません。しかしFEMAはWTC1が持っていた重力ポテンシャルを 4×10^{11} J（ジュール）超と発表しました。これは、総重量 1.97×10^{11} g ＝ 19万7千トン、平均落下距離207mとして算出されたものです。そしてこの数字は、およそ11万1千KWH（キロワット時）に当たります。（1KWHは3600KJ、つまり約864Kcal。）

　またホフマンは、1トンのコンクリートを60ミクロンレベルの粒子にまで砕くのに必要なエネルギーを1.5KWHとしています。この数字についての詳しいことは次のサイトをご覧ください。

http://www.911-strike.com/powder.htm
9-11 Strike.com：Powder analysis
http://www.b-i-m.de/public/ibac/mueller.htm
REQUIREMENTS ON CONCRETE FOR FUTURE RECYCLING

　ただ Powder analysis の著者である Jerry Russell は上の論文で一つのWTCタワーのコンクリートを60万トンと推測しているのですが、ホフマンによると、後に彼はFEMAの発表に近い9万トンに訂正しました。そしてWTC第1ビル全体のコンクリートを60ミクロンの単位に砕くエネルギーを13万5千KWHと算出しています。

これはすでに FEMA が主張する重力ポテンシャルを超えている（！！）のですが、ホフマンは他の研究者の試算も参考にしてこの 13 万 5 千 KWH 数字が妥当なものであると語ります。

【画像 133】

次に「雲」を形作るエネルギーです。WTC タワーから出た塵埃と気体は 30 秒ほどの間にタワーの体積の何倍もの大きさに膨れ上がって巨大な「雲」を作りました。それは最初に持っていた運動エネルギーによって広がり移動し、また流体が重力に従って流れるような振る舞いをするでしょう。そして周辺の空気を巻き込んで薄まり、さらに粒子の大きなものから地面に落ちていくでしょう。したがって、何よりも最初の一定時間に十分の厚みで広がった時の体積とそのときまでの膨張の仕方を検討しなければなりません。

膨張の原因として、(1) 熱による空気の膨張、(2) 液体や固体の気化による膨張、(3) 化学変化によるガス分子の増大による体積の膨張の 3 つが考えられますが、(3) は十分に小さいと思われます。そこで (1) と (2) を中心に見ていきます。

まず次のことを知る必要があるでしょう。

(A) 崩壊開始から一定時間たったときの「雲」の総体積
(B) 粒子と周辺の空気の混ざり具合とその体積との関係、およびそれによって、元々ビル内にあった物体の塵や気体から作られた部分の体積がどのように計算できるか
(C) その体積と元々のビルの体積との比
(D) その比を作るためにどれほどの熱エネルギーが必要であるのか

ここでホフマンは前ページにある【画像133】を用いて崩壊開始30秒後の「雲」の体積を計算します。周辺のビルの高さから赤丸のついた地点での「雲」の高さを見積もり、それぞれの「雲」の部分を幾何的な立体で近似させ、ビルの体積を差し引いて「雲」の体積を割り出します。詳しい計算過程は省略しますが、ホフマンはこれをおよそ850万㎥と算出しました。

　ここから形成後に外部から混入した空気を除き、ビル自体から発生した粉塵とガスを起源とした「雲」の体積を出します。これも詳しい考察過程は省略することにしますが、彼はこれをおよそ570万㎥としています。WTCビルの体積は約166万㎥ですので、これが膨張した割合は約3.41倍ということになります。（なお原文では単位がフィート、インチ、マイルなどになっていますが、私はメートル法に換算しました。）

　もちろんこの「雲」の体積や密度分布、温度分布などを正確に知ることはおそらく不可能に近いでしょうし、相当に誤差のある数字と見ておかねばならないでしょう。しかしWTC倒壊で放出されたエネルギーの総量を算出するための貴重な「たたき台」となる研究だと思います。何せ、政府系、民間を含めて、誰もやろうとしていないのです。

　さて、この3.4倍という膨張を作り出した原因ですが、まず熱による気体の膨張があります。次に液体（主要に水）の沸騰によるものが考えられます。コンクリートは結晶水を含んでいますし、ビルの中には消火用の水や手洗い所、水道管の中などにも水が豊富にあったはずです。

　水が沸騰して水蒸気になるときには体積が1680倍にも膨らみます。「雲」内部の温度が100℃であり、熱エネルギーが空気の膨張および水の気化熱として使われた場合を想定しましょう。そして23℃から100℃となる空気の膨張で不足する分を水の沸騰による膨張として、ホフマンは沸騰した水の量を2380トンと推定しています。

　その量の水を気化させるために必要な熱量は149万6千KWHに相当します。また空気とビル建材を100℃にまで上昇させるために必要なエネルギーは合計で118万6千KWH、合計268万2千KWHです。これにコンクリートを粉々に砕くエネルギーを加えると281万7千KWHという結論が出ます。**この数字はFEMAが公表した位置エネルギー11万1千KWH超のおよそ25倍となります。**

　もちろん以上の試算結果には相当の誤差があること覚悟しなければならないでしょう。しかし私は、この試算を何度も読み返し検討してみて、少なくともこの281万7千KWHという数字が10分の1未満になるだろうという根拠を見出せません。そしてたとえそれが**10分の1となったとしても重力による位置エネルギーの2.5倍なのです！**

　このホフマンの試算による結果は厳密なものではありません。細かい指摘はいくらでもできると思います。しかしこれ以上の研究を行うためには多くの計算モデルを使い大型のコンピューターと数多くの研究員を駆使しなければならないでしょう。彼の追及はあくまでも「たたき台」となるべきものだと思います。しかし私は、誰もがこの面倒な作業をやろうとしない中で貴重な「たたき台」を作ったホフマンの努力に敬服します。

　私には到底そんな能力は無いのですが、知恵と技能と手段を持っている人（グループ）に、ぜひともこの「たたき台」を元にして、コンクリートを砕き「雲」を型作ったエネルギーの総量を計算していただきたいと願っています。

最後にこれだけは付け加えておかねばなりません。
　この「**WTCの位置エネルギーの25倍**」という数字はあくまでもコンクリートのみを対象として計算したものであり、その他に、ビル内のコンクリート以外の建材や家具や設備類をもことごとく粉砕したエネルギー、鋼鉄の骨組みをバラバラに引きちぎって破壊したエネルギー、多数の鉄骨と多量の建材を水平方向に吹き飛ばしたエネルギー等々が加わることになります。
　これは重力の位置エネルギーで到底まかないきれる範囲ではありません。ここでも「**公式説＝重力による崩壊説**」はあっけなく文字通り《**垂直崩壊**》します。

　以上の現象を説明するためには、いやが応でも重力以外の強力なエネルギー源を想定する必要があるでしょう。**強力な発熱と破壊を伴う、爆発物から出てくるエネルギー**です。他に考えられるでしょうか？
　もう一度、このJ・ホフマンによる試算の結果を強調しておきます。**WTCのコンクリートを粉みじんに砕きそれによる「雲」を発生させるのに必要なエネルギーは、WTCビルが持っていた位置エネルギーの約25倍**です。
　WTCビルの重力による崩壊を唱える人々による独自の試算が登場するのを心待ちにしています。

（3）立ったものがほとんど残らなかったグラウンド・ゼロ

A：バラバラに散らばる真っ直ぐな支柱群

　WTC タワー崩壊の最大の特徴は、ほとんど立ったものを残さずに完璧に粉々に崩壊した点でしょう。もうすでに何度も見ていただいたものですが次の【画像134】をご確認ください。

【画像134】

　この写真は事件が起こって2日後、つまり2001年9月13日のものです。手前側に第2ビルの跡があるのですが、西側角を中心にして北西側の壁と南西側の壁の一部がまるで消えるのを忘れてしまった亡霊のようにかろうじて立ちすくんでいます。そして写真右下の部分に立った一本だけコアの鋼鉄柱の一本と思われるものがその壁と向かい合って立っています。もう無残としか言いようのない何とも凄まじい光景です。

　その奥側、写真の上の方には第1ビルの跡があるのですが、北東側の壁が隣の第6ビルにもたれかかっています。そのやや右側に地面に倒れた北西側の壁が見えます。この写真では立っているものは見えませんが、次の【画像135】を見ますと東側角と南東面の壁の一部がやっとのことで立っており、その手前にコアの一部がしょんぼりと立って残っているのが見えます。

【画像 135】

　立っている構造物は以上の通りです。あの高さ417mの第1ビル、413mの第2ビルの面影は何一つ残っていません。

【画像 136】

そして【画像134】と【画像136】を見ますと無数の鉄骨がバラバラの方向で散らばっています。太いものはコアを形作っていたものでしょうが、その**ほとんどすべてが真っ直ぐのままで20〜30mの長さで横たわっている**ことがわかります。もはや「死骸」としか言いようのない哀れな姿です。**立っているものがほとんど何も見えない**のです。

　立っているものばかりではありません。【画像135】に写っているコアの一部と思われる構造物以外に、3次元の立体の形で組み合わされた鋼材の残骸すら見当たらないのです。どのようにお感じでしょうか。あの頑丈に組み合わされたコアの骨組みがここで見えるわずかな構造物を除き、その一部すら形をとどめずにことごとく崩壊したのです。一体どれほどのエネルギーを必要としたのでしょうか。

　その上に先ほど「C：J・ホフマンによる貴重な試算」で申しましたとおり、コンクリートなどの他の建材を微粉末にまで砕いて巨大な「雲」を形作らせたエネルギーが加わるでしょう。

　これが重力の位置エネルギーだけで十分にまかなえる、とご主張の方は、ぜひそれを証明するための試算をお願いします。何せFEMAとNISTは全くやろうとしませんし、その「応援団グループ」も「**とにかく熱かった！とにかく重かった！**」と下手糞な落語を繰り返すばかりです。少しくらいまともな人間がいてもおかしくないと思うのですが、この手の人たちには**嘘つき**と**三流落語家**ばかりが目立つようです。

　さらに、第1ビルと第2ビルの残骸の周辺に「瓦礫の山」が全く見当たらないことにご注目ください。これと第7ビルの残骸を比較すればよく分かることですが、あれだけの巨大なビルを作っていた鉄骨はその多く周辺に幅広くばら撒かれ、他の建材は犠牲者の肉体と共に粉になって南マンハッタン中に散らばりました。

　こうしてニューヨークは、WTC第1、第2、第7という3つのビルの他に、後に取り壊された他の4つのビルにとって、まさしく「墓場」となったのです。

【参照：事件後のWTC地区衛星写真】
http://www.noaanews.noaa.gov/stories/images/wtc-photo-cropped.jpg
【参照：9月13日のグラウンド・ゼロ写真集】
http://www.zombietime.com/wtc_9-13-2001/

(3) 立ったものがほとんど残らなかったグラウンド・ゼロ　177

B：地下は灼熱地獄

　しかし、このWTC跡地、グラウンド・ゼロの地下はまだ激しく生きていました。次の【画像137】は2001年9月16日、つまり事件から5日後の地表温度の記録です。人工衛星からのデータを元にした図ですが、図のAとBの部分は第7ビルの跡地、CとDは第1ビル、そしてFとGは第2ビルの跡地です。

　オレンジ色に描かれた部分は特別に温度が高いのですが、**AとGは700℃を越す熱さ**です。Cは600℃、Dで500℃を超えています。これは地表の温度なのです。

　そして、これは第9章でも触れますが、**この3つのビル跡地の地下には1500℃を超えるとんでもない高温の部分があった**ことが明らかになっているのです。WTCで火事になっていたのはずっと上の方の階なのですが、何と**地下が最も熱い場所になっていた**わけです。

　第1、第2ビルとは全く異なる状況だった第7ビルまで含めてです。

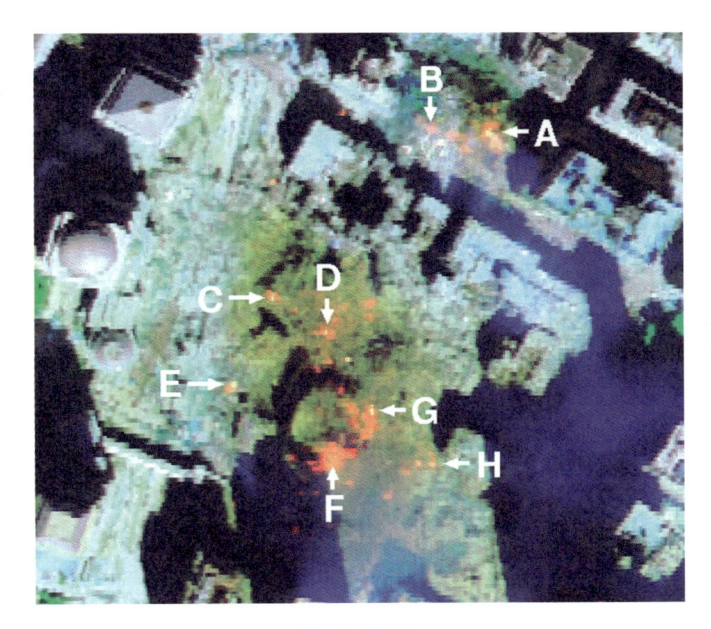

【画像137】

　9・11事件で崩壊した第1、第2、第7の3つのビルで共通して見られた重大な現象があります。それはその3つのビルの地下に異常に高温の部分、そして**熔解した金属と思われる白熱した液体状の物体が存在したこと**です。

　【画像138】と【画像139】、【画像140】をご覧ください。

【画像138】

【画像139】

地下で液体状になって流れる金属を、倒壊開始寸前の第2ビルで撮影されたように明らかに記録した写真やビデオは今のところ私は見ていません。もちろん今採り上げたような写真が十分にそれを示唆するものであり、【画像140】ではその光と色の具合から十分に 1500℃ の温度が推測されます。転炉から出る融解した鉄の写真【画像62】（第4章（1））を再度ご覧になって比較してみてください。

【画像140】　　　　　　　　　　　　　　【画像141】

　【画像139】は 2001 年 9 月 27 日、つまり事件後 16 日目に第 1 ビル跡で撮影されたものですが、これに写っている地下から取り出された金属の塊と思われる瓦礫で、すでに固体化していますが、その色から S・ジョーンズ博士はこれを 1000℃ 前後の温度を持っているものと判断しています。そしてこれは製鋼所などで撮影されている高温の鋼鉄との比較からも正確な判断だと断定できます。

　さらにそういった映像資料による証拠と十分に整合性を持つことから高い信用度で傍証に役立つと思われる証言が数多く存在します。

　次に挙げる観察記録は、原文が手に入らなかったため、スティーヴン・ジョーンズ博士の論文に引用されているものを使用しますが、まず Keith Eaton 博士が The Structural Engineer 誌で述べた内容です。

> 「彼らは我々に多くの興味深いスライドを見せてくれました。」このように［イートンは］話を続けた。「事件から何週間もたつのに依然として灼熱状態で融けている金属を始めとして、あの災厄の中で切り取られ曲げられた厚さ 4 インチ（約 10cm）の鋼鉄板に至るまでのものです。」
> (Structural Engineer, September 3, 2002, p.6)

「灼熱状態で融けている金属」！　地下に！
次は Greg Fuchek の報告です。

> 　9 月 11 日以降の 6 か月間、地面は場所によって 600°F（約 316℃）から 1500°F（約 816℃）までのさまざまな温度を示し、もっと高温の所もあった。「初めの数週間は、作業員が瓦礫から鋼鉄梁を引き出したときにその端から融けた鋼鉄を滴らせるようなこともありました」。このように Fuchek は述べた。（Walsh, 2002）

「その端から融けた鋼鉄を滴らせるようなこと」！　数週の間！
　ニュージャージー州の救助部隊の一員 Sarah Atlas はグラウンド・ゼロの現場に最初にいた一人だったのですが、彼女は Penn Arts and Sciience 誌 2002 夏号に次のように報告しています。

> 「誰も生きていそうにはありません」。瓦礫の山の中では火が燃えて融けた鋼鉄が流れ、彼女の足の下でいまだに溜まりつつあったのだ。（Penn, 2002）

「鋼鉄が熔けて流れている」！

そしてこれらの証言は【画像138】【画像139】【画像140】で見ることができる明るい色や光とも附合しますし、またＮＹタイムズなどで同様の新聞報道もあります。中には「鋼鉄が蒸発した跡」を報道したものすらあります。さらに作業員が現場でこれを報告しているビデオもあります。このようなことから、これらの証言の信憑性を否定することはできないでしょう。何よりも数々の映像資料による疑いようの無い合理的な裏づけがあります。

崩壊したビルの地下で1500℃を超える高熱があった！ 少なくとも、融解した形跡をうかがわせる灼熱状態の金属が存在した！ということです。そしてこれが先ほど【画像137】で見た地表の異常な高温の**理由**だったのです。地表の温度はそれ以降、水をかけながらの撤去作業のためもあったのでしょうが、急激に温度が下がっていきました。しかし地下はそうではなかったのです。数週間以上にわたって灼熱の融解した金属が溜まり、まさに灼熱地獄の様相を示していました。

ジェット燃料などの炭化水素は最高の条件の下でもそんな高温を作ることはハナから無理です。そもそも新しい空気が行き届かない地下で有機物の可燃物が、1000℃どころか**600℃を作ることすら不可能**でしょう。日本刀の製作や以前の加治屋さんの作業場で鋼鉄の塊を柔らかくするときでさえ、木炭（有機物から発熱効率の悪い水素を排除し炭素だけにした物）の火にフイゴで懸命に新しい空気（酸素）を送って、やっと1000℃前後の温度を手に入れるのです。

したがってこれは、**火災とは無関係な原因で作られた高温**だ、ということになりますが、それは？おそらくこれがWTC崩壊の謎を解く最大の鍵でしょう。「第4章（1）A：壁面を滴り落ちる灼熱の熔けた金属」で触れた崩壊寸前に第2ビルから流れ落ちていた灼熱の金属や、「第7章（2）D：「ジェット燃料が燃えながら落ちた」の嘘デタラメ」および「第7章（3）A：崩壊の最後まで残ったコア」で示唆したコア土台の破壊と深い関係がありそうです。

WTCタワーのような巨大で極めて頑丈な構造物を完璧に破壊するためには、何よりもその最も頑丈な部分を破壊しなければなりません。鋼鉄支柱の土台を巨大なエネルギーで大規模に熔解して重量を支える力を奪い構造を破壊し、ビルの重量の多くを30年以上にわたって強固に支え続けてきたコアの土台部分を無力化しない限り、あれまでの完璧な崩壊にまで導くことはできないでしょう。もちろん崩壊開始の以前に地下構造が破壊されたことはウィリアム・ロドリゲス氏などによる多くの証言によっても傍証されます。実際にグラウンド・ゼロのWTC地下はもう何が何だか見分けもつかないほどに破壊されていました。それだけではありません。

WTCの地下がやっと片付けられたとき、「第2章（1）B：第1、第2ビルはどのように建設されたのか」でご紹介した地下構造を収める「バスタブ」の壁 Slurry-wall（【画像13】【画像14】）が、第2ビルの付近で2箇所が内側に向かって壊れ、地下水があふれ出ている状態であることが判明しました。第2ビルの地下構造と壁との間にはＰＡＴＨ鉄道のトンネルがあり直接に接していたのではなかったのです。外側に堆積層の土砂を背負った厚さ90センチの鉄筋コンクリートを2箇所にわたって破壊するエネルギーは、地下部分で起こった強力な爆破を傍証するものでしょう。

また「第4章（1）A：壁面を滴り落ちる灼熱の熔けた金属」で見えた間違いなく鉄と思われる溶解した金属は、先ほどの【画像137】でタワーのコアに当たる部分以外で幅広く見られる高温の部分と関連が

あると思われます。つまり、コアの地下構造にあった鋼材だけでなく、地上にあったビルの鋼材が激しい熱で熔かされていた、あるいはサーマイト反応の産物である熔けた鉄が飛び散って大量に溜まっていた、ということになります。これもまた「爆破解体説」の技術的な面を判断する材料となります。

なお、この熔けた金属については NIST がまたしても素晴らしいトンデモ似非科学を披露してくれているのですが、それは第 9 章で詳しく見ることにしましょう。

また【画像 141】は 2005 年 11 月の時点でニューヨークの倉庫に保管されていることが確認されている金属らしき塊なのですが、しかしこれが化学的に分析されたという報告は残念ながら私は未だに見ていません。したがってこの写真からだけでは何の断定もできません。様々な鋼鉄材を巻き込んだ形で凝固しているこの物体が何なのか、およびどれくらいの温度でこれが形作られたのか、専門家が分析すればすぐに分かることでしょうが、NIST を始めとする米国の政府系研究機関は何も行っていませんし一般へ公開もありません。

これはジョーンズの論文にも載せられている有名な写真で、十分に疑わしいものではあるのですが、このような状態では残念ながら何とも言いようがありません。私は今のところ判断の材料にはしないでおきます。米国政府によるサンプルの公開と数多くの研究者による分析を待つ以外には手がありません。

(4)《どこも均等に崩壊》した事実からは「逃げるが勝ち」？

A：水平方向には？

　「第4章（2）F：上層階の回転とは無関係に崩壊した下層階」で、WTC第2ビルが崩壊する際に、79階より上の部分が傾いて倒れ始めたにもかかわらず、その下の部分が、上層階が傾いた側もその逆の側も全く何の差も見られずに崩壊していったことを説明しました。同様のことは第1ビルにも当てはまるでしょう。飛行機が激突した側と逆の南西側面に向かって上の方のおよそ13階分が傾いていったにも関わらず、その下にあった部分はそれとは全く無関係に、それこそ平等に崩れていきました。

　これは崩壊しつつある一つの階で、上の階の動きとは無関係に、各方向に全く同じ大きさの破壊力が発揮されたことを意味します。もし自然界に働く力だけであったとすれば当然、上からの圧力が強い方で大きな破壊が起こるでしょう。これだけを見ても**人工的にコントロールされた力によってこの破壊が引き起こされたことは明白**です。

　そして今までにお見せした写真でもお解りのように、WTCタワーはあらゆる方向にほぼ均等、ほぼ平等に多量のビルの建材を飛び散らせながら崩れていきました。これはタワーにある一つの階のどの方向でも、全く同じタイミングで、ほとんど同じ大きさとを持つ力が、ほぼ放射状にそしてどの方向にもほぼ均等に働いたことを意味します。

　このようなことが自然界で絶対に起こらないというわけではないのでしょうが、しかし一つの種類の動きがあれほど大規模に連続して起こる場合、ほぼ間違いなくどこかで乱れが生じ力の不均衡が生まれ不均等な運動が発生するでしょう。その結果、いずれかの側で比較的早い時点で破壊の不十分な箇所が生まれ、塊状の部分がビル下層部のどこかに残るでしょう。**不均衡と乱れこそ自然界の持つ大きな特徴**であり、だからこそ自然界は限りなく創造的なのです。

　これが二つのタワーでどちらにも何の乱れも発生せず何の不均衡も生じなかったとしたら、それはもはや**奇跡と呼んでも差し支えないほど極端に確率の低い現象**です。高度に計画され管理された人為的な解体作業によって初めて出すことが可能な結果と言って間違いはないでしょう。

　もっと明らかなのは**第7ビル**でしょう。破壊と火災が激しかった南東側にではなく、ビル全体がほとんど真っ直ぐにどの側に対しても全く平等に、下からほぼ同じ速度で崩れていきました。そのうえに、これは**第9章**でも申しますが、空気抵抗すら無い場所での、いわゆる**自由落下速度**とほとんど変わらない速度で落ちました。つまりビル全体のあらゆる鉄骨構造が**ゼロ抵抗で崩落させられた**のです。

　この第7ビルの崩壊は、いわゆる「パンケーキ崩壊」でも「支柱崩壊」でもどうにもならない、それこそ煮ても焼いても食えないしろものですので、**これはもう始めから爆破解体以外の説明はつけようがない**でしょう。

B：上下方向には？

　何よりもメカニカル・フロアーの存在です。第1ビル、第2ビル、第7ビルすべて、途中にある頑丈に作られたメカニカル・フロアーで崩壊が食い止められるどころか、**崩壊速度を落とすことすらしなかった**のです。

　「第3章（2）WTCビルの火災と熱」にありましたとおり、2006年2月に起こったマドリッドのウインドソル・ビルの火災では、ビルの上部全体を包む激しい火災が夜半から明け方まで続き、鎮火するまでに24時間を要したのですが、**【画像48】**で確認できるように、**周囲のフロアー部分の崩壊は途中に1階分で作られていたメカニカル・フロアーで食い止められました**（黒い矢印）。そしてコアの鉄鋼構造は全く健在なままでした。これが普通でしょう。

　WTCでメカニカル・フロアーが何の役にも立たなかったのは、「第4章（3）次々と正確に起こる爆風の噴出」で申しましたように、事前に**意図的にメカニカル・フロアーが破壊されていた**以外の何物でもありません。

　また上下方向の均等性といえば、第1ビルでも第2ビルでも、崩壊を開始した飛行機激突箇所付近の上と下で同じような仕方で平等に、というよりもむしろ上側の方が速く破壊されていったことが挙げられます。たとえ崩壊開始箇所より下の方は「パンケーキ」か「支柱崩壊」で説明したとしても、上の方は「自重による崩壊」以外にないでしょう。しかし、**第4章と第5章**でご説明した通り、第1ビルでも第2ビルでも「**自重による崩壊**」はとんでもない矛盾を起こしてしまい、それこそ物理学の原則を総否定する以外に道がなくなります。

　事実、NISTやFEMAもそしてその「応援団」グループも、崩壊開始箇所より**上の方の崩壊については奇妙に沈黙**していますね。まあ彼らは最初から自分達の言っていることがデタラメであることを薄々分かっているのでしょう。だから詐欺的な言い回しとかあからさまな大嘘とか明白な非科学とか、それでもダメなら政治的脅迫を込めた悪魔化の呪文を大声で繰り返して、何とかして聞く者を騙し黙らせ続けようとする以外に方法を持たないのでしょうね。

第9章

「公式説」の超絶ウルトラ物理学

(1) 事実嫌悪(ヘイト)による似非科学(ジャンク・サイエンス)
——崩壊開始以後は「知ったことではない」！

再び「NIST 報告」からです。強調は私からのものです。

> (「NIST 報告」82 ページ　Chapter 6: Reconstruction of the Collapse より)
> 　あらゆる収集されたデータと分析から得られた総合的な知識により我々は、それぞれのタワーの可能性ある崩壊過程の進展、崩壊に関与した要因の特定、そして、ビルのあり方を進歩させて人命の損失を軽減させることができたのかもしれない要因の一覧を知ることができる。
> 　この研究の焦点は、飛行機による衝撃の瞬間からそれぞれのタワーの崩壊開始に至るまでの一連の出来事であった。この報告の短さのために、この一連の出来事は「可能性ある一連の崩壊」という形で言及されたが、それは実際には、崩壊開始の条件が整い崩壊が不可避となって以後のタワーの構造的な振舞いを含むものではない。

ふむ、たしかに WTC 崩壊で起こった事実に基づいた「**あらゆる収集されたデータと分析から得られた総合的な知識**」があるのなら、「**それぞれのタワーの可能性ある崩壊過程の進展**」、「**崩壊に関与した要因の特定**」および「**ビルのあり方を進歩させて人命の損失を軽減させることができたのかもしれない要因**」を知ることができますね。

ところで NIST はどれほどの「総合的な知識」を持っているのでしょうか。

今まで見てきました WTC 崩壊で起こった事実の中で、NIST が無視して分析と言及を避けている、いいかげんで不誠実な表現で通り過ごしている、理論的なあいまいさや誇張や繰り返しの表現で誤読に誘い込んでいる、そして非科学的に誤魔化している諸事実をリストにしておきます。

① 火災での不完全燃焼と推定温度との関係
② 火災現場での鉄骨の温度的・強度的変化
③ 火災現場以外の鉄骨構造の温度的・強度的変化
④ 第2ビル崩壊直前に現れた灼熱の熔けた金属の流れ
⑤ 第2ビル崩壊時に起きた 79 階以上の部分の振舞い
　　火の気の無い箇所から裂け始め傾き始めたこと、
　　傾きが進んでも外に転がり落ちなかったこと

　　　　鉄骨構造が内部から激しく変形させられた形跡があること
　　　　自分の重心を中心にして回転しながら下から破壊されたこと
　　　　崩壊開始の数秒間で建材を激しく横に飛ばしながら消滅したこと
　⑥　第1ビル崩壊時に起きた97階以上の部分の振舞い
　　　　アンテナが他の部分の1秒ほど先に落ち始めたこと
　　　　下から上に向かって崩壊し5秒以内で消滅したこと
　⑦　第1ビルと第2ビルで共通するどの方向にも均等な崩壊の仕方
　　　　崩壊箇所の上にあるビルの塊が傾いていった方向とは無関係
　　　　崩壊箇所の上にあるビルの塊が無くなって以降に加速度的に進行した
　　　　途中にあるメカニカル・フロアーで減速すらされなかった
　⑧　第1ビルと第2ビルで共通する側面に現れた爆風の吹き出し
　⑨　大量のコンクリート材の粉塵および数多くの鉄骨材が上の方から次々と大きな水平方向の運動量を持って飛び出したこと、
　⑩　コンクリートだけではなく様々な材質の建材や家具、設備や装置、犠牲者の遺体までも（紙類を除く）そのほとんどが原形を留めずに粉砕されたこと、
　⑪　鉄骨以外の粉砕された物体が急激に体積をふくらませて形作った巨大な「雲」
　⑫　コアおよび基礎部分にあった鉄骨構造がほとんど一部分すらも原形を留めずに破壊されたこと、
　⑬　第7ビル崩壊の様子のすべて
　⑭　3つのビルに共通して見られた地下の融解した金属

　要するにWTC崩壊の特徴のほとんどすべてです。彼らの分析は「崩壊の前について」であり「崩壊について」ではありません。一体どこが「総合的な知識」でしょうか？　早い話がWTC崩壊を「何も分析していないも同然」ということなのです。そして次のように言い訳をします。
　『この報告の短さのために、この一連の出来事は「可能性ある一連の崩壊」という形で言及されたが、それは実際には、**崩壊開始の条件が整い崩壊が不可避となって以後のタワーの構造的な振舞いを含むものではない。**』

　例えば医者が一人の患者を診断して治療する際に、発病寸前までの事実については多少手を抜きながらもそれなりに細かく分析し記録しておいて「このカルテは患者の発病以後の症状を含むものではない」と書いたなら、医療ミスで訴えられても文句は言えないでしょう。「発病前に寒気と倦怠感と咳があったから風邪だ」と診断して、発病後に血便が出ようが黄疸が現れようが、吐血しようが発疹が見られようが、「それは知ったことではない。発病前の様子から風邪に決まっている！」と、まあ、NISTの言うことは、そして一般的に「公式説＝重力による崩壊説」の言うことは、喩えて言えばこういう具合でしょうね。単なる「医療ミス」というよりはむしろ「殺人」でしょう。

　WTCの崩壊こそが2千数百も人命を直接に奪った「殺人現場」なのです。それを「崩壊が開始してからのことは知らん！」と言いながら「ありもしない1000℃の鉄骨」とか「融解したアルミニウムと混合して輝く有機物」だとか「離れた場所から圧力を伝える空気ポンプ」などというデタラメで逃げようとす

るのであれば、もし私が遺族なら黙っちゃいませんよ。

　そりゃあ「崩壊開始の条件が整い崩壊が不可避となって以後のタワーの構造的な振舞い」を含めてしまったら、この数年間つき通してきた嘘が全部丸見えになって、ありとあらゆる立場を失うでしょうけどね。

　この章では**「飛行機のダメージと火災と重力による垂直崩壊」**説を無事にあの世に送り届けるために、物理法則の根幹に触れるテーマを集めてみました。この説が**反事実主義者、事実嫌悪主義者（事実ヘイター）**による見るも無残な**似非科学（ジャンク・サイエンス）**に過ぎないことはもう今までの章で十分にお解りと思いますが、この章で最終的にその正体を暴ききっておきます。

　NIST にすばらしい名称をプレゼントしましょう。**National Institute of Swindle and Trick（米国国立詐欺誤魔化し研究所）**です。

　なお、2007 年 6 月後半になって、「**陰謀論への反論**」という触れ込みでテキサスにあるパーデュー大学の研究チーム作成の「**公式説**」擁護のコンピューター・シミュレーションによるアニメをニューヨーク・タイムズ紙が公表しました。この研究は The National Science Foundation から資金を提供されたのですが、この組織は 1950 年に創設されたもので、どうやら「国の健康と繁栄と財産を増進させるため、そして、国家の防衛を確保するために」科学の進歩を促すための財団のようです。

　下にビデオのアドレスを掲げておきますが、例によって例のごとく、**飛行機激突シーンの説明のみで**、肝心要の WTC 崩壊そのものに一言も触れる内容ではありません。要は「**崩壊開始以後は知ったことではない！**」ということですね。どれだけの資金が投入されたか知りませんが、米国には、カネのためなら裸踊りでもヒョットコ踊りでも何でもする情けない「科学者」が満ち溢れているようです。

　馬鹿なヤツラだ。「**崩壊開始以後**」の事実から逃げまくる姿を世間に見せ付けて、自分の手で自分の首を絞めることしか知らないのだから。

【参照ビデオ】

http://news.uns.purdue.edu/mov/2007/HoffmannWTC.mov
Hoffmann WTC.move

(2) WTCはニュートン力学を崩壊させた！？

A：各ビルの崩壊にかかった時間は？

　WTC崩壊にかかった時間については、米国政府の公式発表では第2ビルが約8秒、第1ビルが約10秒となっています。彼らはこの根拠として【画像142】にある地震計の記録を採用します。

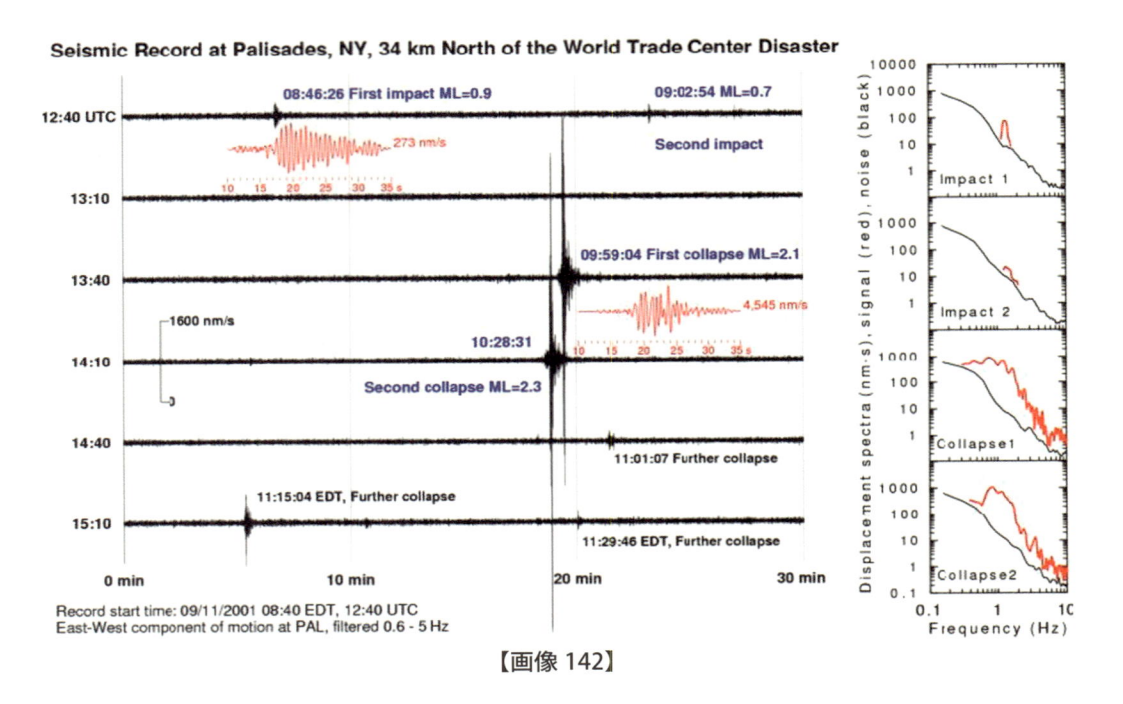

【画像142】

　これはニューヨーク州パリセイズにあるコロンビア大学ラモント・ドハーティー地球観測所（the Lamont-Doherty Earth Observatory）が9月11日の朝に観測した大地の震動なのですが、この地震計記録については様々な誤解があるようです。

　このグラフを見るといかにも突然の爆発的な振動が起こっているように見えます。しかしよくよく見ると**横軸の時間の単位が「分」**なのです。この分単位のグラフをチラッと見て「これはとんでもない爆発が起こっている」と考えると大きな間違いになってしまいます。ここから「地下に巨大なエネルギーを出す爆弾が仕掛けられたに違いない」という誤解が生ずることになります。

　しかし実際には、この横軸を秒単位にした次にある【画像143】【画像144】によって、決して一瞬で解放された爆発的なエネルギーではないことが分かります。「地下に仕掛けた小型核兵器」の仮説は完全に消えたでしょう。

　なお、【画像143】は第2ビル崩壊時、【画像144】は第1ビル崩壊時の記録です。縦の一つの目盛りが10秒となっています。

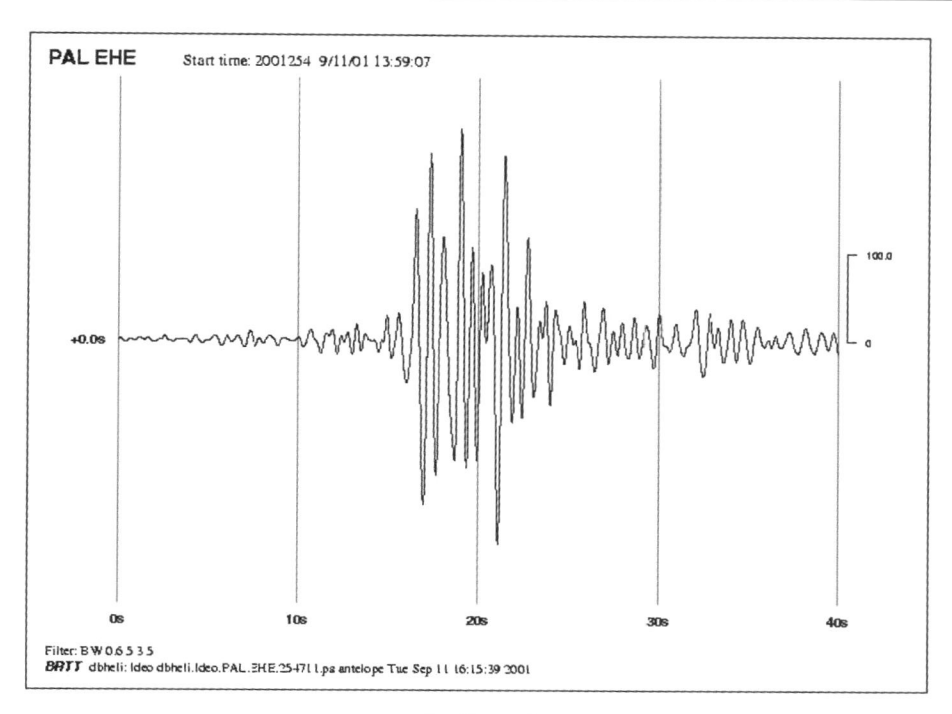

【画像 143】

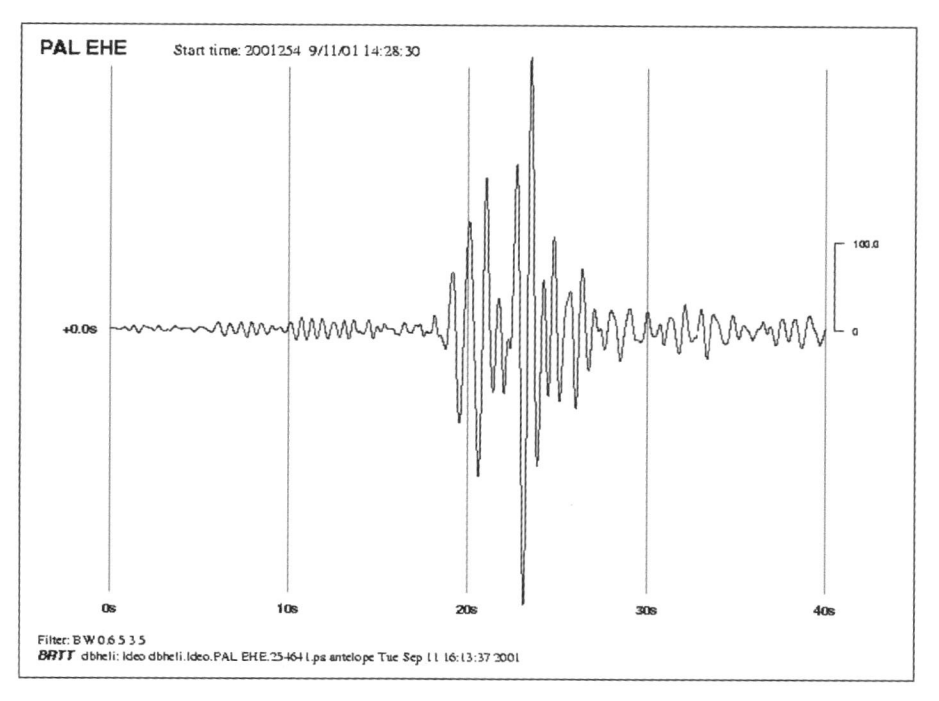

【画像 144】

第2ビルでは主要な振動が8秒、その後の小さな振動まで含めると20秒以上も続いた地震波です。第2ビルのコアが崩落したのはおそらく最初の打撃が始まって20秒以内ではなかったのでしょうか。この地震記録だけで断定はしませんが。また第1ビルでも同様ですが主要な揺れの部分を10秒と見るのはよく分かりません。もう少し短いような気がしますが。そしてこの振動は、主要にはやはりWTCタワーから地面に崩れ落ちた鉄材やコンクリートなどが地面を打って作ったとしか考えようのないものでしょう。その他にタワー各所で起こった爆破によるものも含まれている可能性がありますが、地震計記録だけからでは何とも探りようがありません。

　米国政府の911調査委員会ではこの激しく揺れている時間を元にして「ビル崩壊の時間」を推定しているようですが、ちょっと問題があるでしょう。ビデオで確認しますと、始まりははっきりしているのですが、終りに関しては塵埃の「雲」に包まれてしまって確認のしようがありません。さらにビルの下の方からの落下物は上からのものほど大きな振動を作らないでしょうから地震計記録だけでは判断が困難です。

　ビデオで確認する限りでは**第2ビル崩壊の「8秒、9秒」はいくら何でも早いのではないのかという気がします。コアを除く部分は10秒から12秒くらいかけて崩壊しているように見えます**。また**第1ビル**にしても同様で、いろんなビデオを見ながら計ると、コア以外の部分の崩壊はどうみても**12秒以上、長く見積もって15秒**かかっているように見えます。コアはともかくとしても多くの物体を激しく吹き出して崩れていったあの独特の動きが実際に何秒だったのかは「どう長く見ても第2ビルは12秒、第1ビルは15秒」という以外、正確には誰にも分からないでしょう。

　第1ビルの高さから物体を落とした場合、空気抵抗が無いとした場合のいわゆる「自由落下運動」では、地面に到着するまでに9.2秒かかります。ですから**WTCタワーが自由落下速度で崩壊した、というのは少々言い過ぎのような気がします**。まあ「非常に速い速度」であることには間違いは無いのですが。

　しかし崩壊時間で最も目を引くのは、やはり何といっても第7ビルのでしょう。最後はもうもうたる粉塵に包まれてしまいましたので、計測は人によって多少異なりますが、**第7ビルの屋上が落ち始めてから6.0～6.3秒**といったところです。ほとんど6秒に近い、と言っておきましょう。WTC第7ビルは47階建てで高さは174mでした。この高さを空気抵抗が全く無い状況での落下、つまり**自由落下の時間が6.0秒弱**なのです。はて面妖な。崩壊の際の抵抗がほとんどゼロとは？

【参照ビデオ】
http://investigate911.se/northtower.html
World Trade Center North Tower Collapse
http://www.youtube.com/watch?v=Ml_n5gJgQ_U
WTC 7 Free Fall Collapse
【地震計記録】
http://www.mgs.md.gov/esic/publications/download/911pentagon.pdf
Seismic Observations during September 11, 2001, Terrorist Attack

B：存在しない運動量を「ある！」と叫ぶ米国国立似非科学研究所
―― 崩壊箇所の上にある質量はゼロだった！！

ここで例によって「NIST 回答」からの引用です。引用文中の斜体は NIST による「NIST 報告」の引用部分、下線による強調は私からです。

> （質問 6）WTC タワーはわずかに 11 秒（第 1 ビル）そして 9 秒（第 2 ビル）で崩壊したが、これはおおよそ真空中（空気抵抗なし）で同様の高さからボールを落としたときのスピードである。どのようにしてこれが起こったのか？
>
> NIST 最終報告 Section 6.14.4 で述べたように、これらの崩壊時間は次のことを示す。
>
> *「崩壊開始の高さより下の構造が、飛行機の衝撃を受けた箇所とその上の落下しつつあるビルの塊に対して最低限の抵抗しか示さなかった。巨大なビルの塊の下方への運動によって<u>解き放たれた位置エネルギーは、その下にある無傷の構造の能力をはるかに超え</u>、その位置エネルギーを変形のエネルギーへと転化させた。*
>
> *崩壊を開始した高さより下の階が落下しつつあるビルの塊によって解放された膨大なエネルギーに対して<u>ほとんど抵抗を示さなかった</u>ため、ビデオで見るとおり、ビルの上層の部分は<u>基本的に自由落下運動</u>で下に落ちたのである。下層の各階が連続して崩壊したために、<u>落下する塊の質量は増加し</u>下の階への負担を増加させたのだが、下の階はその運動しつつある質量を<u>止めることができなかった</u>。」*
>
> 言い換えると次のようになる。12 階分（第 1 ビル）と 28 階分（第 2 ビル）の部分が、その下にあってそれを支えていた構造（これは<u>上層階の静止状態での重量だけを支えるように設計されたもの</u>であり、その下方に向かう運動量によって起こされるいかなる動的な影響にも耐えるようなものではない）の運動量（これは質量と速度の積である）が、下方の構造が持つ強度的な能力をはるかに超えてしまい、<u>それ（下方の構造）が落下する質量を止めることもその速度を緩めることすらもできなかった。下に続くそれぞれの階が受けた下方に向かう運動量は質量の増加のせいでむしろ大きくなっていった</u>のである。

重ね重ね強調しておきますが、NIST の研究者たちは、決して休日に自宅で幼い子供とじゃれあいながら言っているのではありません。**米国政府の威信をかけるべき場で発言しているのです**。したがって、その一言一言が非常に重みを持ちます。一言一句、**何一つ軽い気持ちで聞き逃すべきものではありません**。

この引用箇所にこの米国国立研究所の認識が集中的に現れています。私は今からの 3 つの項目で、この NIST の認識について詳しく見ていくこととします。この B の項目では**運動量**についてです。

運動量は大きさと方向を持つベクトル量で、運動する物体の質量と速度の積であり、ニュートン力学の範囲では厳密に保存されます。NIST は「下に続くそれぞれの階が受けた下方に向かう運動量は質量の増加のせいでむしろ大きくなっていった」と書いていますが、しかし **NIST が一度たりとも事実を確認しなかった（というよりも、すべて無視した！）** ことは明白です。事実は「無かったこと」にして、机上の計算だけで適当にお茶を濁していることが余りにもみえみえです。

ひとつ私が試算をしてみましょう。WTC タワーの各階の間隔は約 3.7m ですが、床部分の厚みを計算に入れて天井から床までの高さを 2.7m として計算します。

さて、質量M（kg）の物体A、B、C、…が2.7mの間隔を開けて一列に並んでいたとしましょう。そしてそれが運動する際に**抵抗がゼロであったと仮定します**。つまり縦一列に並べられて静止している多くの物体が真空中を自由落下する、といった仮定です。ただしA、B、C、…はそれぞれ、**衝突の際に変形することなく、しかも衝突後に完全にひっついてしまい衝突の前後で質量のロスが起こらないと仮定**します。

最初は全て静止しています。まずAが自由落下運動を開始して2.7m移動し、未だ静止しているBに衝突しました。そしてAとBは引っ付いて運動を続け、次にCにぶつかります。そしてAとBとCが引っ付いて運動を続け、次にDにぶつかる…、このような出来事が連続する、と考えてください。

ただしWTCでは崩壊が一番上の階からでなく97階付近から始まりました。そこで最初のAの質量を13M（kg）として次からのものの質量をM（kg）とします。Aが地球の重力加速度9.8（m/s^2）によって抵抗無しで2.7m落下するのにかかる時間は0.742秒、最終速度は7.27（m/s）です。衝突の際にAが持っていた運動量は7.27 × 13M（kg・m/s）です。AとBがひっついて質量は14M（kg）となりましたので次の運動が始まった時の速度は7.27 × 13/14で6.75（m/s）です。さてその初速度で2.7m落下しました。この計算はS=vt+（gt^2）/2というtについての2次方程式を解くことになりますが、時間は0.324（s）、最終速度は8.93（m/s）ということになります。このような計算が続きます。これは高校初歩の物理学の知識と表計算ソフトがあれば誰にでも確かめることができるでしょう。

こうして97階分を落ちる時間の合計を計算すると、およそ**10.11秒**という結果が出ます。これは素晴らしい！ 公式見解を見事に裏付ける計算結果だ！ さすが米国…、と言いたいところなのですが、もちろん！この計算は次のことが前提となっています。

- 「あらゆる質量がビルの横に外れることなく、その全部が崩壊する床の上に加わって、その質量と運動量のすべてを下の階に伝えた」と仮定し、
- 「床部分の変形が無く衝突と同時に上下の床が結合して動き出し、衝突の際に起こる時間的なロスがゼロであった」と仮定し、
- 「空気抵抗がゼロ、床がコアと外周の支柱から外れる際の機械的な抵抗がゼロ、および空気の移動を含む床の落下運動に伴ったありとあらゆる抵抗が完全にゼロ、したがって抵抗による減速が完璧にゼロであった」と仮定した場合。

ただそのような仮定をした場合にのみ、WTC第1ビルの崩壊は10.11秒で済む…

ということなんですよね。なるほど、NISTが「落下する質量の塊は増加し」とか「ほとんど抵抗を示さなかった」などというはずだ！ そうでもしないとこの理屈は成り立たない！

当然ですが、**それぞれの衝突の途中で質量が減るとその分次の階に伝わる運動量は減ります**。そして次の階が動き始める際の初速度は落ち、そのための時間の遅れが次々と累積していきます。例えば第1ビルの91階の崩壊まではその上の全質量が乗り、90階以下が崩落する際に、**落下する質量の半分づつが落下途中で失われて残りの半分の質量だけが次の床にその運動量を伝えた**とします。つまり先ほどの計算を途中から変えて91階の崩落の際にその上の20M（kg）の半分が失われて90階の床に10M（kg）分だけの運動量を伝える、次の90階の崩落では11M（kg）の半分である5.5M（kg）分の運動量が89階に伝わる、これを1階まで繰り返すこととします。このように計算しますと、第1ビルの崩壊にはなんと！**39.65秒**かかる！ 質量の半分ですらこの結果です。

もちろん今の私の計算には、実際のビルの建材間で起こる弾性衝突や非弾性衝突の区別も、次の床が衝突を受けてから変形を経て落ち始めるまでの時間も考慮されておらず、床のトラス構造の破壊や各種の抵

抗や建材の横への放出などに使用されるエネルギーによる速度の減少も含まれていません。それらを計算に入れるとはるかに長い、あるいは**途中で崩落が止まって無限大の時間になる**可能性が高いでしょう。どなたか試しに厳密な想定をして計算していただけませんか。

しかし実を言うと私はそんな試算など、できる技術と手段があったとしても、始めからする気は全くありません。しても無駄になるだけだからです。問題は理屈じゃないんです。**確認される事実の問題です**。実際には崩壊箇所の上の質量は半分でも 30% でも 20% でもありません。

NIST いわく、「**下層の各階が連続して崩壊したために、落下する塊の質量は増加し下の階への負担を増加させたのだが、下の階はその運動しつつある質量を止めることができなかった**」大嘘つきもここまでくれば大したものだ。

実際に起こった明白な事実は次です。

● **ビルの質量はほとんどが水平方向に消え去り崩壊箇所の上には残らなかった！**

再び第 5 章にあった【画像 88】【画像 89】の 2 枚の写真をご覧ください。第 8 章の【画像 119】【画像 120】でも良いでしょう。何か崩壊箇所の上に乗っていますか？何か見えますか？　あるいは次にある【画像 145】だともっとはっきりするでしょう。この写真は北東方向から撮られたものですが、黒矢印の、ビルの右上にちらりと見える棒の先のようなものはアンテナではなく北側稜線にあった支柱です。（アンテナは逆方向に倒れていきました。）やや外側に向けて曲がりながら立っているのですが、これはビルの既に崩壊した部分の中身が次々と横方向に吹き飛ばされ失われている何よりの証拠です。第 2 ビルでも同じように東側稜線の支柱が立ち残っているのが観察できます。【画像 77】をじっくりとご確認ください。この場合には第 2 ビル上層階の爆発の力でやや北東側に傾いています。

【画像 145】

（ここでちょこっと一言・・・）

もしかしたらもしかして・・・、こんなふうに粉塵に隠れてコンパクトにたたまれた「巨大な質量」があったりして・・・。
もしそうなら・・・
「巨大な質量を持つ高密度の塊の中を無抵抗でくぐり抜けて上や横から吹きだす粉塵と鉄骨！！　大発見や！！」
「透明ゴジラが暴れる方がまだましやで・・・。
そもそも、下向きに押さえつけられたビルの建材がどうやって斜め上向きに動くんや？」

　崩壊箇所よりも上にある質量はゼロ（！）ですね。これが事実です。
　ということは、たとえ各階の構造がほとんど抵抗ゼロ、指で突付いただけで落ち始める状態だったというとんでもない仮定ですら、連続崩壊は起こりようがありません。質量ゼロでは運動量もゼロだからです。
　さらに、上に乗っている「質量の塊」が無い、ということは、各階の持っていた質量のほとんどすべてが水平方向に飛んでいったということですね。質量は保存されるからです。とするとNISTはビルの真下に向かう運動量からどのようにしてあの**水平方向の巨大な運動量のベクトル**が作り出されると言うのでしょうか？

　FEMA応援団による「パンケーキ作りの屁理屈こね」としては「いや、パンケーキ崩壊ではそんな巨大な質量は必要無いのであって、一度始まったら自動的に連続する」というものがあります。**本物の連続パンケーキ崩壊【画像127】**（第8章（1））をもう一度ご覧ください。地震で破壊された柱の構造のために、次々と上の質量が下に乗っかっていき、瓦礫の山を作っていますね。これはむしろ第7ビルの跡地に若干似たところがありますが、タワー跡地とは似てもにつかぬものです。
　そんな「パンケーキ屋さん」には、ぜひ一度、**水平方向に飛んだ質量の運動量とコンクリートを砕いたエネルギー量**でも計算してもらいましょう。一つの階の床がパンケーキ崩壊することでどれほどの水平方向の運動量やエネルギーが発生するものなのか、大まかでも良いから、事実を踏まえ実例を示したうえで説明してもらいたいものです。
　さらに、**コアの鉄骨構造がことごとく破壊された原因を「とにかく熱かった！」抜きで説明していただ**かねばなりません。その上で、**第1ビルと第2ビルの崩壊箇所より上にあったビルの塊が「パンケーキ」**でどのようなメカニズムで下から上に向かって**崩壊箇所の下側よりも早く崩壊する**ものなのか、本書の**第4章と第5章**を参照していただいたうえで、事実を示す映像に試算の結果を添えて、お答え願いたいものです。できるものなら。

　ここで、運動量に関して「**公式説＝重力による崩壊説**」にとって致命的な事実を申しましょう。NISTにもFEMAにも、まとめて引導を渡しておきます。
　（口絵2）および【画像128】をご覧ください。「第8章（1）E：最初から最後まで激しく続く水平方向の運動」にも書いたことですが、できたら第1ビル崩壊のビデオを参照してください。崩壊箇所が地面に近づくにつれて明らかにそして圧倒的に斜め上方向にビルの建材が吹き飛ばされていくのが解ります。

そしてそれらは鉄骨のカケラが何かに当たって跳ね返ったと言えるような小さなものではないのです。この斜め上方向の運動量はどこから現れたものでしょうか？

　地球重力によって起こる運動は、真下に向かうものであれ斜め下方向のものであれ、垂直下方向の速度ベクトルを持っていても上方向は決して持っていません。斜め上方向の運動は**水平方向のベクトルと垂直上方向のベクトルの合成**で考えることができます。物体が斜め上に上がるためには垂直上向きの力の成分が必要です。しかもその質量が数百トン、数千トン単位の巨大なものが高速で飛び出す場合であればその力も質量と加速度に応じて巨大なものとなるでしょう。

　「支柱崩壊」にせよ、「パンケーキ崩壊」にせよ、**この事実として存在した巨大な斜め上方向の運動量を地球の重力だけでどのようにして産み出すことができるものなのか**、「**公式説＝重力による崩壊説**」支持者のどなたか、多くのビデオ記録にある様々な実例について説明がおできになりますかな？　私はいまだかつてそのような素晴らしい解説にはお目にかかったことが無いのですが。（まさかゴムマリのように跳ね上がったとか言い出す人はいないでしょうね。）

　もちろんできないことは最初から分かっています。だから FEMA も NIST も上記の点については「閉じこもり」を貫き、その処理は、それだけの知能も無いのにありとあらゆる屁理屈をこねまくって真相解明派にしつこく付きまとって妨害を試みる**集団詐欺の素人解説屋**にまかせているのです。しかしそれも**事実を 1 個示すだけですべて吹き飛ぶ**でしょう。しょせんは「屁のような理屈」にすぎません。

　もうあまりの馬鹿馬鹿しさに言うべき言葉も見当たらないのですが、「**公式説＝重力による崩壊説**」は、**実際に起こったありとあらゆる事実を完全に無視する場合にのみ、始めて成り立つ理屈**、ということですね。こういうのを昔から「屁理屈」と言いませんか？

　NIST による大嘘と運動量保存則の誤用・悪用は完全に暴露されました。NIST は事実として**有りもしない質量を「有る！」**と大嘘をつき、質量ゼロの運動量でタワーの崩壊を説明し、事実として間違いなく存在する巨大な水平方向、斜め上方向の運動量は「**無かった**」ことにしています。NIST も FEMA も、近代科学の言葉を使いながらギリシャ風の詭弁をもてあそぶジャンク・サイエンチスト・グループに他なりません。（ガリレオとニュートンが聞いたら泣き出すだろうな。）

　またこんな大嘘を意図的に世間に広め集団詐欺行為をはたらく者達が米国とか日本とか欧州にゴロゴロいるわけで、またそれにコロリと引っかかるヤツがいくらでもいるってんだから、世の中、面白いものですよね。吉本も漫画も必要ありません。現実を見ていれば十分に笑うことができます。

　また米国の一部の真相解明派の人々もだらしないったらありゃしない。集団痴呆の屁理屈にムザムザと引っかかって**事実を無視して「延々と議論を繰り返す」**ってんだから、救いようがありません。

　どっちにしても「**公式説＝重力による崩壊説**」は、もう文句無しにレッドカード退場の上で**永久出場停止処分確定**です。

【参照ビデオ】
http://www.youtube.com/watch?v=ESaIEVxLnK4
North Tower WTC 1 Collapse From Hoboken
http://investigate911.se/north_new.html
World Trade Center - North Tower 'Collapse'

C：ゼロ・エネルギーで鋼鉄を断ち切る夢の工学！？

再び「NIST 報告」からです。

> 崩壊を開始した高さより下の階が落下しつつあるビルの塊によって解放された膨大なエネルギーに対して<u>ほとんど抵抗を示さなかったため</u>、ビデオで見るとおり、ビルの上層の部分は<u>基本的に自由落下運動で下に落ちたのである</u>。

各階の重力による崩落の際に確実に存在するものは、
- 床材がコアや外周の支柱から外れる際の抵抗（236 本の外周支柱および 24 本のコア支柱についていた床のトラスを乗せる鋼板を引きちぎる、あるいはトラス自身が変形しながら端で支柱にとまっていたボルトを引きちぎる必要がある）
- 床の鋼材が下への移動途中で横にある支柱や梁と接触する際の抵抗
- 空気の圧力による抵抗（窓ガラスを突き破って出て行くまで）
- 空気抵抗（速度が大きくなると無視できなくなる）

どうやら NIST によると、膨大な数の分厚い鋼鉄の板やボルトがほとんどゼロのエネルギーで引きちぎれたりブチ切れたりするようです。いや、言いたいことは分かりますよ。それほど上の方で解放されたエネルギーが膨大だった、とまあ、こうおっしゃりたい様子ですね。そのエネルギーに比べると無視しても良いほどだ、とね。

では、それを実験で確認していただきましょうか。科学は理屈ではなく事実の追及です。（実験が無理ならコンピューター・シミュレーションでも結構です。「膨大な質量の塊」が上にあったと仮定してやってみてください。うまく下まで続いたとして 15 秒で済むかどうか。無駄になることは最初から分かっていますけど。）

先ほど来の話とダブるのですが、『落下しつつあるビルの塊によって解放された膨大なエネルギー』とは一体全体、何のお話ですかな？　NIST によると、たとえ質量が消えうせても『解放された膨大なエネルギー』は当初の位置エネルギーの大きさを保って空中に存在するらしい！（それとも当初の位置エネルギーより増えるのかな？）　そして「重力による崩壊説」応援団たちによると、そのようなあり方の『膨大なエネルギー』に対して上に挙げた諸抵抗がほとんど無視できるほど小さいらしい！　これならいっそのこと「透明ゴジラが上から踏みつけた」という仮説の方がまだしも事実に即しているでしょう。

「エネルギー」だとか「運動量」だとかの『理科系的な用語』を使って、物理学に弱い人々をちょろまかそう、なんて、意地汚い魂胆が丸見えですね。

まあ、NIST さんには、ゼロ・エネルギーで鋼鉄をひん曲げぶち切り、あるいはボルトや溶接箇所を引きちぎる素晴らしい夢の工学を、ぜひとも今後の世界の発展に寄与すべく応用していただきたいものだと思います。

D：位置エネルギーが何十倍にも膨らむ！？
－世界のエネルギー問題、一挙解決！？

そしてきわめつけはこれです。

> 崩壊開始の高さより下の構造が、飛行機の衝撃を受けた箇所とその上の落下しつつあるビルの塊に対して最低限の抵抗しか示さなかった。巨大なビルの塊の下方への運動によって<u>解き放たれた位置エネルギーは、その下にある無傷の構造の能力をはるかに超え</u>、その位置エネルギーを変形のエネルギーへと転化させた。
> 【中略】
> 言い換えると次のようになる。12 階分（第 1 ビル）と 28 階分（第 2 ビル）の部分が、その下にあってそれを支えていた構造（これは<u>上層階の静止状態での重量だけを支えるように設計されたもの</u>であり、その下方に向かう運動量によって起こされるいかなる動的な影響にも耐えるようなものではない）の…【後略】

　WTC 両タワーでは、「**重力による崩壊説**」に依拠する限りは、NIST が言う「巨大なビルの塊の下方への運動によって解き放たれた位置エネルギー」によって、《上から下へ》だけではなく《下から上へ》の破壊も進行したことになります。

　《上から下へ》の前に、まず《下から上へ》の破壊について再度触れておきましょう。「**第 4 章（2）D：回転しながら落ち下から消えていく上層階**」と「**第 5 章（1）力が小さいほど破壊は大きい？？**」で既に説明済みですが、NIST や FEMA およびその応援団によれば、いかなるメカニックスの原理に基づいて崩壊開始箇所の上にあった「巨大なビルの塊」が数秒のうちに消えてなくなったわけでしょうか？（「**重力による崩壊説**」に依拠する以上、誰も答えられないことは最初から解っていますが。）

　《上から下へ》の破壊に移ります。さて、崩壊の原因を、飛行機の衝撃と火災の熱による構造の劣化と地球重力のみであるとする場合、「上のビルの塊」の運動エネルギー（元々の位置エネルギーに由来する）が自らを破壊するために使用されてどんどんと小さくなるうえに、下にある一つの階を破壊するたびに消耗させられるというのに、「その下にある無傷の構造の能力」をどのようなメカニズムで「はるかに超える」わけなんでしょうか？　WTC タワーは下に行くほど頑丈になっていくのですけど？

　さらに事実として、両タワーとも、崩壊開始箇所よりも上の「ビルの塊」が下側から破壊されてはじけ散った後も、各階の巨大な質量の物体を次々と水平方向に（あるいは斜め上に）吹き飛ばしながら破壊されたのですが、**どれほどの巨大な運動エネルギーを持った物体が崩壊箇所の上にあったというのでしょうか？**　「公式説＝重力による崩壊説」支持の方は明確な根拠となる映像を示して事実を証明する必要があります。いかがですかな？　おできになりますかな？

　八百の屍理屈は 1 つの事実で吹っ飛ぶのです。
　「**重力による崩壊説**」によれば、次々と消えてなくなる「巨大なビルの塊」の位置エネルギー、つまり「**質量の無い位置エネルギー**」が空中に漂いながら「その下にある無傷の構造の能力をはるかに超え」ビルの

付け根までことごとく破壊したそうです。このような漫画・落語未満の屁理屈は、実際にタワー崩壊の際に起こった事実のすべてを無視しきった後に始めて口に出せることですね。

　このような**事実ヘイター（事実嫌悪主義者）の虚論・空論**はもう永久に通用しません。事実に基づいた科学だけが力を持ちえます。

　また言うにこと欠いていわく、「これは上層階の静止状態での重量だけを支えるように設計されたものであり、その下方に向かう運動量によって起こされるいかなる動的な影響にも耐えるようなものではない」。

　ひとつ簡単な実験をやってみてください。いくつか箱を積み重ねてください。静止状態で重量を支えています。そこで上の箱を持ち上げて落としてください。下の箱がほとんど抵抗を示さずにペシャンコになりましたか？　箱の種類や重さをいろいろ変えてやってみてください。無抵抗な箱が一つでもあるでしょうか？

　「箱とWTCを一緒にするな」ですか。そう、確かに箱とWTCが一緒のはずはありません。WTCの中央部にはビルにかかる力の6割を引き受けていたコアがありましたね。箱のようなガランドウではなかったですね。で、**位置エネルギーが運動エネルギーに変わって各階の破壊で消耗させられていくのに、下に行くほど頑丈になる鉄骨構造が「ほとんど無抵抗」になるというわけなのでしょうか？**　あるいは1J（ジュール）の位置エネルギーから100Jのエネルギーでも取り出せるのでしょうか？（それとも相変わらず「とにかく熱かった！とにかく重かった！」という三流落語を、壊れたレコードのように繰り返すしか能が無いかな？）

　本当ならば、いま言ったような原始的な実験ではなく、本格的に100分の1くらいの模型でも作って、**事実として起こったことをすべて条件として含める厳密な実験を行ってみるべきでしょう。**今はそれもままならないのですが、どうせ厳密な実験をしてみた場合の結果は目に見えています。少なくとも第1ビルと第2ビルで現実に起こった事実を知るならば、「解き放たれた位置エネルギー」をあれこれ言うこと自体が馬鹿馬鹿しいの一言でしょう。だって、「ゼロ・エネルギー」なんだから。

　エネルギー問題について、止めを刺しておきましょう。
　FEMAはWTC1が持っていた重力ポテンシャルを4×10^{11}J（ジュール）超と発表しました。これは、総重量1.97×10^{11}g＝19万7千トン、平均落下距離207mとして算出されたものです。一応これを信用するとして、私が「**第8章（2）無から生まれた？コンクリートを「雲」にしたエネルギー**」でも申しましたように、たとえこれがすべて解放されてさえも、WTCのコンクリートを微粉末に砕く、という一種類の仕事をも果すことができません。ホフマンの試算ではこれに「雲」を作るのに必要なエネルギーを加えると位置エネルギーの25倍が必要となります。

　ましてこれに10万トン近い鋼材が加わります。まずその構造を引き裂いてバラバラにするのにどれほどのエネルギーが使用されたのでしょうか。さらにその一部に飛び出し速度が秒速20mをはるかに越えた水平方向の巨大な速度ベクトルを与えるエネルギーが加わります。またコアの各所と土台を破壊したエネルギーもあります。崩壊中に発揮されたエネルギーにはこれらの全てが合計されます。

　いったいWTCの位置エネルギーは何回使われたら良いのでしょうか。

　そしてもしこの「**重力による崩壊説**」が正しいのなら世界のエネルギー問題は一挙に解決し、もはや2度と石油やウランなどのエネルギー資源で争うこともなくなりますし、二酸化炭素を気にする必要もなくなるでしょう。NISTによれば「解き放たれた位置エネルギー」を使ってその何十倍ものエネルギーを手に入れることができるのです。要するに何か重いものを落としさえすれば好きなだけエネルギーを確

保できるのだから、どんな資源の無い小国でも悠々と生きていけることになるでしょう。崖の上から岩でも落とせば良いのです。まさに『夢の永久機関』の誕生です！！

アホクサ！　この一言ですね。21世紀のルイセンコ学説、21世紀の天道説に他ならない「**公式説＝重力による崩壊説**」にはもう永久消滅以外の道は残されていません。

最後に、やはり崩壊の速度と時間について触れておかざるを得ないでしょうね。今まで申し上げたように、「崩壊箇所の上にビルの巨大な塊が乗ってその位置エネルギーで崩壊した」などという悪い冗談は永久に消える運命となったわけです。そうである以上、もはや**両タワーの崩壊時間を自由落下と比較しても無意味**でしょう。「無いもの」を落下させるわけにはいかないからです。

では「**爆破解体説**」を考える場合、この速さを作る爆破のタイミングはどうなんでしょうか。これは「上からの解体」という前例の無い作業で、爆破解体作業を最もスムーズに進行させ、そのうえで作業の実体を世間の眼から隠すために最も適したものだったのかもしれません。今の時点で断言はできませんが、近い将来に技術的な諸問題を解明する際には重要なポイントとなることでしょう。

ただ**第7ビル**では、崩落の時間は明らかに意味を持ちます。ほとんど自由落下速度に等しかった、と言うことは、本書の**第6章**で見たように、ビルの縦の構造も横の構造も**重力による以外の力で破壊**されており、重力による落下に対してはほとんど抵抗を無くしていた、ということです。これはもう文句なしに爆破解体ですね。

爆破による鉄骨構造の破壊のうえに、爆破の後に発生する圧力減少によって大気圧から受ける「爆縮」の力が加わってわずかに残る抵抗による時間のロスをも取り去り、**第7ビルは文字通り「自由に」落下**したと思われます。これはまさに**伝統的な爆破解体そのもの**です。これはビル爆破解体のビデオからも疑う余地の無いところでしょう。

爆破解体の専門業者は、周辺へのトバッチリをできる限り減らして一つのビルの爆破解体を行うために、爆破のタイミングや規模などを微妙にずらして**ビルの中心部に向かって全体が倒れこむように崩壊させる**手段を採ります。これは**第6章**の写真から明らかに窺える手法です。周辺よりも中心付近の方がやや早く落ちていきました。また第1ビルの崩壊や火災の影響が最も大きかったと思われる南西側に倒れずに、自分が建っていた場所に向かって落ちた理由も、やはりこういった解体工事専門業者が定石として使用する手段にあるのです。

政治謀略や破壊工作に慣れた軍の特殊機関や諜報機関とは異なり、民間業者は自分達がいつもやって成功していることをそのまま準備して実行します。南西側に倒さなければ怪しまれそうだ、など、考えもしなかったでしょうね。

ただペントハウスを支えていたコアの支柱が他の爆破作業より4秒も早く破壊されたことは理由が明確ではありません。単純な作業ミスだった可能性が高いでしょうが、ひょっとするとその方が他の支柱の破壊工作にとってより効果的だったのかもしれません。あのビルで支柱の配置はかなり変則的でしたから。しかしこれはいま断定できる点ではありません。

【参照ビデオ】

http://www.implosionworld.com/cinema.htm

implosionworld.com　（ビル解体業者の宣伝ビデオ集）

（3）「公式説」の敗北宣言！　熱力学の全面否定

A：猿も仰天！長風呂をすると血が沸騰する？

　以上でもう「**公式説＝重力による崩壊説**」はあらゆる息の根を止められました。もはやよみがえる望みはありません。しかしなお執念深く亡霊となって化けて出る可能性があります。そこでここではその可能性もすべてかき消しておきましょう。

　本書「第8章（3）B：地下は灼熱地獄」で述べたことですが、全面崩壊したWTCビルの地下土台部分には熔けた金属が大量に存在しました。しかもそれは飛行機が激突しなかった第7ビルの地下にまで発見されました。ビルの重量の大半を支えてきた部分が巨大なエネルギーで熔かされその構造を破壊されたからこそ、あそこまで簡単に全面的な崩壊をしたのでしょう。

　これは後で採り上げるS・ジョーンズ博士の論文でいっぺんに有名になったことなのですが、もちろんそれ以前からも「爆破解体の証拠」として注目されていた現象です。これに対してNISTがもはやどうにも**救いようの無い破滅的な認識**を世界に向かって披露してくれました。もうこれは「公式説」の運命を自らの手で決したようなものです。これは事実上、NISTの「**敗北宣言**」でしょう。

　「**融解したアルミニウムと混合して輝く有機物**」だとか「**離れた場所から圧力を伝える空気ポンプ**」などと並んで、人間の知力がどこまで惨めになれるのか、という見本のような文章です。ここまでくると読む方が惨めになってきます。これが同じ人間の言うことなのか！と。

　以下は「**NIST回答**」からの引用です。下線、強調は私からです。

（質問13）NISTの研究はどうしてWTCタワーの残骸にあった融解した鋼鉄の報告を考慮しないのか。

　NISTの研究者、米国土木学会（the American Society of Civil Engineers：ASCE）、およびWTCの現場と瓦礫処理の現場でWTCの鋼材を調査したニューヨーク構造工学学会（the Structural Engineers Association of New York：SEONY）専門家は、タワーのジェット燃料火災の中で崩壊に先立って鋼鉄が融解したことを示す証拠は何も見出さなかった。WTCタワーの瓦礫の中にあった鋼鉄の状態は（熔けた状態であってもそうでなくても）崩壊の調査とは関連性の無いものであった。それが、WTCタワーが立っていたときの鋼鉄の状態に関する決定的な情報を与えるものでないためである。

　NISTは、まだビルが立っていたときに起こった行機激突およびその結果としての火災によって引き起こされた鉄骨構造および断熱材に対するダメージを考慮した。そのダメージがWTC崩壊開始の原因だからであった。

　ある特定の状況の下では<u>瓦礫の中にあった鋼鉄がビル崩壊の後に融解したことが考えうる</u>。瓦礫の中にあった熔解した鋼鉄はすべて、ビルが立っていた間の火災や爆発に短時間にさらされたというよりも、<u>瓦礫の山の中に含まれる可燃物に長時間さらされていた結果としての高熱によるものである可</u>能性が高い。

「第4章（1）B：ご立派！米国国立研究所のトンデモ迷解説」でご紹介しました『熔けたアルミニウムと混合して輝く有機物』と並び立つ素晴らしいトンデモ超絶科学がまたまた登場しました。念のために最後の段落の原文を添えておきます。

'Under certain circumstances **it is conceivable for some of the steel in the wreckage to have melted after the buildings collapsed.** Any molten steel in the wreckage was **more likely due to the high temperature resulting from long exposure to combustion within the pile** than to short exposure to fires or explosions while the buildings were standing.'

最初の方にある**事実嫌悪に取り付かれた**米国とニューヨークの研究者達の態度については、もう何も言うことは無いでしょう。米国土木学会といえば例のバザント先生が所属しています。こんなヤカラはどのみち第2ビル壁面を流れ落ちる灼熱の金属の中にコンピューターやカーペットを発明する種類の者達で、科学とは最初から無縁なのです。頭の中には利害関係あるのみでしょう。

それにしても凄いですねえ。「瓦礫の山の中に含まれる可燃物に長時間さらされていた結果として」鋼鉄を熔かす温度が取り出せるのだそうです。可燃性の有機物が、ほとんど新しい空気の届かない地下で、しかも長時間かけてゆっくり化学反応を起こすのですから、せいぜい上がっても500℃でしょうね。少なくともこの条件下で1500℃は全く実現不可能です。しかしご安心を！　NISTによれば低い温度でも長時間さらされていると高温が得られるんだって！！　ということは、ですよ･･･。

【画像146】

お猿さん、のんびり温泉につかるのはいいけど長風呂しちゃだめだよ！！
　ＮＩＳＴの偉い先生方によると、熱エネルギーは低いところから高いところにどんどん流れるそうだから。

40℃のお湯に長い間つかっていると体温が60℃、70℃、80℃と上昇し、しまいに100℃に達して体中の血が沸騰する！！というわけなのか！！　知らなかった！！　まさに猿も仰天！
　もう熱力学の法則なんか、クソ喰らえ！ってわけですね。

こうやって、運動量保存則、エネルギー保存則、物性学、熱力学、流体力学、･･･、ガリレオとニュートン以来、延々と人類が積み重ねてきた科学的な認識の体系は、WTC崩壊によってことごとくデタラメにされ破壊されました。

今まで本書で挙げたような珍妙極まりないジャンク・サイエンス（似非科学）を世界に向かって披露せざるを得なかった、ということは、もうNISTが白旗を揚げた、ということを意味します。NISTは「科学」を口にする者という仮面すら脱ぎ捨てて、公然と大嘘・非科学・似非科学を語る、それ以外に出来ること

が無いと全世界に向かって表明したのです。これは**彼らの「無条件降伏宣言」**に他なりません。

そしてそれは同時に、「**公式説**」**そのものの敗北宣言**を意味します。

2001年9月11日以来、**科学的思考を破壊し、盲従と狂信をもって「論理」とし、事実を破壊し、事実を隠し、人々に事実を見ないようにさせ、事実を無視させるように人間の思考力をコントロールしてきた首謀者**は以下の集団です。

- 米国国立標準技術研究所（National Institute of Standards and Technology）、
- 米国連邦緊急事態管理庁（Federal Emergency Management Agency）、
- その他、ASCEやSEONYなどの学者団体とそれらを支える大学教授、
- BBCやCNN、NBCなど、大多数の西側マスメディア、
- NOVA、ポピュラー・メカニックス、サイエンティフィック・アメリカンといった「科学」ジャーナリズム

それはまさに「**知的テロリズム**」と言っても過言ではないでしょう。人間の肉体を外部から破壊するのではなく、人間の頭脳を内部から破壊する凶悪なテロです。その基本哲学が「**事実ヘイト（事実嫌悪）**」であり、事実を破壊し、事実を無視し、事実を捻じ曲げて、**虚構という大量破壊兵器**を用いて、世界中の何億人もの人間の頭脳を襲ったのです。

そして「新しい時代」が2001年9月11日に始まりました。それは**世界をガリレオ以前に引き戻しました**。それ以後は詐欺が「科学」の名を借り、虚構が事実の名を借り、神話が真実の名を借りて跳梁跋扈する時代なのです。いつまで続きますか？

B：S・ジョーンズによる当たり前の研究

　事実を見て事実を調べ、もしそこにおかしな現象があれば「おかしい」と発言し「なぜおかしいのか」を追究するのが本当の科学者ではないでしょうか。昨年（2006年）9月に不当にもブリガム・ヤング大学にかけられた圧力（「反ユダヤ主義」という筋の通らぬ難癖付けによるもの）によって教授の辞職を余儀なくされたスティーヴン・E. ジョーンズ博士はそのような科学者の一人です。

　すでにご存知の方も大勢いらっしゃるでしょうが、彼のあまりにも有名な論文「本当はなぜWTCビルが崩壊したのか」（Why Indeed Did the WTC Buildings Collapse?）は次のアドレスで読むことができます。

http://www.scholarsfor911truth.org/WhyIndeedDidtheWorldTradeCenterBuildingsCompletelyCollapse.pdf

またその日本語訳は次です。

http://www17.plala.or.jp/d_spectator/

　博士の名はその「サーマイト（thermite：日本ではテルミットとも呼ばれる）仮説」で有名なのですが、しかしこの物質が9・11真相解明運動の中で採り上げたのはジョーンズが最初ではありません。彼の論文が最初に発表されたのは2005年の秋だったのですが、その1年以上前の2004年6月には物理学者グリマー博士による試算まででているのです。（論文アドレス：http://www.physics911.net/thermite）

　しかしジョーンズの特徴は、あくまでWTC地下で発見された金属やビル壁面を流れ落ちる金属などの**事実の観察と確認**、そして実際にサーマイトを燃やし実際にアルミニウムを溶かすといった**実験**に基づく、**徹底して自然科学の基本に沿った調査・研究**をしている点です。決して、単に知識と推論だけで論理を組み立てるような非科学的なことはしていません。

　「サーマイト仮説」という結果だけを見ている人には、他の真相追求者とは異なるジョーンズの卓越さが理解できないでしょう。いや、いま「卓越さ」と申しましたが、これはいやしくも科学の名を語る人にとって最もベイシックな態度に過ぎないのではないかと思います。しかしその基本を忘れ果てた、あるいはその基本を振り返ろうともしない人々が多すぎるために、このジョーンズの『**当たり前さ**』が目立ってしまうのでしょう。これもまたおかしな話なのですが、残念ながら事実です。

　ここでサーマイトについて少しだけご説明します。

　サーマイトはアルミニウムの粉末と酸化鉄の混合物で、発火させると2000℃を越す高熱を発します。またそれに硫黄を混ぜたサーメイト（thermate：テルマット）はその反応時間を急激に高めます。さらに近年米軍で開発されたと言われるスーパー・サーマイトはアルミニウムの粉末をナノ単位の直径にまで細かくしたもので、極めて高い反応の効率を発揮します。そのどれも生成物として、融解した鉄と酸化アルミニウムの微細な粉末による煙を残します。ここではこの種の物質をまとめて「サーマイト類」と呼んでおきましょう。

　ジョーンズがこの仮説を採り上げた理由は第一にWTCの地下に存在した高温でした。これは本書「**第8章（3）B：地下は灼熱地獄**」で述べたことですが、ビルの重量の大半を支えてきた部分が巨大なエネルギーで熔かされその構造を破壊されたからこそ、あそこまで簡単に全面的な崩壊をしたのです。そしてまた「**第4章（1）崩壊直前の事実**」で述べました第2ビル崩壊直前に見られた液体の金属は、それ崩壊開始以後の上層階の振る舞いを決定付けたビル内部からの破壊を示すものだったことに間違いないでしょう。

　そしてそこまでの高温を発しうる物質の第1候補としてサーマイト類が着目されたのです。「サーマイ

ト」が前提としてあるわけではなく、**事実を追究する限り必然的にそこに行きつかざるを得ない**、ということなのです。それが一言でも「科学」を口にする人なら当たり前のことだろうと私なんか思うのですが、**ジョーンズの当たり前の研究がやけに目立ってしまうほど、世間が異常になっているのでしょうか**。

　サーマイト類は反応性生物として高温で融解した鉄と酸化アルミニウムの粉末を作りますが、あれらの灼熱する金属はその鉄だった可能性が十分にあります。さらにジョーンズは、FEMA が分析した鉄のサンプルの中に含まれている硫化鉄の存在にも注目します。それがサーメイトの使用を示唆するからです。

　また第 2 ビル崩壊直前に融解した金属と同時に東側角に現れた奇妙な白煙（【画像 63】）はサーマイトが反応を起こしたときに生成される酸化アルミニウムのものかもしれませんし、第 1 ビルのコアが倒れ落ちるときにたなびかせた白く長い煙（【画像 111】）もやはりそうであるのかもしれません。

【画像 147】

　さらに各ビルが倒壊を開始する直前から倒壊の最中にかけて、ビルの地下部分から地上に向けて真っ白い煙が激しく吹き出しているのが複数のビデオと写真で記録されています。【画像 147】はその中の一つで、第 2 ビル崩壊中にその基盤の部分から立ち上る煙です。これは酸化アルミニウムの粉塵である可能性が考えられます。

　今の段階で 100％の断定まではしませんが、このような観察されている事実が、このサーマイトあるいはその類の物質が WTC ビルの爆破解体に使用されたことを傍証する可能性が極めて高いと思えます。そのすべてに**無理の無い整合性**が存在するからです。

　（「整合性に無理がある」というのは、今まで検討してきた WTC に関する「**公式説＝重力による崩壊説**」がその格好の例です。その他の例では、たとえば『飛行機が入りきらないペンタゴンの穴』とか、『ジャンボ機のほとんどの物体が目に見えない塵になって消えうせた』なかで『発見されたテロリストのバンダナ』といったようなものです。なおこのペンシルヴァニア州の墜落現場からは『テロリストが使ったカッターナイフ（？）』まで『発見（！！）』されています。）

【参照ビデオ】
http://media.putfile.com/thermitef
Thermite PR

（4）精神と知性を襲った『テロリズム』

A：再度、「事実から仮説、仮説から事実へ」

　さてここで、私がこの本の第 1 章で申しました「真（まこと）を知るための方法論」に立ち戻ってください。私はその「（2）事実から仮説、仮説から事実へ」で次のように申しました。

> 　このようにして最後に、ある仮説で間違いの無い事実だと思われる現象の全てを無理なく最も単純明瞭に説明でき、そしてそれ以外の仮説では説明の付かない事実が少なくとも一つ存在する場合に、その仮説を真とします。
>
> 　しかしながら、物証がほぼ存在しない状況の中でですから、それぞれの仮説の信憑性は「技術的な困難さ」をある程度までは認めたうえで判断せざるをえないでしょう。つまり「ある現象を説明するには部分的な修正、あるいは細部の詰めがもっと必要である」という注釈付きで「最も真に近い」と認める、ということです。
>
> 　おそらく本書では「何が真であるのか」の最終的な確定は不可能だと思います。しかし「何が偽であるのか」の確定は簡単です。《どのように修正を加えてもある事実を説明できる可能性を原則的に持たないならばその仮説は偽である》、ということなのです。
>
> 　こうやって「何が真か」よりもむしろ「何が偽か」を問い詰めて、可能性のある仮説から「偽」を排除していくことが、現在我々ができる最大限の努力だろうと考えます。

　上で申し上げたとおり、「何が偽か」を問い詰めて、可能性のある仮説から「偽」を排除していくことが、現在我々ができる最大限の努力でしょう。それは《どのように修正を加えてもある事実を説明できる可能性を原則的に持たないならばその仮説は偽である》ということです。

　ここで「原則的に」と言う場合、もちろんガリレオとニュートン以来の物理学と化学の原理・原則を逸脱しない範囲で、ということです。そして近代科学の原則とは「**事実（正確な観察）から出発し事実（実験と観察）で確認して客観化すること**」です。事実を無視した理屈は単なる非科学であり、原理や法則の誤用と悪用は似非科学であり、非科学・似非科学を用いて他人に働きかけることは詐欺行為であり、その非科学・似非科学を信じ込みまた他人に信じ込ませることは単なる妄信と盲従強制に過ぎません。

　当然ですが量子力学や相対性理論など、ニュートン力学では語れない分野についての理論もありますし今後も新しい発見によって科学の原則が塗り替えられていくことでしょう。しかし少なくとも WTC 崩壊のレベルの事実を考える際に古典的な物理学と化学は不動のものです。

　今まで見てきたとおり、「**公式説＝重力による崩壊説**」は、単に原理・原則を適用する際に伴う技術的な困難さというよりも、**原理・原則を徹底して無視し悪用・誤用を繰り返してムチャクチャにしただけ**でした。《ある事実を》どころか、ビルの崩壊に関する《あらゆる事実を》まともに説明できるようなものではありませんでした。

　たった一つの事実であろうともそれを説明できない場合、それは「真ではない」として修正を求められます。今まで採り上げた事実の中で「**公式説＝重力による崩壊説**」がまともに説明できていない事柄を種

別に分類してリストにしておきます。さて、いくつの事実が挙げられるでしょうか。

● まず、「公式説＝重力による崩壊説」によれば、「起こりえない」と断定はできないにしても説明が欠落している（避けている？）点をリストアップしてみましょう。これは技術的な欠陥と言えるでしょう。
  ① 不完全燃焼の火災であったことが明らかであるにも関わらず1000℃の温度が作られたと主張している点
  ② 第2ビル崩壊開始時で79階以上の部分が傾き始めた理由
  ③ 第1ビル崩壊開始時のアンテナの動きとそれ以降の崩壊の関係
  ④ 第7ビルでコアの支柱が最初に破壊された原因
  ⑤ 第1ビルと第2ビルで、下半分のコアが周囲のフロアー部分の崩壊にやや遅れて崩れ落ちた原因

● 次に読む者を誤誘導させかねない悪質な表現、および明白に事実を無視したデタラメな作り話のリストです。
  ① 火災現場以外の鉄骨構造の変化（温度、強度）について、「1000℃」の繰り返しによって誤解を誘いかねない点
  ② ジェット燃料が鋼鉄を熔かしたという主張（これは初期のみ）
  ③ コアの構造を無視して説明される「パンケーキ崩壊」
  ④ 支柱の崩壊を説明する際、明らかに事実と異なる崩壊の図を用い、1本だけを描いてそれを説明する手法
  ⑤ コアにあったエレベーター・シャフトを燃えるジェット燃料が落ちていってコアの支柱を熱したという大嘘（これは民間の無責任な雑誌によるもの）

● そして「公式説＝重力による崩壊説」では原則的に説明不可能と断定できる事実をリストアップしておきます。
  ① 第2ビル崩壊直前に現れた灼熱の熔けた金属の流れ
  ② 第2ビル崩壊初期に起きた上層階の振る舞い
     （外に倒れ落ちなかった点、内部から爆発的に起こった鉄骨構造の破壊、回転しながら下から破壊された点、横に広がる巨大な爆風の中での消滅、およびその途中に起きた爆風の噴出や閃光などの諸現象）
  ③ 第2ビル79階で始まった崩壊が、78階～76階を飛び抜かして、75階のメカニカル・フロアーでいきなり爆発的に起こった点。
  ④ 第2ビルの78階より下の部分が上層階の回転や破壊と無関係に崩壊を進めた点
  ⑤ 第1ビル崩壊初期に97階以上の部分が下から上に向かって5秒以内で崩壊し消滅した理由
  ⑥ 第1ビルと第2ビルの壁面で起こった数々の爆風の噴出
  ⑦ 第1ビル、第2ビル、第7ビル崩壊時に見られる、どの方向にも均等な崩壊の仕方
  ⑧ 崩壊進行箇所の上に「巨大な質量」が全く存在しないにも関わらず、崩壊が加速度をつけて進んだ点
  ⑨ コアおよび基礎部分にあった強大な鉄骨構造が原形を留めずにほぼ完全に破壊された原因

⑩ 両タワーから吹き飛ばされた大量のコンクリートおよび無数の鉄骨材が持つ巨大な水平方向（および斜め上方向）の運動量
⑪ 遠距離まで飛ばされた大型鋼材（150m 飛んで向かいのビルに突き刺さった外周支柱や外周の壁、等）を加速した力
⑫ コンクリートおよび様々な材質の建材や家具等のほとんどを微粒子状にまで粉砕したエネルギー
⑬ 粉砕された建材が急激に体積をふくらませて形作った巨大な「雲」の正体と、それを形作ったエネルギー
⑭ 第 1 ビル、第 2 ビル、第 7 ビルの地下で発見された、融解した灼熱の金属
⑮ 自由落下運動にほとんど等しい第 7 ビル崩壊の速度

●ついでに、あまりにも惨めなトンデモ似非科学のリストです。
① 熔解したアルミニウムと混ざって輝く有機物
② WTC タワーで、ほとんど存在しない圧力が、遠い場所から先に伝わり、丈夫なところを選んで噴出を起こした「空気ポンプ」
③ ゼロ・エネルギーで破壊された無抵抗の鋼鉄材
④ 何十倍にも膨らんで運動と破壊を成し遂げた WTC ビルの位置エネルギー
⑤ 低温の部分から高温の部分に移動する WTC 地下の熱エネルギー

　いかがでしょうか。この**公式説＝重力による崩壊説**が、まともな科学的な「真偽論争」の中でなら 1 時間で消え去る程度の貧弱な仮説に過ぎなかったことが、明々白々に証明されたでしょう。もちろんですが、「地下に仕掛けた小型水爆」および「宇宙からのビーム兵器攻撃」の 2 つの説も同時に退けられます。
　仮説を立てることは自由です。しかしその仮説はあくまでも事実（実験と観察）によって証明されなければなりません。もちろんですが、ウエゲナーの「大陸移動説」のように唯一その原因となる作用が判明しないために一時的に「お蔵入り」になる場合もあります。しかし彼は、各大陸の地質、化石、氷河の跡などの事実を調べ上げたうえで「大陸が分離して移動した」と仮定するならばすべての辻褄が合う、という点までは正確に事実に基づいて調べたのです。
　ところが、上記のように**公式説＝重力による崩壊説**はビルの崩壊に伴う大部分の事実に基づかず大部分の事実と食い違い、しかもその論者達はそれを非科学的で筋の通らない屁理屈や明らかな大嘘、詐欺的な言い回しで覆い隠し続けてきました。そうである以上、それは単なる「敗れ去った仮説」ではなく、「**大嘘つきが世界中の人々を騙すためにでっち上げた人類史上類希なる虚構、似非科学**」として、即刻破棄処分とされるべきものです。そのうえでその**虚構**を掲げる者達の社会的・法的・道徳的責任が厳しく問われるべきものです。

　こうして「爆破解体説」ただ一つが必然的に「最も真に近い仮説」として生き残りました。そこではサーマイト類がコアの支柱群と基礎部分を破壊するために使用された可能性が極めて高く現実性があると言えます。この説でなら、先ほどリストアップした「公式説」で原則的に不可能だった点はすべて原則的には説明可能となるでしょうし、またこの説以外では上記の事実は説明不可能でしょう。
　しかし技術的に見ると、

① どこに、どのような種類の爆発物を使用したのか
② いつどのように爆破装置を設置したのか
③ どのように起爆させたのか
④ 爆発のタイミングをどのようにコントロールしたのか

　という困難な追究が待っていることと思います。また米国での兵器開発の実体は包み隠されている部分も多く、使用された爆発物の「候補」の中には今までに知られていない種類のものがある可能性も念頭に置くべきでしょう。当然ですがその場合でも事実と整合性の無い「候補」は消えていくことになります。

　そして**必然的に**「じゃあ、誰が？」ということになります。それは**必然的に**、怪しまれず容易にビルに出入りし爆薬の設置などの「工事」を行うことができた者達を含む集団と言えます。同時にそれは**必然的に**、極めて高い知的・技術的レベルを持ち破壊活動や謀略活動に十分手慣れた人材を含む集団ということになります。そしてそれは**必然的に**、多くの資金や物や人材を調達して動かすことができた立場の者達を含む集団ということになります。さらにそれは**必然的に**、すべての物的証拠を堂々と消し去ってなおかつ誰にも疑問を言わせないだけの権力を持った者達を含む集団、ということになるでしょう。さあ、それがあのアラブの髭男が率いるアフガニスタンの山奥に立てこもる集団だったのでしょうか。引き続いて**必然的に**「何のために」が追及されることとなるでしょう。「**それによってその者達はいかなる状況を引き出すことができいかなる利益を期待できたのか**」ということです。

　しかしその本格的な追及と起訴は原則として米国人自らが行うべき事柄であり米国の裁判所の仕事です。私が本書で言うべきことではありません。

　しかし、私はここで次の点について再度強調しておかねばなりません。

　あの事件は米国で起こったことであり、我々に対して直接に起こったことではありません。**我々にとって直接に届いたものは事件の報道であり事件に関する情報でした。**そしてそれは、私が今までの申し上げたように、事実とはまるでかけ離れた、事実を誤魔化し事実を隠し、嘘を真と言いくるめ、真を嘘と決め付けるものでした。こうして我々は騙されてきました。WTCには飛行機が激突したのですが、我々にはそのような報道や情報が激突し、それは日本を含む西側世界に住む多くの人間の知力と思考力を破壊しました。

　9・11は二重のテロでした。一つのテロはWTCとペンタゴンを破壊して2千数百人を殺害したものです。そしてこれは米国人自らが真のテロリストを発見して解決すべき問題でしょう。そしてもう一つのテロが世界中に住む我々を直接に襲ったのです。それは人間の知性と思考力を襲撃したテロでした。それは**科学に名を借り報道や情報に名を借りた『テロ』だったのです。**

　我々もまたテロ被害者だった！　この認識は決定的に重要です。肉体を襲い傷つけ破壊することがテロなら、**精神と知性を襲い傷つけ破壊することも同様にテロリズム**です。この『テロ』に対しては、我々自身がテロリストを探し出し我々自身で解決しなければなりません。その者達に「おとしまえをつけさせる」ということなのです。これが**日本人を含む各国国民のやるべき作業**でしょう。身近でこれができないのに米国のことに口を出してもしょうがないと思います。

B：ガリレオやニュートンを《陰謀論者》と言うつもりか？

　本書で私は、9・11事件のいわゆる「公式説」、内容的には《ビルの鉄骨構造が飛行機激突の衝撃と火災の熱によって弱められ、それがビルの重量を支えきれなくなったときに、重力の働きによって連続した崩壊が起こり、結果として全体が崩壊した》などという説明が、一点の弁護の余地も無い嘘デタラメ、わずかたりとも許すべからざる重大な詐欺ペテン、科学の名を借りて人間の知性と思考力に対する『知的テロ』としか言いようのないものであることを説明してきました。

　そして2001年以来、この**事実嫌悪に満ち満ちた「公式説」**を信奉する者たちがその嘘とデタラメと詐欺に疑問の声を発する人々に対して行ってきた事は、ひとえに《陰謀論者》のレッテル貼りでした。第10章でも詳しく申し上げますが、欧米では《陰謀論者》のレッテル貼りは常に悪魔化・パージの手段、以前の欧州の「魔女」「異端者」や日本の「非国民」「不敬罪」に等しい**恐怖を人々に与えるレッテル**です。

　したがって、本書のようにWTC崩壊に関する事実を明らかにする場合、否が応でもこの「**陰謀論という悪魔化レッテル**」について話を及ぼさないわけにはいきません。特に欧米で、「公式説」を掲げる者達がこの手段を用いてあの忌まわしい事件の事実を覆い隠し誤魔化し告発の声を封じ、それを一つの「**疑うべからざる神話**」にまで仕立て上げようとしてきたからです。これはまさしく『言論テロ』と呼んでも差し支えない暴力的・威圧的なマインド・コントロールでしょう。

　そして本書ではその**悪魔化の恐喝**を用いて「**神聖不可侵の9・11神話への妄信**」を世界に押し付けてきた者たちがいかに愚かであるのかをも同時に暴露できたと思います。

　「公式説」を形作る急先鋒を務めてきたのがNISTとFEMA（およびその周辺にいる大学教授や研究者）ですが、一皮むけば彼らは、事実を無視して大嘘をつき似非科学をばら撒いたうえで、漫画・落語未満の下手糞な詭弁で急場を切り抜けようとする惨めな姿を世界中に披露するピエロでしかありません。

　そして「公式説」支持者たちは、しょせんはそのピエロの口真似をするか、あるいはあのポピュラー・メカニックスのようにもっと漫画チックな嘘をでっち上げて平然としています。この者達は、本書で明らかにしたような、その場しのぎの大嘘を並べ立てる以外のことができない**NISTの詭弁を厚顔無恥に復唱**してみせます。またこの者達は、明白に証拠の残っている事実に対して「知らぬ、存ぜぬ」を貫き通す**NISTやFEMAの醜態をそのまんま猿真似**し続けます。

　さらにこの者達は、WTCの崩壊を嘘と似非科学を使って口先だけでちょろまかすNISTの下手糞な口真似をしながら、自信たっぷりに「**とにかく熱い！とにかく重い！**」の三流落語を繰り返すしか能が無いのです。

　そしてそのうえで、批判者に対して、まるで条件反射をつけられたパブロフの犬のように「陰謀論者！」と叫びます。

　この者達は言えば言うほどますます嘘を嘘で塗り固めるしか手段を持たないのですが、そんな姿はもう事実を知る人には**完全に見抜かれている**わけです。こうして結局は自分で自分の武器である悪魔化レッテルをどんどん**無効にしつつある**のです。気が付いているのかな？こんな自分達の姿が？

　そしてまた、自分たちの言っていること（つまり「**公式説**」の口真似）がどれほど非科学・似非科学な

のかということもまた自覚が無いために（それを知る頭脳すら持ち合わせていないために）、事実を知りつつある人々に「**他人を陰謀論者などと言う連中はこんな大嘘付きの詐欺師だったのか**」と気付かせるだけに終わっているのです。「**墓穴を掘る**」「**自分で自分の首を絞める**」とはこのことですね。

「公式説」の非科学・似非科学については私が今までに述べたとおりなのですが、もし「公式説」の支持者達が一方でその批判者を《陰謀論者》と言いつつ、一方で今まで申し上げた NIST や FEMA の大嘘とジャンク・サイエンス（似非科学）を他人に自信たっぷりに押し付けるというのであれば、すなわち、**ガリレオとニュートンを《陰謀論者》と呼び、近代科学を《陰謀論》と呼ぶことになるでしょう。**

こうやってこのような人たちは、しまいにもうこの悪魔化レッテルが単なる紙切れになるばかりか重大な逆効果を招くようになるまで、無自覚に同じことを繰り返すのでしょう。「愚か者」としか言うべき言葉が無いのですが、一応「まあ、精々がんばってくれ」と言っておきます。

しかし中には、特に日本では、特別にそのような強い意味は無くて、何も事実を知らずにただ何となく流されて「公式説」を支持してきた人も多いでしょう。今からでも間に合いますので、早く事実に基づいた正確な判断をなされることですね。

またそのような人が作家やジャーナリストとして、何の自覚も事実確認も無しに世間に「公式説」を流し《陰謀論》を非難してきただけと言うのなら、「**公式説」支持の取り下げを公に宣言して世間に謝罪**なさることですね。そのうえで「爆破解体説」の批判をするのであればそれで良いと思います。

先ほども申したように、「爆破解体説」にしても完全ではありえず多くの技術的な困難を抱えた仮説なのです。そして一つの仮説は数多くの批判に答えながらその困難さを克服していくものです。どうかその手伝いを十分にしてください。

事実（実験と観察）から出発し事実（実験と観察）で確認することが科学のベースです。1 万ページの論文は 1 枚の写真にしかず、八百の屁理屈は一つの事実に勝てません。事実こそ最大の力なのです。

第10章

結論：9・11は知性と思考力に対するテロだった！

（1）鹿を指して馬と為す「公式説」：最初から『敗北宣言』！

　本書をここまで読んでこられた大部分の方には、いわゆる「9・11公式説」がいかなるものであったのか、はっきりとご理解いただけたと思います。もし私が今までに申し上げたことに対して「認められない」とおっしゃる方には、次の各質問に対して、具体的な事実を挙げ筋の通った説明をつけてご回答いただかねばなりません。（ただしこれらはWTCに関して私が本書で指摘したものだけです。9・11事件全体で言えばこの100倍以上は存在するでしょう。）なお【　】の中は本書でご参照いただきたい部分です。

(a) 不完全燃焼の火災であったことが明らかであるにも関わらず1000℃の温度が作られたというNISTの根拠不明な分析をどのように支持できるのか？【第3章（2）ＢＣＤ】

(b) 600℃になった鋼材を1個たりとも発見できず250℃になった鋼材すらわずかしか提示できないにもかかわらず「1000℃」を強調し、それがWTCの全面的崩壊の原因であったかのように印象付けるNISTの態度をどのように支持できるのか？【第3章（2）ＤＥ】

(c) 崩壊開始以前の分析だけで「最終報告」と称するNISTの姿勢をどのように支持できるのか？【第9章（1）】

(d) 破壊され隠滅された物証の中からコアの鉄骨構造の崩壊を解明できない鋼材ばかりをサンプルとして「崩壊の分析」と称するFEMAやNISTの作業をどのように支持できるのか？【第7章（2）Ｃ】

(e) 事件当初に科学者と大新聞が垂れ流した「ジェット燃料が鋼鉄を熔かした」というあけすけな大嘘に対してどのように弁護できるのか？【第7章（2）Ａ】

(f) 第2ビル崩壊直前に現れた灼熱の熔けた金属の流れを「熔解したアルミニウムと混ざって輝く有機物」であるとするトンデモ似非科学に対してどのように弁護できるのか？【第4章（1）ＡＢ】

(g) 第2ビル崩壊開始時に80階以上の塊全体が傾き、なおかつ転がり落ちなかった事実をどのように説明できるのか？【第4章（2）ＡＢＣ】

(h) 第2ビル上層階が回転しながら下から破壊されていった事実をどのように説明できるのか？【第4章（2）ＤＥ】

(i) その他の第2ビル上層階で起こった各事実をどのように説明できるのか？（崩壊開始時の閃光、北西面に現れた数々の爆風、明らかに確認できるビル内部で発生した爆発的な破壊力、建材を横方向に吹き飛ばして破壊されつくした上層階）【第4章（2）Ａ〜Ｅ】

(j) 第2ビルで、79階で始まった崩壊が、78階〜76階を飛び抜かして、いきなり75階のメカニカル・フロアーで爆発的に起こった事実をどのように説明できるのか？【第4章（2）A】

(k) 第2ビルで78階より下の部分が上層階の傾きと無関係に崩壊した事実をどのように説明できるのか？【第4章（2）F】

(l) 第1ビル崩壊開始時のアンテナの早い落下開始はそれ以降のビルの崩壊とどのように関係するのか？【第5章（1）A】

(m) 第1ビル97階以上の部分が5秒以内で下の方から潰されて消滅した事実をどのように説明できるのか？【第5章（1）A B】

(n) 第1・第2ビルの壁面で連続して起こった爆風の噴出に対するNISTのトンデモ似非科学をどのように弁護できるのか？【第4章（3）A B】【第5章（2）】

(o) コアの支柱の強度とその構造を無視してFEMAが行う「パンケーキ崩壊」説明のあからさまな虚偽と、それに軌を一にした「コア無視」のトンデモ諸解説に対してどのように弁護できるのか？【第7章（2）A】

(p) 支柱の崩壊を説明する際、明らかに事実と異なる図を用いたうえで1本だけの支柱を描いて解説する「支柱崩壊説」のあからさまな大嘘に対してどのように弁護できるのか？【第7章（2）B】

(q) 《科学雑誌》とNISTのメンバーが垂れ流す、コアにあったエレベーター・シャフトの中を燃えるジェット燃料が落ちていったというあけすけな大嘘に対して、どのように弁護できるのか？【第7章（2）D】

(r) 各ビルがどの方向にもほぼ均等に崩壊した事実をどのように説明できるのか？【第8章（4）A B】

(s) 崩壊進行箇所の上に何も存在しないのに「巨大な位置エネルギー」と大嘘をついたうえに「鋼鉄材の破壊には抵抗がほとんど無かった」とするNISTのトンデモ似非科学に対してどのように弁護できるのか？【第9章（2）A B C】

(t) コンクリートおよび様々な材質の建材や家具、設備や装置等のほとんどを微粒子状に粉砕したうえで巨大な「雲」を形作ったエネルギーをどのように説明できるのか？【第8章（2）A B C】【第9章（2）D】

(u) 第1ビルと第2ビルで、上の方から次々と飛び出した大量のコンクリートおよび無数の鉄骨材が持つ巨大な運動エネルギーと水平・斜め上方向の運動量をどのように説明できるのか？（150m離れたビルに突き刺さった外周支柱、および150m飛ばされ巨大な外周の壁を含む）【第8章（1）A〜E】【第9章（2）D】

(v) 第1ビルと第2ビルで、コアの下半分が周囲のフロアー部分の崩壊にやや遅れて下からそのすべてが崩れ落ち、その鉄骨構造がほとんど原形を留めずに破壊された事実をどのように説明できるのか？【第7章（3）A】【第8章（3）A】

(w) 第1ビルのコア崩壊時に見られる支柱から噴出する白煙、および、第1ビルと第2ビルの跡地で見つかっている斜めに切られたコアのボックス・コラムをどのように説明できるのか？【第7章（3）A B】

(x) 第7ビルでコアの支柱が最初に破壊され、瓦礫の鋼材の大半がビルのあった場所に積もった事実をどのように説明できるのか？【第6章（1）（2）】

(y) 自由落下運動にほとんど等しい第7ビル崩壊の速度をどのように説明できるのか？【第9章（2）D】

(z) 第1ビル、第2ビル、第7ビルの地下にあった灼熱の（融解した）金属に関するNISTの熱力学破壊トンデモ似非科学に対してどのように弁護できるのか？【第8章（3）B】【第9章（3）A】

さあいくつほどご回答いただけるのでしょうか。どうか、私に対してではなく、物理的な現象として起こった事実に対してお答えいただきたいと思います。私などという人間は風が吹いたら揺れて倒れて吹っ飛んでいく河原の葦のような存在ですが、物理的に起こった事実は永久に消えません。**事実だけが真実を語ります。**

9・11事件は我々に対して「報道」という形で直接にやってきました。それは世界貿易センター（WTC）第1ビルと第2ビルの崩壊というショッキングなシーンが、オサマ・ビン・ラディンの顔写真と「イスラム・テロリスト」にスムーズに移行する巧みなイメージとして、米国から発して世界に流されました。

その一方で「ジェット燃料で鋼鉄が熔けた」などという明白な虚偽が様々な科学者や大手メディアによって恥知らずにも堂々と垂れ流され、WTC崩壊の事実そのものがゆがめられ虚構に包まれていきました。

あんな巨大なビルがどうしてわずか10秒あまりで跡形も無く崩れ去ったのか、この前代未聞の出来事こそがあの犯罪を解くための最大の鍵になるはずでした。9・11事件は純然たる犯罪です。破壊であり殺人です。犠牲者の大半を殺害したのはNISTが意図的に無視する『**崩壊開始の条件が整い崩壊が不可避となって以後のタワーの構造的な振る舞い**』でした。そこが実質的な「殺人現場」だったのです。

その殺人の現場で事実として何が起こったのか、そして正確な科学知識によれば起こった事実がどのようなものと判断できるのか、ということが最初はっきりさせなければならないはずです。どのような殺人事件や破壊行為であっても、その犯行の様子を具体的に明らかにし犯人を追及し突き止めるという手順になるはずです。先に犯人の目星をつけた場合でも、結局は現場の物理的状況と結び付かない限り起訴にまで持ち込んで犯人を確定することは不可能です。

しかしあの事件だけは別でした。**真相の究明より先にあからさまな嘘が多くの権威者の口から洪水のように流れ出し、**それがまた報道と情報の大洪水となって世界中を浸していきました。こうやってあの事件は、その始めから「疑うべからざる神話的意味」を付与されていったのです。

WTCタワーに飛行機が激突し上層階が炎上している最中、午前9時34分に、米国MSNBCテレビがすでにオサマ・ビン・ラディンについての報道を開始していました。そして事件発生とほとんど同時に**全世界が「イスラム・テロ」報道に震撼させられる**こととなりました。何一つ事実が調べられることなく、真っ先に「犯人指名」が行われたわけです。

奇妙なことはそればかりではありませんでした。未だかつて火災で崩壊した高層ビルは存在しません。9・11の以前はもちろん以後にも存在しません。ところがタワーが燃えている最中にニューヨーク市長だったジュリアーニは「ビルが崩壊する」と誰かから聞かされていました。そしてそのジュリアーニが先頭に立って行ったことが、**第1章で申しましたとおりWTCの大規模物証抹殺**だったのです。

19名の「テロリスト」が誰一人止められることなく4つの旅客機に乗り込み、セスナ機すらまともに操縦できない「テロリスト」がジャンボ機を自由自在に乗りこなし、世界で最も厳しい防空体制をひいていた場所で戦闘機のスクランブルが役に立たず、巨大な2機の飛行機と乗客が目に見えぬ埃となって空中に消えた、・・・、このようなおとぎ話にも等しいことが、マス・メディアによって「事実」として**何一つ疑問符のつかないまま報道され、我々にはただひたすら「信じること」だけが強制**されました。

すでに犯人は決定しており、即座に「報復戦争」が行われました。そもそも大規模な対外戦争が1ヶ月やそこらで準備できるなど、これもまたおとぎ話なのですが、ほとんどどこからも疑問の声があがりませんでした。そして世界は、犯人はおろか概要すら未だに明らかにされていない「炭素菌事件」で世界は再び震え上がらせられました。こうやってWTC崩壊の事実は追究されることなく放置されたままになりました。

　同時に、「陰謀論という悪魔化レッテル」を振りかざす『言論テロ』と呼べるほど暴力的なマインド・コントロール作戦が日本を含む西側世界を蹂躙したのです。WTCに関してだけでも、ありとあらゆる新聞、テレビ、雑誌、評論誌、インターネット・メディアを通して、本書で明らかにした**途方もない虚構が洪水か津波のように世界中の人間の知性と思考力を破壊していきました**。WTCやペンタゴンを襲った飛行機、ペンシルヴァニアで墜落した飛行機の「残骸」と言われるものは何一つまともな分析もなされず公開もされず、闇に葬られました。「目に見えない埃になって消えたジャンボ機」を信じることが「正義」であり「常識」となりました。疑問を持つ者に対してはあらゆる卑劣な脅迫と攻撃が加えられました。

　多くの鋼鉄材が最も重要な分析を為されること無くはした金で叩き売られました。飛行機2機分のブラックボックスが「1個たりとも発見されなかった」グラウンド・ゼロで《無傷のテロリストのパスポート》が「発見された」と報道され、犯人指名された「自爆テロリスト」のうち少なくとも7名は事件後も生きていることが明らかになりました。モハメド・アッタら「アルカイダ幹部」が2001年7月にバルセロナ近郊で行ったとまことしやかに報道された「9・11最終会議」が何の根拠も無い全くのデタラメだったことが、2006年になってようやくスペイン最高裁によって確定されました。

　そうして、本書で明らかにしたとおり、**WTC崩壊で確認されるあらゆる物理的事実が「当局・マスコミ発表」の虚構と詐欺を証明しています**。

　我々は騙された！　徹底的に騙された！

　しつこく繰り返します。
　9・11事件はWTCビルやペンタゴンと同様に世界中に住む我々自身を襲撃したテロリズムだった。あれはニューヨークやワシントンを襲った攻撃というばかりではない。9・11は、世界中を攻撃した最も野蛮で最も狡猾で、そして最も卑劣なテロリズムだった。
　世界にとって、その本当の意味は次の通りである。9・11は、

虚構と恐喝という大量破壊兵器で
嘘を真と言いくるめ真を嘘と決め付ける、
言論や報道や科学に名を借りた
「人間の知性と思考力に対するテロ攻撃」だった！

　米国が「9・11テロ」に対する報復としてアフガニスタンを攻撃したというのなら、**我々には我々自身を襲ったこの言論や報道や科学に名を借りた「テロ」に対して報復する権利があるでしょう**。
　我々この「**人間の知性と思考力を襲撃したテロリズム＝知的テロリズム**」を決して許してはならず、決して忘れてはなりません。徹底的にその正体を暴き、主体的に関わった人物、グループ、組織、機構の正体を暴き、このような残虐な『知的テロ』、そして悪魔化レッテルを使って脅迫しそれを「神聖不可侵」にする狡猾で暴力的な『言論テロ』が、二度と我々を襲わないための手段を講じる必要があります。

物理的な政治テロはこのような「科学や報道・情報に名を借りたテロ」が存在して始めて実行可能です。政治テロを予防するための最も効果的な手段はこのような『知的テロ』『言論テロ』を未然に叩き潰すことです。

**日本人を含む世界中の大多数の人間が
この「科学や報道・情報に名を借りたテロ」の
被害者であり、各国国民は、この
『知的テロ』『言論テロ』の首謀者を探り出し、
告発し責任を問い、
この種の「テロ」防止の具体策を
各国政府と裁判所に対して要求する
権利を有している。**

　その昔、秦の始皇帝が死去して後に実権を握った趙高という宦官がいました。彼は自分の反対者を押さえつけるために一計を案じ、形ばかりの皇帝である胡亥に一頭の鹿を献上して「これは馬です」と言いました。そして秦の高官達の中で「これは馬ではなく鹿だ」と言った者を全員処刑したのです。この「鹿を指して馬と為す」が「馬鹿」の語源となったという説もありますが、それはともかくとしても、WTCの明らかな爆破解体を「飛行機激突の衝撃と火災の熱で弱められた鉄骨構造が重力によって崩壊した」という「公式説」は、まさしく**現在の趙高、現在の宦官ども**が触れ回る「鹿を指して馬と為す」ものに他ならないでしょう。

　本書で明らかにした「公式説＝重力による崩壊説」の詐欺・ペテン・出鱈目の一覧は、決して私が頭の中で考え出したものではありません。FEMA、NISTその他の「公式説」捏造グループが自ら作りだして世界に発表したものばかりです。そして「WTC崩壊の事実」という鏡に映されたときに、必然的に、自ら進んでその虚構と誤魔化しを白状したものです。
　それらは事実と付き合わせたときに自動的にその正体を白状しなければならない運命にあります。それを知っているからこそ、NISTはその最終報告で『**崩壊開始の条件が整い崩壊が不可避となって以後のタワーの構造的な振る舞いを含むものではない**』と言って事実から逃げざるを得なかったのです。
　つまり、彼ら「現在の趙高ども」は始めから白旗を揚げていたのです！
　鹿を指して馬と為す「公式説」は最初から彼らの敗北宣言だった！
　物理的な事実を前にして、あらゆる虚構は敗北するしか道が無いのです！

　WTC崩壊の物理的事実は「最初のドミノ」として9・11のペテン全体を崩壊させることになるでしょう。そしてそれに続く「対テロ戦争」全体のペテンを崩壊させることになるでしょう。しかし私がそうするのではありません。私にはそんな力は到底ありません。私は戦車にカマを振り上げるカマキリにも満たないものです。
　9・11の詐欺と虚構は、事実と照らし合わされたときに自ら正体を明らかにし、自ら崩壊するのです。他の誰のせいでもありません。
　愚か者達が世界中にこれ見よがしに提示したWTC崩壊の事実を記録した映像の数々によって、自らの詐欺を自ら明らかにし、自ら作った虚構を自ら崩し去るのです。文字通り、**自縄自縛、自業自得**でしょう。

（2）《陰謀論》による悪魔化と口封じ

　2001年11月に米国大統領ブッシュが国連で次のような演説しました。「我々はテロについて真実を語らなければいけない。我々は9・11テロに関して言いたい放題の陰謀論をぜったい許してはならない。それは真の罪人、テロリストの責任をごまかすための悪辣な嘘だからだ」。

　以来、WTC崩壊に対する疑問は、欧米で絶対的な効力を誇る《陰謀論》という悪魔化のレッテルによって封じられていきました。それは、実際にWTCを爆破解体した**政治テロ**、それを虚構と似非科学で覆い隠す『**知的テロ**』と並ぶ、いわば『**言論テロ**』とも呼ぶことができるでしょう。**政治テロはこの『知的テロ』と『言論テロ』があって始めて実行可能なのです！**　この認識は決定的に重大です。

　『政治テロ』という物理的な暴力に対して、『知的テロ』はその「理論（＝虚構と隠蔽）」、『言論テロ』は「情宣（＝恐喝と盲従強制）」に他ならず、この三者は一体です。これが真の9・11テロの正体です。

　そしてその『言論テロ』を実行したのがハナから敗北宣言に他ならない「公式説」をうやうやしく捧げ持つ者たちでした。ぶつかったはずの飛行機の残骸が無く十分な大きさの穴すらなかったペンタゴン事件に対する疑問、ジャンボジェット機が「埃になって消えた」ペンシルヴァニア・シャンクスヴィルに対する疑問も同様です。ブッシュの発言は世界中で待機するこれら『言論テロリスト』に対する作戦実行指示に他ならないものでした。それは、**おかしなものを見て「おかしい」と声をあげる人々に対する「黙れ！」という露骨な恐喝**、「**鹿を指して馬と為す**」現在の趙高どもによる恐怖を用いた口封じに他ならないものです。

　日本人にとっては《陰謀論者》というと精々が「風変わりな見方をして新聞やテレビなどで言われている公式の見解に難癖をつけるひねくれもの」といった認識になるでしょうが、米国やヨーロッパでは全く事情が異なります。

　それは常に「第2次世界大戦を総括したニュルンベルグ裁判の判決（特にユダヤ・ホロコースト）に対する否定」「反ユダヤ主義」と一体のものであり、そして常に「人類に対する犯罪」と受け取られます。（この点に疑問を持つこと自体がすでに《陰謀論》にほかなりません。疑問を口にしてはなりません。）またこの「ニュルンベルグ裁判の判決に対する否定」は欧州の主要な国々では法律によって取り締まられ、刑事犯罪として処罰の対象となります。（この法律は自らを自らの根拠と為す法律でありこの法律の根拠を疑うこと自体が法律違反と受け取られます。疑問を口にしてはなりません。）

　米国でこのレッテルを貼られることは実質的にある人物の社会的地位と名誉が失われる十分な理由となります。日本では想像もできないことかもしれませんが、《陰謀論者》は犯罪人であり、社会のゴミであり、人類の敵であり、一顧だに値しない人間なのです。社会的地位も名声も、財産も生活も、すべて剥奪されて当然だと思われる人間のことです。

　欧米でそのレッテルが人々に与える**恐怖の強烈さ**は以前日本で使われた「非国民」「不敬罪」にも等しいものでしょう。**恐怖とはすなわちテロ（terror）のことです**。この《陰謀論》というレッテルはそれほどに強力で実効性のある**悪魔化、社会的抹殺の手段、恐怖による束縛の道具**なのです。

　そこにはもはや科学も筋道も正確さも何もありません。9・11「公式説」の弁護者、つまり『言論テロリストたち』がそのレッテルを使う目的は「**神聖にして侵すべからざる虚構と屁理屈**」を正当な批判と告発から守ることだけです。

　例えば：

　『**熔解したアルミニウムと混ざって輝く有機物**』を「そりゃおかしい」と言えばあなたは《陰謀論者》と呼ばれるでしょう。

『低温の部分から高温の部分に移動するWTC地下の熱エネルギー』に対して「そんなバカな」と言えばあなたは《陰謀論者》と呼ばれるでしょう。
　『WTCの崩壊箇所の上にあった巨大な質量の塊』を「それは事実ではない」と言えばあなたは《陰謀論者》と呼ばれるでしょう。お解りでしょうか？
　そう呼ばれることは、犯罪人、社会のゴミ、人類の敵に転落し、社会的地位と生活を剥奪されるかもしれない、という恐怖と一体なのです。その**恐怖で人々の精神を操っている！**　字義通りのテロリズムと言えます。
　私は、WTC崩壊の事実を語ろうとする者に対して《陰謀論》という悪魔化のレッテル貼り付けて恐喝し、口を封じ、事実を封じようとする現在の宦官『言論テロリスト達』を、心の底から憎み軽蔑します。

この者達の言動こそ真に「人類に対する犯罪」に他ならない のです。

　しかしもうそれも長くは続かないでしょう。事実は近いうちに世界の大多数の人々によってはっきりと認識されるようになるでしょう。
　そしてWTC崩壊に関する事実が知れ渡るにつれて、**この悪魔化のレッテルは使用不可能になっていく**でしょう。それが「事実に照らせば何の効力も持たないレッテル」であることが明白になるからです。そしてそれを使用不可能にしていくのは、前章でも申しましたように、他ならぬこのレッテル貼りに狂奔してきた者達の愚かさなのです。次第に「**他人に陰謀論者などと言う奴はトンデモ似非科学を信奉する大嘘付きの言論詐欺師に過ぎない**」という事実が誰にとっても明らかにされるでしょう。このようにしてそういう者達は社会的な制裁を受けることになるでしょう。**身から出た錆**と言うべきです。

　ただし今のところですが、私は、少なくとも日本人に関しては、そのようなレッテルを他人に貼り付けてきた者達の個人名や集団名を挙げないでおきます。その者達が何も事実を知らずに、また自分が米国の**純正『言論テロリスト』**どもによって騙されてきたことに気付かずに、ただ単に調子に乗ってその意味も知らずに「陰謀論」「陰謀論者」という言葉を気軽に口にしてきただけかもしれないからです。

　ひょっとするとですが、日本では大学や各種の研究所の中でそれとはやや別種の「タブー」があるのかもしれません。
　以前にこんな話を聞いたことがあります。第2次世界大戦前のことですが、日本の考古学者たちが発掘調査をする際に、1万年前の地層に出くわすとそこで自主的に調査を打ち切った・・・。これはひとえに日本の旧石器時代の遺跡に出くわすことで「皇国史観に触れる」危険性を避けたからである、と。
　明治初期に米国人のモースによる大森貝塚の発見がなかったならば、ひょっとしたら縄文時代の存在すら無視されていたかもしれません。日本の旧石器時代の存在が一人の非専門家の考古学マニアによって明らかにされたことは、この国の学問にとって世界的な恥さらしになっただけでしょう。
　このような日本のアカデミズムを縛り付ける「タブー」が、その対象と形と変えて現在も強力な生命を保っているのかもしれません。「ある種の事柄には触れないようにする」ことが大学や研究所などの中で暗黙の了解になっているのかもしれません。そしてその「ある種の事柄」の中に、これほど明白な9・11WTC爆破解体の事実も入っているとしたら、それはこの国に再び大きな不幸をもたらしていくだけでしょう。
　学者の先生達というのは意外と「タブー」には敏感なのですね。それはよくわかっています。しかし、「**王様は裸だ**」と認めることがそんなに大きなタブーなのでしょうか？　いかにも日本人らしくみんなで顔を見合わせて「タブーだ」と思い込んでいる、ただそれだけではないのでしょうか。私にはよく解りません。

（3）人間の頭脳と思考を襲撃した『テロ』リスト

　私は「正義感」だとか「使命感」だとかで軽々しく動くような人間ではありません。私は極めてエゴイスティックで自分のことしか考えないタイプの人間です。ですから、9・11事件に対しても、あれは米国で起こったことであり別に自分の身内が巻き込まれたわけでもないのですから、そりゃ確かに驚きましたけど、「まあ、大変だったな」という程度でした。言ってみれば「痛ましい他人事」だったわけです。

　しかし自分の身に降りかかったことに対しては黙っていません。もし自分にとって何の理由も無く誰かが襲ってくるのなら断固として反撃します。9・11事件は、私に対して「虚構」というワナが襲い掛かり「詐欺」という武器が振るわれたテロ事件でした。あれは私にとって本当に許しがたい極悪非道なテロだったのです。私は全力をあげてこのテロに復讐します。私はその恨みを忘れるほどノーテンキなお人好しではありません。

　そしてそれは孤立した戦いではありません。米国を中心にして、欧州でも日本でも、「**おかしなものはおかしい**」「**裸の王様は裸だ**」と叫ぶ人たちの隊列が徐々に膨らみ、真のテロリストどもは確実に追い詰められています。

　ここで私を襲撃したテロを種別に分類しておきましょう。言ってみれば『テロ』リストです。「鹿を指して馬と為す」ものの姿を見定めておく必要があります。

　このテロ被害者は日本を含む世界中の何も知らない人間達でした。その中には私も含まれます。したがってここからは「私」ではなく「我々」と言いましょう。

①　TVと新聞による「報道」という名の『言論テロ』

　直接に我々を襲ったのはTVと新聞による報道に名を借りた『言論テロ』でした。それは、全く何の事実も調査しないうちに「イスラム・テロ」の犯人指名をしてアフガニスタンのタリバン政権に対する戦争準備を開始した米国ブッシュ政府の言動を、また数ヶ月間にわたって白昼堂々と続けられた物的証拠の大量破壊を、何ひとつ疑問を挟むことなく、何の判断も何の見識も示すことなく、我々にそのまま垂れ流したばかりか、たとえばNHKのように自ら「同時多発テロ」などと命名し事実の上に勝手に「意味」を貼り付けて真相を隠蔽しました。

　こういった報道機関はおそらく、事実が誰の目にも明らかになり今まで自分達の報道してきたことが大嘘とデタラメの集合体だったことが明らかになったとしても、「いや、我々は米国政府や米国の調査機関が語ったことを報道しただけだから、我々には責任は無い」と逃げるだけでしょう。要するに**何の批判精神もチェック能力も持たない『お達しの垂れ流し機関』**に過ぎないことを自ら暴露することになるでしょう。こうして、どのような態度を取ったとしても、自らが**政治テロリストの手先**を務めたことを認めることになります。そしてそれによって**社会的制裁**を受けることになるでしょう。

　またご紹介したことですが、BBCやMSNBCなどのように、自ら進んで大嘘を真実であると語り虚構の網を世界にかぶせたことが明白となっている報道機関もあります。これらははっきりと真のテロリスト**本隊に所属する**機関です。彼らは虚偽を世間に意図的に広めた**犯罪者として厳しく法的・社会的な制裁**を受けなければなりません。

　西側世界の大手メディアの大部分が『言論テロリスト』一味とその追随者であることは疑いようのない

ところです。それが証拠に、**この数年間その多くがただの一度たりとも WTC 崩壊の事実について自ら再調査しようとしていませんし、真相を究明しようとする人々の動きを報道することすらしてこなかったのです。このようにして多くの人間を事実から遠ざけ目をふさぎ耳をふさいでいるのです。**これはどこの国のどのメディアと言うことはありません。実に奇妙なことに 9・11 事件に関して**世界中のほとんどの大手メディアが「事実無視」で一致しています。**これはマス・メディアが持つ本来的な性格なのでしょうか。それとも他に何かの理由でもあるのでしょうか。

　そのようなこともまたこの 9・11 の真相解明を通して次第に明らかにされていくでしょう。この事件は現代の世界を読み解く鍵であり、その鍵を真のテロリストどもが与えてくれたわけです。皮肉なものだ。

　このままでは現代の新聞とテレビは歴史に『21 世紀初頭に現れた「嘘つき紙」「嘘つき電子箱」であった』と記録されるばかりになるでしょう。今からでも遅くはない、一つでも多くの報道機関が『言論テロリスト』の魔手から離れて 9・11 の事実を独自に再調査し正確な科学的方法で真実を追究する側に立つことを期待したいと思います。

②　「科学」の名で似非科学を語る『知的テロ』

　本書で私が 9・11『知的テロ』首謀者の最も重要な一員として槍玉に挙げたのが NIST ですが、そればかりではなく、米国の各大学の教授連、その者達がメンバーとなっている公的・私的な研究機関の研究員と学者たちは、『最も悪質で残虐なテロリスト』として世界から糾弾されるべきでしょう。その一部は本書で実名を挙げました。

　彼らは「科学」の名を語って科学を破壊し、世界をガリレオ以前の迷妄と妄信の時代に引き戻しました。**これこそ「人類に対する犯罪」にほかなりません。**おそらくこの連中の罪業は最も重いものでしょう。彼らはその地位と責任にも関わらず虚偽を真実であると偽って世間に広め信じ込ませた**犯罪者として最も厳しく法的・社会的な制裁を受けなければなりません。**

　それほどにこの者達の責任は重いのです。社会にはエリートが必要です。特に知的エリートは不可欠です。それだけにその責任は重大です。虚構を真実といつわり、**いつも黙って自分達を支えてくれている非エリートを詐欺にかけるような腐り果てた知的エリートは最も厳しい責任を取らねばなりません。**「学者も人間だから」で逃げられるような軽い責任ではありません。それが正義なのです。

　日本にも「科学者」の名を用いてこの犯罪に手を貸した者達がいるはずです。彼らは最初から科学などを目指さなければよかったのです。しかし日本では多くの科学者や研究者が、明治時代からの習慣でとりあえず欧米の権威ありそうな者達の単なる「受け売り」をするか、あるいは先ほども申しましたように、「触らぬ神に祟り無し」とばかりに知らん顔をしているか、どちらかなのでしょう。「WTC 崩壊の事実を見ないようにする」ことに専念しているのかな？　見たら「公式説」の嘘と誤謬が明白になるわけですから。そうすると何か言わざるを得なくなりますから。こんなところなんでしょうかね。

　「王様は裸だ」と言うことがそんなに難しいことなのでしょうか？

　米国ではすでに大勢の理系科学者・研究者たちがこの危機的な状況に気付いて発言と行動を開始しています。いまからでも遅くはないと思います。**日本でも科学・技術に携わる人たちからの事実解明の動きが現れることを期待します。**

③　いわゆるジャーナリスト、評論家、作家などによる『言論テロ』

　米国人のジャーナリストや作家には『言論テロリスト』と罵倒して差し支えない者達が、いちいち名前を挙げていられないほど数限りなくいます。**大手の新聞や雑誌やテレビなどで発言を許されている者達のほとんどがこの『言論テロリスト』とその提灯持ちだと見なして間違いないでしょう。**共和党だの民主党だの、右だの左だのは何の関係もありません。主戦論者か反戦論者かの違いも全くありません。少なくとも「陰謀論者」と罵倒されていない者は全員が共犯者だと言っても良いほど、米国のジャーナリズムではこの悪魔化圧力が徹底しています。かろうじてこのレッテルを少々貼りにくい人物と見なされているのはキリスト教神学者のD．レイ・グリフィン博士くらいでしょうか。

　日本ではどうでしょうか。先ほども申しましたように私は個人名を挙げることはしません。彼らがただ単に何も事実を知らずに（中には知る能力すら持たない情け無い「知識人」もいるようだが）無批判に押し流されてきただけかもしれないからです。

　それにしてもその人達の**観察力の無さと批判精神の欠如、情報収集能力の欠落**は覆いがたいものでしょう。現在はインターネットを通して数多くの情報がいながらにして手に入る時代です。私が本書で採り上げた写真やご紹介したビデオなどは極めて簡単に誰にでも手に入れることができ、比較しあって捏造の可能性などをチェックすることもまたさほど困難な作業ではありません。**言い訳は一切できないこと**です。

　この種の「知識人」「言論人」たちは、意図的であろうとなかろうと、米国に巣食う『言論テロリスト』どもの末端として機能してきたのです。一部は、無自覚にか自覚してか、《陰謀論》という悪魔化レッテルを振りかざして事実解明の動きに攻撃をかけその妨害を図り続けています。その中には米国でと同様に意図的に虚偽を真実であると偽って世間に広め信じ込ませた犯罪者として法的・社会的な制裁を受けなければならない者もいるかもしれません。

　要は「裸の王様」に文筆の力で一生懸命に「服を着せよう」としているようなのですが、結局は虚構の上に虚構を重ねることしかできません。まあ、日ごろから虚構の世界を売り物にして安住してきた延長に過ぎないのかもしれませんが、結局はそれが彼らをして自らの地位と名声を根本的に崩壊させかねないわけです。少なくとも**社会的信用の失墜という責任**だけは取らざるを得なくなるでしょう。

　誰がそうなのか、は、今まで9・11事件について誰がどう語ってきたのかを調べたらいつでも分かることです。今さら逃げることも隠れることもできないでしょう。世間に対して発言するということはその分の責任を負うということなのです。

　今からでも遅くないでしょう。このような作家やジャーナリスト達は、いままでの不勉強と過ちを認めて世間に対して謝罪し、事実を調べなおしたうえで新たに発言を開始してもらいたいものです。再度申しますが「王様は裸だ」と言うことがそんなに難しいものなのですか？　もう今さらそれも言えないというのなら、世間から散々の非難と罵声を浴びる以前に自ら筆を折り頭を丸めて山にこもるべきです。

④　インターネットで知ったかぶりを披露する「言論チンピラ」たち

　ここでも私はこの個人的な名前（あるいはHN）やサイト名はあきらかにしません。理由は前に申し上げたことと同じです。

　現在、インターネットは世論形成の大きな場となっています。まだ日本ではさほどでもないでしょうが、欧米、特に米国での状況は目を見張るものがあります。いわゆる掲示板形式になっているサイトやブログ・サイトでは、基本的に誰でも自由に発言できる（ただし管理人の許容範囲でですが）ため、そこでの情報

のやり取りは新しい人類のコミュニケーションの形態としてますます重要性を帯びていくでしょう。

そしてそのような場でも、『言論テロリスト』の手先となって働く、言ってみれば「言論チンピラ」たちが大勢います。この者達の大部分が**知性などとは程遠い**、精々が単に「エライ人」の受け売りしかできない**極めて低劣なレベル**ですが、理解力が欠如しているだけに、妄信したことを何も考えずにまるで料理に群がるハエのようにうるさくしつこく繰り返して付きまとうのが特徴です。

そのナケナシの断片的な「知識」の元になっているのが、今までに述べた大手メディアの報道、NISTなどの研究機関の発表、学者や評論家などの発言の断片であり、要は何も知らず何も考えること無しにあの『知的テロリスト』応援団の末席を暖めているだけでしょう。しかしタチの悪さは同じものです。

中には重大な責任を問われるべき者もいます。しかしそれは法的には裁かれるべきではないでしょう。インターネットはいま世界で最も自由であるべき場ですから。ただしその大嘘と虚構が明白になったときには、その者達の信用は一気に失われもはや相手にされなくなるでしょう。こうやってこのチンピラたちは**社会的な責任**を取らねばならなくなります。インターネットのルールは法律や行政によって作られるべきものではなく、「正しいかどうか」だけを判断の基準にして利用者自身によって作られるべきでしょう。

ただし欧州では、07年6月に退任寸前の英国のブレアーが**中国並みの「インターネット規制」**を呼びかけました。どうやら9・11や7・7「テロ」事件を疑い「対テロ戦争」を疑う**《新たな陰謀論》**に耐えかねてのことのようです。こうしてファシズムが徹底されようとしています。ブレアーはこうやって自分の正体を明らかにしているのです。またこのような「言論チンピラ」たちはファシストの末端としてこういったファシズム体制を待ち望んでいるのかもしれません。

今からでも遅くはないでしょう。一人でも多くの人々が嘘とペテンに振り回されること無く、事実に気付き事実に基づいた情報を発信できるようになることを期待します。

以上が**人間の頭脳と思考を襲撃した『テロリスト』**とその提灯持ち達のリストです。読者諸氏にとってはあの巨大犯罪を計画して実行した**重犯罪人の政治テロリスト**たちの方に関心が高いのかもしれません。しかし今までにも申しましたように、**彼らだけでは決してこのような重大犯罪は実行できないのです**。

あのような重大犯罪はいま私が挙げたような『知的テロリスト』『言論テロリスト』とその取り巻き、**現在の趙高・宦官どもがいて、始めて実行可能になる**のです。たとえあの犯罪を実行した一部の米国人が逮捕されて裁かれるようなことになっても、この『知的テロリスト』『言論テロリスト』たちが何の制裁も受けずに引き続きのさばっているようなら、必ず次の「**新たな9・11**」が発生するでしょう。巨大な政治テロや戦争などを引き起こす実質的な原因はむしろ**この種の『知的・言論テロ』**にあるのです。この点の認識は極めて重要です。そしてこの点は最も見逃されやすいところなのですが、**この種の『テロ』を一掃すること**が、あのような巨大テロを防ぐための極めて重要な具体策となるでしょう。

9・11事件は人類にとって非常な痛みを伴った極めて貴重な経験でした。そしてその教訓の中での最大のものが**「人間はいかに簡単に騙されてしまうのか」**という点だったのではないでしょうか。ゲッベルスが「嘘も百回言えば本当になる」と言ったそうですが、百回どころかたった1回で本当になってしまうこともあるのです。それはどういうことでしょうか。

上のゲッベルスの言葉に付け加えておきます。「**嘘はあからさまであればあるほど容易に本当になる**」と。

人々が「そんなバカな！」と茫然自失とするような嘘ほど、簡単に「本当だ」と信用されてしまうのです。9・11事件はまさにその「**本当になった嘘**」の見本のような事件でした。

　もう一つ重要な点を最後に挙げておきます。「**一つの巨大な虚構**」のすぐ後で連続して「**軽い虚構**」を作り上げておけばそれは二度と疑われずに「**本当**」として固定されてしまう、ということです。「9・11事件」の後にはウヤムヤにされた「炭素菌事件」が起こりました。その2年半後、2004年3月に起こった「マドリッド列車爆破事件」の後で「テロリスト集団爆死事件」が起こりました。そして2005年7月の「ロンドン交通機関爆破テロ事件」の後にはもう茶番としか言いようのない「爆破テロ未遂事件」が起きました。こうして、ちょうどワクチンを2回接種して免疫を固定させるように、**2回の連続した同種の虚構が嘘を本当にしてしまう**のです。

　真のテロリスト重犯罪人どもの手口はこのような21世紀冒頭の悲劇によって明らかにされました。彼らは自分の手でその手口を披露してくれました。「**人民どもはそれが見抜けないほど馬鹿ばかりだ**」という吐き気を催すような人間蔑視がそこにあります。そして彼らは自分の手でその存在と正体を披露してくれました。その周辺にいる薄汚い取り巻きどもも含めて、この期間に真の「**人類の敵**」がどこにいるのかしだいに明確なものにされつつあります。この9・11真相解明の中で明らかになることが、将来の人類にとって真に貴重な体験、貴重な教訓となることを願って止みません。

（4）S・ジョーンズ博士による世界に対する呼びかけ

　2006年1月に結成された「911真実を求める学者の会（Scholars for 9/11 Truth）」は結成当初から様々な不協和音に包まれていたのですが、同年12月に本格的に分裂し、スティーヴン・ジョーンズ、ケヴィン・ライアン、ジム・ホフマンなど理系研究者を中心とした「911真実と正義を求める学者の会（Scholars for 9/11 Truth & Justice）」が新たに結成されました。
　07年5月現在でメンバーは200名を越しているのですが、この分裂はひとえに「911真実を求める学者の会」を取り仕切るジム・フェッツァーら「**事実抜きの想像と理屈だけ**」でこの事件を取り扱おうとする《引っ掻き回しグループ》による度重なる妨害工作の結果でした。どうやら米国のインテリの中には、科学と文学、事実と空想、理論と空論の区別のつかない人たちが大勢いるようです。
　ジョーンズが06年12月に「911真実を求める学者の会」を脱会する際に一つのメッセージを世界に向けて発表しました。ここでそのメッセージの一部を和訳してご紹介したいと思います。（強調はジョーンズによる。）

---

http://stj911.org/jones/focus_on_goal.html
911真相解明コミュニティーの目的は何か？　論争か？それとも正義か？
スティーヴン・E・ジョーンズ
2006年12月22日（アップデイト　2007年1月9日）
【前略】
　我々は科学者として、証拠となる現象を調査し、実験を行い、そして科学的方法論を適用する。古代ギリシャ的な方法は、現象を（表面的に）調べそして理屈と議論を通して物事を説明しようとする。古代ギリシャはこのような方法で様々なアイデアを取り出してみせた。たとえば、大地が宇宙の中心にありあらゆる星と惑星が大地の周りを回っているという天動説のようなものである。この天動説の説明にはいくつかの問題点があった。しかしプラトンは、それらの問題点は「仮説を守らなければ」ならず変則的な現象に－たとえば火星の逆戻りする動きに－対してはそれなりのもっともらしい説明が見出されると主張した。このような哲学的な論争と討論が、中世の暗黒時代が証明するように、果てしないほどに続いたのである。
　コペルニクス、ガリレオ、ニュートンなどが実験と観察を導入するにつれて、何世紀も前の古代ギリシャ哲学を基礎にした考え方が崩れ始めた。ガリレオは望遠鏡を通して木星が衛星を持っていることを観察したのだが、それらは（地球ではなく）木星の周りを回っていたのだ。彼は、もしその説明（地球が宇宙の中心ではないという）を撤回しなければ拷問すると脅迫された。彼は拷問ではなく自宅軟禁に苦しんだが、その間にひそかに実験を続けた。
　ニュートンはギリシャ的方法論に挑んだもう一人の実験者なのだが、その時代に科学者のコミュニティーは、科学の研究結果がその質を判断できる専門の同業者たちによる検証の後に発表される、というシステムを作り出した。研究者達によって検証を受けた科学技術刊行物が作られ、そしてそのプロセスが当時の混乱しがちであった研究作業に秩序をもたらした。こうして実験が行われ書き留められ、そして検証を受けて発表されるようになったのだ。検証を受けた論文は他の人々の注意を引くだろう。近代科学の方法を使用した一例だが、数名の同僚と私は実験と観察を行いながら世界貿易センターに本当に何が起こったのかということに対する科学的追求を行っている。これは決して我々が捜

> し求める「可能性」についての単なる「それなりのもっともらしい説明」でもなければ論争でもない。むしろ犯罪行為の明らかな証拠を調べながら、19名のハイジャッカーの犯罪とはかけ離れた一つの意図的犯罪を明らかに立証する確実な証拠を探し求めているのである。我々が行為は科学捜査であり「動かぬ証拠」を探すことである。そして真摯な犯罪捜査がそれに続くこととなるだろう。
>
> 私は911真相究明を自分の職業にするつもりはないし、いずれにせよこの研究からは収入を得ていない。我々は911犯罪に関する公式の堅固な研究を必要としている。それは全ての代替案を果てしなく討議するようなのんびりした研究ではないのだ。私は（普通の疑惑とはかけ離れた）内部犯行の動かしがたい証拠を調査している。それは我々の誰かが、内部情報を握っているはずの重要人物たちと向き合う犯罪捜査を要求し、そして実現できるためのものである。可能ならばこの１年のうちにである。長くはかかるまい。
>
> 【中略】
>
> 結論として、我々は次の諸点を明示するものである。
> 1. 我々は犯罪が為されたことの極めて確実な証拠を手に入れている。この件を「証明する」のに十分な最良の証拠に焦点を絞っているのだ。
> 2. 次に我々は、捜査を要求してそれを支えるためにこの証拠を用いる。
> 3. 我々はその捜査の促進させることが可能なほど多くの一般の支持を得ている。
> 4. 我々の目標は2007年中にそのような捜査を実現させることである。
>
> この目標から資料を奪ったり注意をそらすような事柄は何であろうとも無視されるべきである。
>
> そこで、我々は次のような行動指針を持つ。
> 1. 良質の科学的な研究を続ける。
> 2. 研究を始めるための適切な人的接触を得る作業を続ける。
> 3. 広く一般に情報を流し続ける。断じて魅惑的な理屈の泥沼ではなく最も説得力の高い考え方へ向けての情報戦を貫く。しかしながらこれらは、従来の説明と同様に公開されたサイトの論文を通して議論できる。それは我々が麦を籾殻から科学的に選り分けることができるようにするためである。
>
> 果てしの無い論争をすることではなく**犯罪捜査を勝ち取ること**が目標だと賛同する全ての諸君。腕をまくって戦いの準備を始めよう。照準を絞ろう。
>
> **団結して、911の出来事について真実をもたらすことによって、911戦争に決着をつけるときだ。我々が求めるものは、真実と正義、そして平和である。**

あの穏やかなジョーンズ博士の筆とは思えないほどの激しい呼びかけです。私はこれについてはあえて何の解説もつけません。米国でこの巨大犯罪の起訴と捜査が一日も早く行われることを祈るだけです。

真実と正義の無いところに平和も安定も生まれないでしょう。虚構によっては砂上の楼閣しか作り出されず、それはより大きな悲劇と破壊をもたらすだけです。9・11の（政治的および知的）テロリストどもが平和と安定を生み出すなど妄想に過ぎません。またN・チョムスキーなどに代表される、9・11の虚構を真実のごとく振りかざす「反戦平和」など、詐欺の上に詐欺を重ねる重大犯罪行為に過ぎません。

この本を書いた私の願いは唯一つです。この本がきっかけとなって、人間が知性と思考能力を取り戻し本当の平和と安定と繁栄を求める動きが幅広い分野で本格化すること、ただそれだけです。

あとがき　　インターネット時代の巨大犯罪

童子丸　開

　私は十数年前からスペインのバルセロナに住んでいるのですが、4年ほど前にようやくのことで自分用のコンピューターを買いインターネットと接続しました。それまではほとんど日本の情報など手に入らずまたさしたる関心も無く過ごしてきたのですが、その際にたまたま「阿修羅」という名の奇妙なサイト（http://www.asyura.com/）を発見し「バルセロナより愛を込めて」という少々ださいハンドルネームで投稿をするようになりました。後から知ったことなのですが、この掲示板はどうやら日本では「カルト・サイト」「陰謀論サイト」として危険視されているようです。しかし英語やスペイン語のさまざまなインターネット・サイトに目を通している私などから見れば、世界基準で言えばはるかに「危険度」の少ない掲示板のように思いますが。

　しかし当時は全くそんなことは考えず気にもせずに、私がスペインで得た知り情報をもとにさまざまな話題で投稿を続けました。（今でも続けておりますので、興味のおありの方はこのサイトをご訪問ください。）同時にまた米国の各サイトを通して2001年の9月11日に起こったあの事件に関する数多くの写真やビデオに接する機会を得て、「やっぱりどう見てもおかしい」と感じるようになりました。あの事件ほど数多くの映像資料を残しているものはないでしょう。世界を「イスラム・テロ」で震撼させたその映像資料自身が、あの事件の性格そのものを疑わせるに十分なものでした。

　そうして2004年3月11日に私の住む国で起こったのが3・11マドリッド列車爆破事件です。しかしこれは9・11とはまるで逆に、極端に映像資料の少ない事件なのです。当然、事件が起こった後に現場で撮影された写真は数多くあります。しかし、爆破されたときの映像はアトーチャ駅のエスカレーターの上から撮られた監視カメラの映像があるのみで、当時でも各駅に備え付けられていた監視カメラの映像はついにどれ一つとして公開されませんでした。

　そして、担当の警察官によって全く証言が食い違う『コーランのテープを積んだ車』だとか、警察署で偽造された疑いのある『爆弾のカバン』だとか、指紋や遺留品などがすべて「手違いで」失われた『爆弾を運んだ車』などといった、極めて証拠能力の疑わしい「物証？」を元にする当局発表の筋書きだけが新聞とTVをにぎわしたのです。

　3・11事件は言ってみれば「密室の事件」であり、我々がその情報を直接知ることのほとんどできない、「お上のお達し」と新聞やTVによるその垂れ流しがあるのみの事件だったのです。

　それに比べると「公開のTVショー」として起こった9・11事件は、我々が直接目にすることのできる資料が山とある事件です。私が本格的に9・11に突っ込み始めたのは、自分の住む国で起こった3・11事件が何だったのかを知ることができないことに対する空しさと悔しさからでした。

　同時に、いくら直接の物証のほとんどが破壊されたといっても、WTCの崩壊に関するこれほど数多くの直接の映像資料に溢れどのように見ても爆破による解体としか見えない出来事であったというのに、どうしてデタラメと以外に言いようのない「**公式説**」がまかり通り、それを、有無を言わさぬ科学的に筋の通った方法で論破する人が出てこないのか不思議に思い、またそれに対するイライラがつのっていきました。

それを一気に吹き飛ばしたのが 2005 年秋に発表されたスティーヴン・ジョーンズによる WTC 崩壊に関する分析だったのです。その論文を読んだとき、私の心は「やっとまともな科学者が立ち上がった」という興奮でいっぱいでした。**WTC の崩壊はまず何よりも純然たる物理的現象であり、その解明にとって最大の武器は正確で徹底した自然科学的方法論以外にはありません**。

　もちろんそれ以前にもフランスのティエリ・メイサンを含む数多くの人々による 9・11 究明活動が、多くの悪質な妨害の中で地道に続けられてきたのですが、中には表面的な現象をとらえての憶測や突飛で人目を引くような「発見」で自己満足に陥るだけの「真相解明」も数多く混じっていました。私の見る限り WTC 崩壊について正確な事実認識から出発して科学的な方法論を貫こうとする団体は 9/11 Research など少数に限られていました。しかしそこですらもうペンタゴン事件になると支離滅裂になります。正確な認識よりも自分の政治的な意見や見方を優先させてしまうのです。そして真相追究者の多くが自然科学的な方法論に慣れておらず、20 世紀末期からの政治的な状況とコンテキストの中からこの事件の意味を読み取ることに熱中している様子でした。

　もちろんそれはそれで必要不可欠です。オタワ大学の M. チョスドフスキー教授の研究は、米国の中東戦略と 9・11 前後の CIA とオサマ・ビン・ラディンの活動を知る上で極めて重要なものでした。D. レイ・グリフィン博士による「第 2 のパールハーバー」はこの事件の意味を確認する上で欠かせぬ資料でしょう。日本ではすでに 2002 年 10 月に**木村愛二氏による記念すべき『9・11 事件の真相と背景』**が出版されていました。

　しかし、あのデタラメな「**公式説＝重力による崩壊説**」をハード・エヴィデンス（有無を言わせぬ確実な根拠）を用いて実質的に叩き潰す強力な研究が、ジョーンズ以前には登場してこなかったのです。

　「反ユダヤ主義」という難癖つけによってブリガム・ヤング大学を実質的に追放されるという不幸を背負いながらも、ジョーンズの研究は、言論詐欺の手先どもが難癖をつけたくてもそれを許さない正確な科学的方法論を踏まえたものです。米国国立詐欺師集団 NIST にあそこまで珍妙な対応しかとらせないことで**実質的に勝利している**のです。あの「熔解したアルミニウムと混ざって輝く有機物」だの「低温の部分から移動して高温を作る WTC 地下の熱エネルギー」だのといった目を覆いたくなるほど惨めな NIST の「回答」は、もはや彼らの『**敗北宣言**』以外の何物でもないでしょう。そしてそれは同時に、**9・11 に関する公式説全体の敗北宣言**でもあります。

　そしてそれを世界が即座に知ることができるのはまさにインターネット時代の大きな特徴です。ビデオにしても写真にしても、NIST の惨めな対応とその応援団によるあけすけのデタラメも、実に多くの情報が世界中のどこででも即座に手に入ります。9・11 の真の首謀者どもと私が本書で断罪した『**知的テロリスト**』と『**言論テロリスト**』達は、今ごろ真っ青になって震え上がっていることでしょう。自分達が世界をペテンにかけるために「これでもか、これでもか」と見せ付けたその TV 映像と写真によって、今度は自分達が激しく追い詰められているわけです。それを突きつけられるときに、もはやあからさまな大嘘以外に言う言葉を持たないわけです。

　そしてそういった TV 映像を元に編集された「ルーズ・チェインジ」が世界中であっという間に大ヒットし、もう後戻りできない流れを作りつつあるのはインターネットの世界からです。2007 年 2 月の「BBC 第 7 ビル崩壊フライング報道発覚」に見るように、『言論テロリスト』の筆頭である各国の大手メディアは、インターネットの世界で、自らが作った映像によって断罪されつつあります。

　また「科学者」のふりをした似非科学者（ジャンク・サイエンチスト）どもは、もはや以前のようにで

っち上げの資料と屁理屈で世間の目をくらますことが不可能になりつつあります。誰にでも確認できる事実によってありとあらゆる嘘とごまかしが即座にばれてしまうからです。そういえばあの「パンケーキ教授」T．イーガーは近ごろ影も形も現さなくなってしまいました。そりゃ、もう表に出て来られないでしょう。専門バカを丸出しにしてあんなみっともない屁理屈を自信たっぷりに披露し、それがインターネットで全世界に同時に広められたのですから。

　9・11はインターネット時代に入ってから始めての超巨大犯罪でした。それはネットの世界の中で大きく解明されつつあります。犯罪者は逃げも隠れもできないのです。もはや米西戦争を導いたメイン号事件やベトナム戦争のきっかけとなったトンキン湾事件を再現させることは不可能となりつつあります。世界中のあらゆる目が瞬時にそこに集まるからです。
　私の住むスペインを巻き込んだメイン号事件（1898年）のときでも、米国国民はイエロー・ジャーナリズムと呼ばれる『言論テロ』によってその思考を破壊されました。米国はそれによってスペイン領であったキューバ、プエルトリコおよびフィリピン以下の太平洋諸島を手に入れて、世界帝国としての巨大な基盤を作りあげました。当時は情報の量と質が限られており、数少ない専門の担当者の手によって自由に人間の思考を操ることができたのです。
　しかし今後はそうはいかないでしょう。一般の日本人にとってはまだ「言語の壁」が大きいのですが、しかしこの9・11真相解明をきっかけにして、現在、世界規模の「情報コミュニティー」が形作られつつあります。私がたまたま出会った「阿修羅」のようなサイトにいまだに出入りしているのも、多くの英語やスペイン語情報の翻訳や説明を通してその「言語の壁」を少しでも低くし、世界規模の「情報コミュニティー」を広げる一助となれば良いと思っているからです。
　（なお米国と英国の政府はインターネットに対して強力な監視体制を確立しようとやっきになっています。ブッシュやブレアーから誰に引き継がれてもこの動きを強権と策謀を用いて強化しようとするでしょう。彼らにはその「情報コミュニティー」の持っている意味が解っているのです。彼らこそ本物のファシストです。）
　この事件の解明を急ぎ『知的テロ』『言論テロ』の跳梁跋扈を許さないことが、今後起こりうる「第2の9・11」とそれに続く大戦争を未然に防止する最大の切り札になるでしょう。またマドリッド3・11事件やロンドン7・7事件のように密室性の高い事件の解明にも重大な鍵を与えることになるでしょう。私のこの本が、そのためにわずかにでも役に立つのなら、これ以上の幸いは無いと思っています。
　王様は裸だ・・・、これほど単純明快な事実はありません。

　最後に、「はじめに・・・」で書いた私の言葉を再掲させていただきます。
　その昔、明智光秀という戦国武将がこう言いました。
　「武士の嘘を武略と言い、仏の嘘を方便と言う。土民百姓はかわゆきことなり。」
　私は「土民百姓」の一人です。しかしいつまでも嘘で操られることは「いさぎよし」とはしません。**嘘は嘘なのです。裸の王様は裸なのです。**
　私は、嘘で我々を操る「武士」や「仏」に対しては、ただ**事実をぶつけて「おかしなものはおかしい」「嘘は嘘だ」と発言する**のみです。

　　　　2007年6月　　　　バルセロナより愛を込めて

9・11事実解明のために参照をお勧めする資料（インターネット・アドレス）

【「公式説」系資料】

http://wtc.nist.gov/NISTNCSTAR1CollapseofTowers.pdf
Final Report on the Collapse of the World Trade Center Towers (NIST)
　　http://911research.wtc7.net/essays/nist/index.html
　　（上記論文に対する批判論文：by Jim Hoffman）
http://wtc.nist.gov/pubs/factsheets/faqs_8_2006.htm
Answers to Frequently Asked Questions (NIST)
　　http://911research.wtc7.net/reviews/nist/WTC_FAQ_reply.html
　　（上記「回答」に対する回答：by Jim Hoffman）
http://www.fire.nist.gov/bfrlpubs/fire05/PDF/f05169.pdf
Visual Evidence, Damage Estimates and Timeline Analysis (NIST)
http://www.fema.gov/rebuild/mat/wtcstudy.shtm
World Trade Center Building Performance Study (FEMA)
　　http://911research.wtc7.net/wtc/official/fema.html
　　（上記報告の批判的紹介：911 Research）
http://www.9-11commission.gov/report/911Report.pdf
http://www.9-11commission.gov/report/index.htm
9-11 Commission Report
http://www.civil.northwestern.edu/people/bazant/PDFs/Papers/405.pdf
Why Did the World Trade Center Collapse?—Simple Analysis (Bazant & Zou)
　　http://911research.wtc7.net/disinfo/experts/articles/bazant_jem/bazant_zhou.html
　　（上記論文に対する批判論文：911 Research）
http://www.popularmechanics.com/science/defense/1227842.html
the Popular Mechanics：9/11: Debunking The Myths

【9/11の真実と正義を求める学者の会関連】

http://stj911.org/
Scholars for 9/11 Truth & Justice（HP）
http://www.scholarsfor911truth.org/WhyIndeedDidtheWorldTradeCenterBuildingsCompletelyCollapse.pdf
Why Indeed Did the WTC Buildings Collapse?（Steven E. Jones）
http://www17.plala.or.jp/d_spectator/
同上：日本語訳
http://worldtradecentertruth.com/volume/200609/DrJonesTalksatISUPhysicsDepartment.pdf
パワーポイントによるスライド（Steven E. Jones）
http://www.journalof911studies.com/
The Journal of 9/11 Studies
http://gordonssite.tripod.com/index.html
The Challenge（Gordon Ross）

【9・11物証破壊に関して】

http://911research.wtc7.net/wtc/evidence/destroyed.html
Destroyed WTC Evidence

http://911research.wtc7.net/wtc/groundzero/players.html
The Players in the Ground Zero "Cleanup Operation"
http://www.china.org.cn/english/2002/Jan/25776.htm
Baosteel Will Recycle World Trade Center Debris

【WTC の建築と構造に関して】

http://911research.wtc7.net/wtc/arch/index.html
The Towers' Architecture
http://911research.wtc7.net/wtc/arch/core.html
The Core Structures
http://911research.wtc7.net/wtc/arch/foundation.html
The Bathtub
http://guardian.150m.com/wtc/godfrey.htm
Multi-Storey Buildings in Steel, Godfrey,
http://killtown.911review.org/wtc-gallery.html
WTC Photo Gallery
http://911research.wtc7.net/wtc/arch/perimeter.html
The Perimeter Walls
http://911research.wtc7.net/wtc/arch/floors.html
The Floors
http://911research.wtc7.net/wtc/background/wtc7.html
Building 7

【火災関連】

http://911research.wtc7.net/wtc/analysis/fires/index.html
The Fires
http://911research.wtc7.net/wtc/analysis/fires/severity.html
Fire Severity

【第 2 ビル崩壊関連】

http://911review.com/articles/jones/experiments_NIST_orange_glow_hypothesis.html
Experiments to test NIST "orange glow" hypothesis...
http://gordonssite.tripod.com/id2.html
How the Towers were Demolished
http://www.thewebfairy.com/911/firstfall/index.htm
First Fall Close-up
http://911research.wtc7.net/wtc/evidence/videos/stc_frames.html
South Tower Collapse Video Frames
http://911research.wtc7.net/wtc/analysis/collapses/explosions.html
Explosions
http://911research.wtc7.net/wtc/analysis/collapses/shattering.html
Shattering of Structure
http://911research.wtc7.net/wtc/analysis/proofs/rotation.html
Breakup of WTC 2's Top

【第1ビル崩壊関連】

http://911research.wtc7.net/wtc/attack/wtc1.html#leveling
1 World Trade Center
http://911research.wtc7.net/wtc/analysis/collapses/index.html
Collapse Features
http://911research.wtc7.net/wtc/analysis/towers.html
Unthinkable Collapses
http://st12.startlogic.com/~xenonpup/underground/underground_explosions.htm
First-hand Accounts of Underground Explosions In The North Tower

【第7ビル崩壊関連】

http://911research.wtc7.net/wtc/analysis/wtc7/index.html
7 World Trade Center
http://911research.wtc7.net/wtc/analysis/wtc7/speed.html
Rate of Building 7's Fall
http://911research.wtc7.net/wtc/analysis/wtc7/demolition.html
Building 7's Collapse
http://thewebfairy.com/killtown/wtc7/collapse.html
Was the WTC7 pulled?

【コア崩落、飛んだ鋼材、コンクリート関連】

http://algoxy.com/psych/9-11scenario.html#anchor1149808
WTC 2 CORE STANDING
http://911research.wtc7.net/wtc/analysis/collapses/steel.html
Shredding of Steel
http://www.pbs.org/americarebuilds/engineering/engineering_buildings_01.html
America Rebuilds: Assessing Buildings
http://www.ehponline.org/docs/2002/110p703-714lioy/abstract.html
Environmental Health Perspective
http://911research.wtc7.net/wtc/analysis/collapses/concrete.html
Concrete Pulverization
http://911research.wtc7.net/papers/dustvolume/volumev3_1.html
The North Tower's Dust Cloud

【地震計記録関連】

http://janedoe0911.tripod.com/Shake.html
The Case for Controlled Demolition - Seismographic Evidence
http://www.mgs.md.gov/esic/publications/download/911pentagon.pdf
Seismic Observations during September 11, 2001, Terrorist Attack
http://911research.wtc7.net/mirrors/guardian/WTC/Seismic/WTC_LDEO_KIM.htm#seismic
Seismic Waves Generated by Aircraft Impacts and Building Collapses at World Trade Center, New York City

【崩落速度と時間関連】

http://911research.wtc7.net/wtc/evidence/timeline/index.html
Tower Destruction Timelines

http://911research.wtc7.net/wtc/analysis/collapses/freefall.html
Speed of Fall

【爆破解体、地下の熱、サーマイト関連】

http://www.implosionworld.com/cinema.htm
implosionworld.com （ビル解体業者の宣伝ビデオ集）
http://www.whatreallyhappened.com/wtc_hotspots.html
Thermal Hot Spots
http://www.geo.hunter.cuny.edu/geonews/october2001.pdf#search=%22LIDAR%20Image%20wtc%20attack%20superimposed%22
Mapping Ground Zero　Hunter College's Center

【資料ビデオ集】

http://911research.wtc7.net/wtc/evidence/videos/index.html
9-11 WTC Videos
http://www.plaguepuppy.net/public_html/video%20archive/
PlaguePuppy's Video Archive
http://plaguepuppy.net/public_html/collapse%20update/
How Strong Is The Evidence For A Controlled Demolition?
http://globalresearch.ca/index.php?context=va&aid=6015
Video Collection: Collapse of Twin Towers and Building Seven
http://investigate911.se/
Investigate 9/11
http://www.archive.org/details/sept_11_tv_archive
Television Archives
http://video.google.com/videoplay?docid=6150603545194537221
ビデオ集 9/11 Revisited

【資料写真集】

http://911research.wtc7.net/wtc/evidence/photos/index.html
WTC Attack Photos
http://www.amny.com/entertainment/news/am-wtcrelics-pg2006,0,6613706.photogallery?index=3
am New York : Photos: WTC Relics
http://killtown.911review.org/wtc-gallery.html
WTC Photo Gallery
http://home.comcast.net/~jeffrey.king2/wsb/html/view.cgi-photos.html-.html
Photo Gallery
http://www.plaguepuppy.net/public_html/gallery/Explosions.htm
PHOTO EVIDENCE OF EXPLOSIVE EVENTS IN THE TWIN TOWER COLLAPSES

童子丸開（どうじまる あきら）

1950年生まれ、福岡県出身。十数年前より南欧バルセロナ市に居住。
ネット掲示板『阿修羅』にて、"バルセロナより愛を込めて"のハンドルネームで数多くの長編の文章を投稿、現在も継続中。
季刊『真相の深層』誌（木村書店）では、シリーズ「聖なるマフィア　オプス・デイの正体を暴く」、3・11マドリッド列車爆破事件や9・11事件の真相追究の他、イズラエル・シャミールやナエイム・ギラディ、ミシェル・チョスドフスキーなど数多くの英語、スペイン語の著作家の文章を翻訳して寄稿している。

「ＷＴＣビル崩壊」の徹底究明
破綻した米国政府の「9・11」公式説

2007年9月11日　初版第1刷発行

著　者──童子丸開
発行人──松田健二
発行所──株式会社 社会評論社
　　　　　東京都文京区本郷2-3-10 お茶の水ビル　tel.03-3814-3861/fax.03-3818-2808
　　　　　http://www.shahyo.com/
印　刷──技秀堂